AUTISMO SEM MÁSCARA

Copyright © 2022 by Devon Price.
Licença exclusiva para publicação em português brasileiro cedida à nVersos Editora. Todos os direitos reservados. Publicado originalmente na língua inglesa sob o título *Unmasking Autism* e publicado pela editora Harmony Books.

Diretor Editorial e de Arte: Julio César Batista
Produção Editorial: Carlos Renato
Preparação: Richard Sanches
Revisão: Elisete Capellossa
Design de Capa: Adaptada do original de Anna Bauer
Projeto Gráfico e Editoração Eletrônica: Juliana Siberi

Dados Internacionais de Catalogação na Publicação (CIP)
(Câmara Brasileira do Livro, SP, Brasil)

Price, Devon
Autismo sem máscara: Uma jornada de autodescoberta e aceitação
Devon Price; tradução Cássia Zanon. - São Paulo: nVersos Editora, 2024.
Título original: *Unmasking autism*

ISBN 978-85-54862-61-9

1. Autismo - Obras de divulgação 2. Psicologia comportamental 3. TEA (Transtorno do Espectro do Autismo) I. Título.

24-193103   CDD-616.85882

Índices para catálogo sistemático:

Índices para catálogo sistemático: 1. TEA: Transtorno do Espectro Autista: Neurodiversidade 616.85882

Eliane de Freitas Leite - Bibliotecária - CRB 8/8415

1ª Edição, 2024
Esta obra contempla o Acordo Ortográfico da Língua Portuguesa.
Impresso no Brasil – Printed in Brazil
nVersos Editora
Rua Cabo Eduardo Alegre, 36 – CEP 01257-060 – São Paulo – SP
Tel.: 11 3995-5617
www.nversoseditora.com
nversos@nversos.com.br

Devon Price, PhD

AUTISMO SEM MÁSCARA

Uma Jornada de Autodescoberta e Aceitação

Tradução
Cássia Zanon

nVersos

*Para todos os Autistas que conheci online,
antes de eu saber quem era.
A amizade de vocês foi como um oásis
quando eu estava miseravelmente à deriva.*

SUMÁRIO

Introdução - Alienação..9

Capítulo 1 - Processo de integração baseada em valores................21

Capítulo 2 - Quem são os Autistas mascarados.....................55

Capítulo 3 - A anatomia da máscara......................................89

Capítulo 4 - O custo do mascaramento................................109

Capítulo 5 - Repensando o Autismo.....................................137

Capítulo 6 - Construindo uma vida Autista..........................161

Capítulo 7 - Cultivando relacionamentos Autistas...............185

Capítulo 8 - Criando um mundo neurodiverso.....................219

Agradecimentos...251

Notas..253

INTRODUÇÃO

Alienação

Quando me mudei de Cleveland para Chicago, no verão de 2009, não tinha ideia de que precisaria fazer amigos. Eu tinha 21 anos, era sério, introvertido e realmente acreditava que não precisava de outras pessoas. Eu havia me mudado para a cidade para fazer pós-graduação e imaginava que poderia dedicar toda a minha energia às aulas e à pesquisa e não pensar em mais nada.

A solidão vinha funcionando muito bem para mim até aquele momento. Eu me destacara academicamente, e viver uma "vida mental" me ajudava a não me preocupar demais com meus muitos problemas. Eu tinha um distúrbio alimentar que destruiu meu sistema digestivo e uma disforia de gênero que me deixava ressentido com a forma como os outros me viam, embora eu ainda não entendesse por quê. Eu não sabia como abordar as pessoas ou iniciar conversas e não me interessava em aprender, pois a maioria das interações me deixava irritado e ignorado. Os poucos relacionamentos que eu tinha eram confusos. Eu assumia a responsabilidade pelos problemas dos outros, tentava administrar suas emoções por eles e não tinha qualquer capacidade de dizer "não" a pedidos irracionais. Eu não sabia o que queria da vida, além de me tornar professor. Não almejava formar uma família, não tinha *hobbies* e acreditava que era incapaz de ser de fato amado. Mas estava tirando boas notas, e meu intelecto me rendia muitos elogios, então me concentrei apenas nesses pontos fortes. Eu fingia que todo o resto era uma distração sem sentido.

Quando a pós-graduação começou, eu saía raramente com meus novos colegas. Nas poucas vezes que fiz isso, tive de ficar completamente bêbado para superar minhas inibições e parecer "divertido". Caso contrário, passava fins de semana inteiros sozinho em meu apartamento, lendo artigos de jornais e caindo em estranhos buracos na internet. Não me permitia ter *hobbies*.

Quase não me exercitava ou cozinhava. De vez em quando, ficava com outras pessoas se quisesse sexo ou apenas um pouco de atenção, mas todas as interações eram impassíveis e mecânicas. Eu não percebia a mim mesmo como um ser humano multifacetado.

As coisas finalmente começaram a mudar em 2014, quando eu passava as férias no parque de diversões Cedar Point, em Sandusky, Ohio. Minha família ia lá todos os anos. Somos daqueles que adoram rotina. Eu estava sentado em uma hidromassagem com meu primo, que havia pouco tempo tinha entrado na faculdade e achado a transição muito desafiadora. Ele me confessou que havia sido recentemente examinado para Autismo. Como eu tinha acabado de concluir meu doutorado em psicologia social, ele queria saber se eu tinha algum conhecimento sobre o Transtorno do Espectro Autista (TEA).

"Infelizmente, não sei nada sobre isso", eu lhe disse. "Não estudo pessoas com transtornos mentais. Minha pesquisa é sobre o comportamento social de pessoas 'normais'."

Meu primo começou a falar comigo sobre tudo o que ele enfrentava — como era difícil se relacionar com os colegas de classe, como ele se sentia à deriva e superestimulado. Um terapeuta havia sugerido que uma explicação provável seria o Autismo. Então meu primo listou todos os traços Autistas que percebeu serem comuns em nossa família. Nós não gostamos de mudanças. Nenhum de nós consegue falar sobre nossas emoções e todos interagimos, em termos gerais, seguindo um roteiro superficial. Alguns de nós temos problemas com texturas e sabores fortes nos alimentos. Divagamos sem parar sobre assuntos que nos interessam, mesmo que isso praticamente mate os outros de tédio. É fácil nos sentirmos oprimidos por mudanças e raramente saímos mundo afora para ter novas experiências ou fazer amigos.

Quando meu primo me falou sobre tudo isso, fiquei assustado. Eu não queria que nada daquilo fosse verdade porque, na minha opinião, o Autismo era uma condição vergonhosa, que destruía vidas. O que ele falou me fez pensar em pessoas como Chris, um garoto Autista descoordenado e "esquisitão" com quem estudei na escola e que ninguém tratava bem. O Autismo me fazia pensar em personagens de TV retraídos e complicados, como o Sherlock de Benedict Cumberbatch, e Sheldon, da série *The Big Bang Theory*. Trazia à mente crianças não verbais que precisavam usar fones de ouvido grandes e desajeitados para ir ao supermercado e eram vistas como objetos, e não como pessoas. Embora eu fosse psicólogo, tudo o que sabia sobre Autismo era o mais amplo e desumanizante dos estereótipos. Ser Autista significaria estar destroçado.

Mas, claro, eu já me sentia arruinado havia anos.

Assim que voltei para casa daquelas férias, larguei as malas, sentei no chão, apoiei o laptop nos joelhos e comecei a ler obsessivamente sobre Autismo. Absorvi artigos de periódicos, publicações em *blogs*, vídeos do YouTube e materiais de avaliação diagnóstica. Mantive essa leitura obsessiva escondida principalmente do meu parceiro da época, da mesma forma que mantive todas as minhas fixações mais profundas escondidas das pessoas na minha vida. Logo aprendi que era uma característica comum entre os Autistas: tendemos a nos apegar a assuntos que nos fascinam e a focar neles com um fervor que os outros consideram esquisito. Após sermos ridicularizados sobre nossas paixões, nos tornamos reservados quanto a nossos interesses especiais. Eu já estava pensando sobre o Autismo em termos como nós e a gente. Eu me via claramente refletido na comunidade, fato que me assustava e entusiasmava.

Quanto mais eu lia sobre o Autismo, mais as coisas se encaixavam. Sempre me senti oprimido por sons altos e luzes brilhantes. Ficava inexplicavelmente irritado em meio à multidão. Risos e conversas podiam me fazer explodir de raiva. Quando ficava muito estressado ou dominado pela tristeza, eu achava difícil falar. Escondi tudo isso durante anos porque tinha certeza de que isso me tornava um idiota infeliz e pouco atraente. Agora, eu estava começando a me perguntar por que acreditava em coisas tão horríveis sobre mim mesmo.

O Autismo era minha mais nova obsessão, algo sobre o que eu não conseguia parar de ler e pensar. Mas tive muitos outros interesses especiais no passado. Eu me lembrava de ser apaixonado por observação de morcegos e romances de terror quando criança. Crianças e adultos me repreendiam por ser "esquisito" e "exagerado" com relação a esses interesses. Eu era "exagerado" em muitos aspectos. Para os outros, minhas lágrimas eram acessos de raiva imaturos, e minhas opiniões, críticas condescendentes. À medida que cresci, aprendi a ser menos intenso, menos constrangedor — menos eu. Estudei os maneirismos dos outros. Passei muito tempo dissecando conversas mentalmente e li sobre psicologia para poder entender melhor as pessoas. Foi por isso que fiz doutorado em psicologia social. Eu precisava estudar a fundo as normas sociais e os padrões de pensamento que pareciam naturais para todos os outros.

Depois de pesquisar sobre o Autismo em particular por cerca de um ano, descobri a comunidade de autodefesa Autista. Havia todo um movimento liderado por pessoas Autistas que argumentavam que deveríamos ver a deficiência como uma forma perfeitamente normal de diferença humana. Esses pensadores e ativistas diziam que nosso modo de ser não era nada errado. Era o fracasso da sociedade em se adaptar às nossas necessidades que nos deixava com uma sensação de ruptura. Pessoas como Rabi Ruti Regan (autora do blog *Real Social Skills*) e Amythest Schaber (criadora da série de vídeos *Neurowonderful*) me ensinaram sobre neurodiversidade. Passei a reconhecer que muitas deficiências são criadas ou agravadas pela exclusão social. Armado com esse conhecimento e um crescente senso de autoconfiança, comecei a conhecer pessoas Autistas na vida real, a postar sobre o Autismo *online* e a participar de encontros locais para pessoas neurodiversas.

Descobri que havia milhares de Autistas como eu, que descobriram sua deficiência na idade adulta, após anos de autodesprezo confuso. Quando crianças, essas pessoas Autistas eram visivelmente estranhas, mas, em vez de receberem ajuda, eram ridicularizadas. Como eu, elas desenvolveram estratégias de enfrentamento para se integrarem. Coisas como olhar para a testa de uma pessoa para simular contato visual ou memorizar roteiros de conversas com base em diálogos que viam na TV.

Muitas dessas pessoas furtivamente Autistas recorreram ao intelecto ou a outros talentos para obter aceitação. Outros se tornaram incrivelmente passivos, porque, se suavizassem a própria personalidade, não precisariam correr o risco de serem "intensos" demais. Sob a aparência inofensiva e profissional que desenvolveram, suas vidas estavam desmoronando. Muitos sofriam com automutilação, distúrbios alimentares e alcoolismo. Estavam presos em relacionamentos abusivos ou insatisfatórios, sem nenhuma ideia do que deveriam fazer para se sentirem vistos e valorizados. Quase todos estavam deprimidos, assombrados por uma profunda sensação de vazio. Suas vidas inteiras tinham sido moldadas pela desconfiança em si mesmos, pelo ódio a seus corpos e pelo medo dos próprios desejos.

Percebi que havia padrões claros nos quais tipos de pessoas Autistas sucumbiam a esse tipo de destino. Mulheres Autistas, pessoas trans e pessoas não brancas muitas vezes tiveram suas características ignoradas quando eram jovens ou apresentaram sintomas de angústia, sendo interpretados como "manipuladores" ou "agressivos". O mesmo aconteceu com as pessoas Autistas que cresceram na pobreza, sem acesso a recursos de saúde mental. Homens gays que não se enquadravam na imagem masculina do Autismo o suficiente para serem diagnosticados. Autistas mais velhos nunca tiveram a oportunidade de serem avaliados, pois o conhecimento sobre a deficiência era muito limitado durante suas infâncias. Essas exclusões sistemáticas forçaram toda uma enorme e diversificada população com deficiência a viver no esquecimento. Isso deu origem ao que agora chamo de Autismo mascarado — uma versão camuflada do transtorno que ainda é amplamente negligenciado por pesquisadores, prestadores de cuidados de saúde mental e organizações de Autismo que não são lideradas por pessoas Autistas, como a muito criticada Autism Speaks.

Quando uso o termo *Autismo mascarado*, me refiro a qualquer apresentação da deficiência que se desvie da imagem padrão que vemos na maior parte das ferramentas de diagnóstico e em quase todas as representações do Autismo na mídia. Já que o Autismo é um transtorno bastante complexo e multifacetado, que abrange muitos traços diferentes que podem se manifestar de diversas maneiras. Falo também de qualquer pessoa Autista cujo sofrimento não foi levado a sério por razões de classe, raça, gênero, idade, falta de acesso a cuidados de saúde ou presença de outras condições.

Em geral, são os meninos brancos com interesses e *hobbies* convencionalmente "masculinos" que são classificados como potencialmente Autistas quando jovens. Mesmo dentro dessa classe relativamente privilegiada, são quase exclusivamente crianças Autistas ricas e de classe média alta que são identificadas.[1] Esse grupo sempre foi o protótipo do Autismo quando o transtorno é descrito por médicos ou retratado na mídia. Todos os critérios de diagnóstico do Autismo são baseados na forma como ele se apresenta nesse grupo. Toda pessoa Autista fica magoada com essa concepção estreita do transtorno, até mesmo os meninos brancos, ricos e cisgêneros, que têm maior probabilidade de se verem refletidos nela. Durante tempo demais, fomos definidos apenas pelos "aborrecimentos" que os meninos Autistas brancos causavam aos pais abastados. As nossas complexas vidas interiores, as nossas necessidades e o nosso sentimento de alienação, as formas como as pessoas neurotípicas nos confundiam, desconcertavam e até abusavam de nós — tudo foi ignorado ao longo de décadas por conta dessa lente. Éramos definidos apenas por aquilo que parecia nos faltar e somente na medida em que as nossas deficiências representavam um desafio para os nossos cuidadores, professores, médicos e outras pessoas que detinham o poder sobre a nossa vida.

Há anos que psicólogos e psiquiatras têm discutido a existência do "Autismo feminino", um suposto subtipo que pode parecer muito mais brando e socialmente apropriado do que o Autismo "masculino".[2] Pessoas com o chamado "Autismo feminino" podem ser capazes de fazer contato visual, manter uma conversa ou esconder seus tiques e sensibilidades sensoriais. Elas podem passar as primeiras décadas de suas vidas sem fazer ideia de que são Autistas, acreditando, em vez disso, que são apenas tímidos ou altamente sensíveis. Nos últimos anos, o público aos poucos foi se familiarizando com a ideia de que existem mulheres com Autismo, e alguns livros excelentes, como *Divergent Mind*[3] (Mente Divergente), de Jenara Nerenberg, e *Aspergirls*, de Rudy Simone, têm atuado para conscientizar essa população. Também ajudou o fato de mulheres Autistas de destaque, como a comediante Hannah Gadsby e a escritora Nicole Cliffe, que se declararam publicamente Autistas.

No entanto, há um problema significativo com o conceito de "Autismo feminino". É um rótulo que não explica adequadamente, pois alguns Autistas mascaram suas qualidades Autistas ou têm suas necessidades ignoradas durante anos. Primeiro, nem todas as mulheres com Autismo têm o subtipo "Autismo feminino". Muitas mulheres Autistas visivelmente se autoestimulam, têm dificuldade para socializar e passam por colapsos e desligamentos. A cientista e ativista Autista Temple Grandin é um grande exemplo disso. Ela fala em tom monótono, evita contato visual e, mesmo quando criança, ansiava por estimulação sensorial e pressão. Embora ela seja visível e tipicamente Autista para os padrões atuais, Grandin só foi diagnosticada na idade adulta.[4]

As mulheres Autistas não são ignoradas por seus "sintomas" serem mais leves. Mesmo as mulheres com verdadeiros comportamentos Autistas clássicos podem escapar ao diagnóstico durante anos, simplesmente porque são mulheres, e suas experiências são levadas menos a sério pelos profissionais do que as de um homem.[5] Além disso, nem todas as pessoas que têm o Autismo ignorado e subestimado são mulheres. Muitos homens e pessoas não binárias também tiveram seu Autismo apagado. Chamar a forma furtiva e mais camuflada socialmente de Autismo de uma versão "feminina" da doença é indicar que o mascaramento é um fenômeno de gênero, ou mesmo de sexo, atribuído no nascimento, e não um fenômeno muito mais amplo de exclusão social. As mulheres não têm Autismo "mais leve" devido à sua biologia; as pessoas marginalizadas têm seu Autismo ignorado devido à situação periférica que têm na sociedade.

Quando uma pessoa Autista não recebe recursos ou acesso ao autoconhecimento e quando lhe dizem que suas características estigmatizadas são apenas sinais de que ela é uma criança perturbada, sensível demais ou irritante, ela não tem escolha a não ser desenvolver uma fachada neurotípica. Manter essa máscara neurotípica não é nem um pouco autêntico e é extremamente cansativo fazer isso.⁶ Também não é necessariamente uma escolha consciente. O mascaramento é um estado de exclusão que nos é imposto de fora. Um gay enrustido não decide certo dia que vai ser enrustido — ele essencialmente nasce no armário, porque a heterossexualidade é normativa, e ser gay é um fato tratado como uma ocasional reflexão tardia ou uma aberração. Da mesma forma, as pessoas Autistas nascem com a máscara da neurotipicidade pressionada contra o rosto. Presume-se que todas as pessoas pensam, socializam, sentem, expressam emoções, processam informações sensoriais e se comunicam mais ou menos da mesma maneira. Espera-se que todos sigamos as regras da nossa cultura original e nos integremos perfeitamente a ela. A nós, que precisamos de ferramentas alternativas para autoexpressão e autocompreensão, elas são negadas. Nossa primeira experiência de nós mesmos como pessoas no mundo, portanto, é a de sermos diferentes e confusos. Só temos a oportunidade de tirar as máscaras quando percebemos que há outras maneiras de existir.

Descobri que toda a minha vida e quase todos os desafios que enfrentei podem ser compreendidos por meio de lentes Autistas mascaradas. Meu distúrbio alimentar foi uma forma de punir meu corpo por seus maneirismos Autistas incomuns e um meio de fazê-lo se adequar aos padrões de beleza convencionais, protegendo-me de atenção negativa. Meu isolamento social foi uma forma de rejeitar outras pessoas antes que elas pudessem me rejeitar. Meu vício em trabalho era um sinal de hiperfixação Autista, bem como uma desculpa aceitável para me retirar de locais públicos que me causavam sobrecarga sensorial. Entrei em relacionamentos doentios e codependentes porque precisava de aprovação e não sabia como consegui-la, então simplesmente me moldava em tudo o que meu parceiro procurava na época.

Depois de alguns anos pesquisando sobre o Autismo e formando minha compreensão do mascaramento como um fenômeno social, comecei a escrever sobre isso *online*. Descobri que milhares de pessoas se identificavam com o que eu tinha a dizer. Acontece que ser Autista não era nem um pouco raro (aproximadamente 2% das pessoas são diagnosticadas com o transtorno hoje, e muitas mais têm características subclínicas ou não têm acesso ao diagnóstico).⁷ Muitas pessoas em meus círculos profissionais e sociais também se assumiram como neurodiversos para mim em particular. Conheci pessoas Autistas com empregos de tempo integral em design visual, atuação, teatro musical e educação sexual — e não em áreas que as pessoas associam às nossas mentes lógicas e supostamente "robóticas". Conheci mais Autistas negros, pardos e indígenas, há muito desumanizados pela comunidade psiquiátrica. Conheci Autistas que a princípio foram diagnosticados com transtorno de personalidade *borderline* (TBP), transtorno opositivo desafiador (TOD) ou Transtorno de personalidade narcisista (TPN). Também encontrei dezenas de pessoas transexuais e Autistas sem conformidade de gênero como eu que sempre se sentiram "diferentes" tanto por causa do gênero quanto da neurotipicidade.

Na vida de cada uma dessas pessoas, ser Autista era uma fonte de singularidade e beleza. Mas o capacitismo em torno delas foi uma fonte de enorme alienação e dor. A maioria se debateu durante décadas antes de descobrir quem realmente era. E quase todos consideravam muito difícil tirar as máscaras que vinham usando por tanto tempo. Até mesmo esse fato me fez sentir mais confortável em minha própria pele e menos prejudicado e sozinho. Muitos de nós fomos ensinados que precisávamos nos esconder. No entanto, quanto mais nos unimos em comunidade, menos sentimos pressão para nos mascararmos.

Ao passar tempo com outras pessoas Autistas, comecei a ver que a vida não precisava ser apenas uma angústia oculta. Quando estava perto de outros Autistas, era mais capaz de ser contundente e direto. Eu poderia pedir por adaptações, como diminuir as luzes ou abrir uma janela para diluir o cheiro do perfume de alguém. Quanto mais as pessoas ao meu redor relaxavam, falavam apaixonadamente sobre seus interesses especiais e balançavam o corpo com entusiasmo, menos vergonha eu sentia de quem eu era e de como meu cérebro e meu corpo funcionavam.

Há anos tenho usado minhas competências como psicólogo social para dar sentido à literatura científica sobre o Autismo e para me conectar com ativistas, pesquisadores, *coaches* e terapeutas Autistas, a fim de firmar minha compreensão do neurotipo que compartilhamos. Também trabalhei para me desmascarar, entrando em contato com a versão vulnerável, errática e estranha de mim, que fui socialmente condicionado a esconder. Conheci muitas vozes importantes na comunidade de autodefesa Autista e li sobre os muitos recursos que terapeutas, *coaches* e ativistas Autistas desenvolveram para ajudar a treinar a si mesmos e a outros para diminuir suas inibições e abandonar suas máscaras.

Hoje, não escondo que fico incomodado com barulhos altos e luzes fortes. Peço diretamente às pessoas uma explicação quando suas palavras ou linguagem corporal não fazem sentido. Os padrões tradicionais da "vida adulta", como possuir um carro ou ter filhos, não me atraem, e aprendi que não há nenhum problema nisso. Durmo com um bicho de pelúcia todas as noites e um ventilador barulhento para bloquear o ruído ambiente da minha vizinhança. Quando estou animado, agito as mãos e me contorço no lugar. Nos dias bons, não acho que essas coisas me tornam infantil, esquisito ou mau. Eu me amo como sou, e os outros podem ver e amar meu verdadeiro eu. Ser mais honesto sobre quem sou me tornou um professor e escritor mais eficaz. Quando meus alunos estão com dificuldades, consigo me conectar com eles sobre como pode ser mesmo difícil manter uma vida normal. Quando escrevo com minha própria voz, da minha perspectiva, conecto-me com o público muito mais profundamente do que quando tento parecer um profissional genérico e respeitável. Antes de começar meu desmascaramento, eu me sentia amaldiçoado e quase morto por dentro. A existência parecia um trabalho demorado e árduo para fingir entusiasmo. Agora, embora a vida ainda possa ser difícil, eu me sinto incrivelmente vivo.

Quero que cada pessoa Autista sinta o enorme alívio e senso de comunidade que encontrei ao me reconhecer e começar a me desmascarar. Acredito também que é essencial para o futuro da comunidade de autodefesa Autista que cada um de nós trabalhe para viver de forma mais autêntica, como si mesmo, e exija as adaptações de que necessita. Com este livro, espero ajudar outras pessoas Autistas a compreenderem a si próprias, a unirem forças com outras pessoas neurodiversas e, aos poucos, a encontrarem a confiança necessária para tirarem suas máscaras.

O desmascaramento tem o potencial de melhorar radicalmente a qualidade de vida de uma pessoa Autista. Pesquisas têm demonstrado que manter o nosso verdadeiro eu trancado é emocional e fisicamente arrasador.[8] A conformidade com os padrões neurotípicos pode nos garantir uma aceitação provisória, mas com um elevado custo existencial. O mascaramento é uma performance extenuante que contribui para a exaustão física, o esgotamento psicológico, a depressão, a ansiedade[9] e até mesmo a ideação suicida.[10] O mascaramento também oculta o fato de que o mundo é imensamente inacessível para nós. Se os alísticos (não Autistas) nunca ouvirem as nossas necessidades expressas e nunca virem a nossa luta, não terão motivo para se adaptarem com vistas a nos incluir. Devemos exigir o tratamento que merecemos e deixar de viver buscando apaziguar quem nos ignorou.

Recusar-se a fingir neurotipicidade é um ato revolucionário de justiça para deficientes. É também um ato radical de amor-próprio. Mas, para que as pessoas Autistas tirem as máscaras e mostrem ao mundo o nosso "eu" real e autenticamente deficiente, primeiro precisamos nos sentir seguros o suficiente para nos familiarizarmos de novo com quem somos de fato. Desenvolver autoconfiança e autocompaixão é uma jornada em si mesma.

Este livro é para qualquer pessoa que seja (ou suspeite que seja) neurodiversa e queira atingir novos níveis de autoaceitação. A neurodiversidade é um guarda-chuva amplo, que inclui de Autistas a pessoas com TDAH, passando por pessoas com esquizofrenia, lesões cerebrais ou transtorno de personalidade narcisista. Embora o foco do livro sejam pessoas Autistas mascaradas, descobri que há uma sobreposição considerável entre Autistas e outros grupos neurodiversos. Muitos de nós compartilhamos sintomas e características de saúde mental e temos diagnósticos sobrepostos ou comorbidades. Todos internalizamos o estigma da transtorno mental e sentimos vergonha de nos desviarmos do que é considerado "normal". Quase todas as pessoas com transtorno ou deficiência mental foram esmagadas pelo peso de expectativas neurotípicas e reiteradamente tentaram, sem sucesso, obter aceitação ao jogar de acordo com as regras que foram concebidas para nos prejudicar. Assim, para quase todas as pessoas neurodiversas, a jornada em direção à autoaceitação envolve aprender a se desmascarar.

Nos capítulos a seguir, apresentarei uma variedade de pessoas Autistas que desprezam os estereótipos populares. Também explicarei a história de como o Autismo foi definido e como isso nos levou ao lugar obscuro e distante em que estamos hoje. A partir de histórias da vida real de pessoas Autistas, bem como de pesquisas no campo da psicologia, ilustrarei as muitas maneiras pelas quais o Autismo mascarado pode se apresentar e explicarei por que tantos de nós nunca percebemos que temos uma deficiência generalizada até relativamente tarde na vida. Discutirei como pode ser dolorosa uma vida inteira de mascaramento e apresentarei dados que mostram o impacto real dessa postura em nossa saúde mental, física e relacional.

Mais importante ainda, este livro definirá estratégias que uma pessoa Autista mascarada pode adotar para deixar de esconder suas características neurodiversas e descreverá como seria um mundo que aceitasse melhor a neurodiversidade. Minha esperança é que um dia cada um de nós possa se aceitar como os indivíduos maravilhosamente esquisitos e inovadores que realmente somos e viver como nós mesmos, sem medo do ostracismo ou da violência. Conversei com vários educadores, terapeutas, *coaches* e escritores Autistas para ajudar a desenvolver esses recursos, testei-os em minha própria vida e entrevistei pessoas Autistas que os usaram para melhorar suas vidas. Essas experiências fornecem exemplos concretos de como é de fato uma existência desmascarada (ou menos mascarada). Quando paramos de nos julgar conforme o olhar neurotípico, tudo, desde as normas de relacionamento e os hábitos diários até a maneira como nos vestimos e projetamos nossa casa, pode mudar livremente.

Uma vida menos presa à máscara é possível para cada um de nós. Mas construir uma vida assim pode ser bastante assustador. Pensarmos sobre por que começamos a nos mascarar tende a trazer à tona muitas dores antigas. Uma das *coaches* e defensoras da deficiência cujo trabalho ajudou a informar este livro, Heather R. Morgan, chamou minha atenção para o fato de que, antes de examinarmos as nossas máscaras e aprendermos a tirá-las, devemos primeiro reconhecer que a versão de nós mesmos que temos escondido do mundo é alguém em quem podemos confiar.

"Acho que pode ser arriscado para as pessoas tentarem pensar sobre a origem da máscara e pensar em retirá-la antes de saberem que há alguém seguro por baixo dela", diz ela. "Até mesmo falar em desmascarar, se não tivermos um porto seguro para atracar, pode ser assustador."

Na minha própria vida e na vida das pessoas Autistas que entrevistei para este livro, encontrei provas positivas de que o processo de desmascaramento vale a pena. Mas, se você está apenas começando esta jornada e se sente à deriva e confuso sobre quem realmente é, talvez ainda não acredite que haja uma versão válida de você esperando do outro lado. Você ainda pode ser assombrado por imagens negativas do Autismo propagadas pela mídia ou temer que o desmascaramento possa torná-lo menos funcional, estranho demais ou de alguma forma impossível de ser amado. Também é provável que você reconheça que existem riscos reais e materiais em deixar sua deficiência visível, em especial se ocupar uma posição marginalizada na sociedade. Você pode associar autenticidade a falta de segurança por razões de todo racionais e não ter certeza de como e quando desmascarar-se pode valer a pena. Então, vamos primeiro considerar os lados positivos do desmascaramento e como seria, para você, uma vida menos inibida.

A seguir você encontrará um exercício desenvolvido por Heather R. Morgan, que ela administra aos clientes no primeiro encontro com eles. O exercício foi projetado para ajudar as pessoas mascaradas a desenvolverem mais confiança em si mesmas e a considerarem que existe algo bonito do outro lado da máscara.

Processo de integração baseada em valores
Passo 1: Encontre o seu porquê

Instruções: pense em cinco momentos da sua vida em que você se sentiu COMPLETAMENTE VIVO. Procure encontrar momentos ao longo de toda a sua vida (infância, adolescência, idade adulta; escola, trabalho, férias, *hobbies*).

Alguns momentos podem deixar você com uma sensação de espanto e admiração: *"nossa, se tudo na vida fosse assim, a vida seria incrível!"*

Alguns momentos podem fazer com que você se sinta profundamente recarregado e pronto para enfrentar o próximo desafio ou satisfeito e realizado.

Anote cada um desses momentos. Conte a história de cada momento o mais detalhadamente possível. Tente pensar especificamente sobre por que o momento marcou você de maneira tão dramática.

Momento nº1	
Momento nº2	
Momento nº3	
Momento nº4	
Momento nº5	

Talvez você leve algum tempo para concluir este exercício. Você pode passar dias ou até semanas refletindo sobre isso, recordando momentos de diferentes ambientes e períodos de tempo. Voltaremos a esses momentos mais adiante neste livro, mas, por enquanto, você pode simplesmente aproveitar a sensação boa de relembrar quaisquer exemplos que venham à mente.

À medida que discutimos as forças sistêmicas que levam tantos de nós a mascararmos e exploramos como o mascaramento prejudica a vida das pessoas Autistas, você pode achar útil retornar a essas memórias de vez em quando e extrair força delas. Deixe que elas sirvam como um lembrete de que você não está estragado e que o projeto para construir uma vida autêntica e que valha a pena já existe dentro de você.

CAPÍTULO 1

O que é Autismo, de verdade?

Quando Crystal era jovem, exibia muitos comportamentos que os psicólogos hoje reconheceriam como tradicionalmente Autistas: ela alinhava brinquedos em fileiras em vez de brincar com eles, mastigava o cobertor enquanto olhava para a parede e tinha dificuldade para entender piadas internas e provocações. Mas ela não "parecia Autista o suficiente" para ser facilmente diagnosticada na década de 1990, quando era criança.

"Minha mãe chegou a achar que eu deveria ser avaliada", diz ela. "Mas meu avô descartou a ideia, dizendo 'de jeito nenhum, Crystal é uma garota tão boa! Não há nada de errado com ela. Nem pense nisso'."

O avô de Crystal provavelmente percebeu que a estava protegendo de ficar presa a um rótulo que traria a ela uma vida inteira de abusos. Ele decerto não foi o único a adotar essa estratégia. Evitar rótulos (adotar medidas para evitar o diagnóstico) é uma consequência muito comum da deficiência e do estigma da saúde mental.[1] Identificar-se publicamente como deficiente significa ser visto como menos competente — e menos humano — por muita gente. Por mais prejudicial e autodestrutivo que possa ser camuflar a condição de deficiência de alguém, não se trata, de forma nenhuma, de um ato paranoico. É, antes, uma reação racional aos preconceitos que as pessoas com deficiência enfrentam. Também não é algo exclusivo do Autismo; muitas pessoas com transtornos mentais[2] e deficiências físicas ocultas[3] optam por evitar a marca da vergonha que um diagnóstico pode trazer.

Meu pai escondeu sua paralisia cerebral e suas convulsões ao longo de toda a vida. Ninguém sabia sobre sua condição, além da minha avó, da minha mãe e de mim. Ele nunca foi para a faculdade, porque precisaria revelar suas necessidades de acesso aos serviços para deficientes físicos do campus. Ele só se candidatava a empregos que não exigiam que ele escrevesse ou digitasse, para que seu débil controle motor não fosse revelado. Quando criança, eu digitava os panfletos de seu negócio de cortadores de grama, porque ele mesmo não conseguia usar o computador. Só fiquei sabendo do problema dele na adolescência. Foi algo que ele me confessou aos soluços, como se fosse um segredo terrível, depois que seu casamento com minha mãe já havia desmoronado. Ele me contou que minha avó o fez esconder sua condição porque não seria aceitável ser abertamente deficiente na pequena cidade dos Apalaches, onde ele cresceu. Vergonha e autodesprezo o acompanharam até o dia em que ele morreu de diabetes (uma doença que desenvolveu quando adulto e que também se recusou a tratar).

Descobri que eu era Autista apenas muitos anos depois da morte dele, mas ele foi a primeira pessoa que me demonstrou o quão doloroso e autodestrutivo pode ser esconder a própria deficiência. Ele construiu uma vida inteira escondendo quem era, e seus mecanismos de defesa o mataram lentamente.

Evitar rótulos era comum entre os pais de crianças potencialmente Autistas durante a década de 1990, porque a condição era muito mal compreendida e demonizada.[4] As pessoas Autistas eram consideradas deficientes intelectuais, e as pessoas com deficiência intelectual não eram valorizadas nem respeitadas; por isso, muitas famílias faziam de tudo para manter o rótulo longe dos filhos. Embora o avô de Crystal tivesse a intenção de protegê-la da intolerância e de ser infantilizada, ele também negou a ela um importante autoconhecimento, recursos educacionais e um lugar na comunidade Autista. Sem consultar Crystal, a família determinou que seria melhor para ela sofrer e esconder sua neurodiversidade do que ter um nome para sua posição marginalizada no mundo. O peso dessa decisão é algo com que Crystal continua lidando até agora, como uma adulta que foi diagnosticada quase aos 30 anos.

"Agora sei que sou Autista, mas descobri tarde demais", diz ela. "Quando conto às pessoas, elas não querem acreditar em mim. Tenho minha vida organizada demais para elas perceberem o quanto tudo é difícil. Ninguém quer ouvir agora sobre o quanto sempre foi difícil e, francamente, ainda é."

A essa altura, eu tinha ouvido centenas de pessoas Autistas contarem versões semelhantes da história de Crystal. Alguns detalhes mudam, mas o arco narrativo é sempre o mesmo: uma criança apresenta sinais precoces de dificuldade, mas suas famílias e seus professores hesitam quando a deficiência é cogitada. Pais ou avós que possuem, eles próprios, traços do espectro do Autismo rejeitam as queixas da criança, alegando que todos sofrem com estresse social, sensibilidades sensoriais, problemas estomacais ou confusão cognitiva que eles também experimentam. Todos na vida da criança veem a deficiência não como uma explicação de como uma pessoa funciona (e de que tipo de ajuda ela precisa para funcionar), mas como um sinal de dano. Então, recusam o rótulo e dizem aos filhos para pararem com tanto alvoroço. Acreditando que estão ajudando o filho a "superar" uma limitação e a ser durão, incentivam a criança a não ser visivelmente estranha ou a pedir ajuda.

Ainda que uma criança Autista mascarada não tenha como explicar por que acha a vida tão difícil, ela sofre mesmo assim. Os colegas detectam que há algo indescritivelmente "errado" nela e a excluem, apesar de suas melhores tentativas de ser simpática. Quando se diminui e se mostra discreta, a criança recebe um pouco do carinho pelo qual anseia desesperadamente e do qual nunca recebe o suficiente. Assim, repete esse comportamento cada vez mais, acalmando a voz dentro de si que diz que a forma como ela está sendo tratada não é justa. Ela trabalha muito, exige pouco e segue as regras da sociedade tanto quanto possível. E se torna um adulto ainda mais modesto e ainda menos capaz de expressar o que sente. Então, depois de décadas forçando-se a entrar em uma caixa neurotípica restritiva, algum tipo de colapso enfim torna impossível ignorar toda a turbulência que borbulha sob a superfície. Só então essas pessoas descobrem que são Autistas.

No caso de Crystal, o ponto de ruptura tomou a forma de um caso de esgotamento Autista que durou meses. O esgotamento Autista é um estado de exaustão crônica em que as competências de uma pessoa Autista começam a se degradar, e sua tolerância ao estresse é bastante reduzida.[5] Atingiu Crystal como um caminhão depois de ela ter finalizado seu trabalho de conclusão de curso na faculdade. Ela demorou alguns anos a mais do que o resto de seus amigos para terminar a faculdade, embora não soubesse explicar exatamente por quê. Estava sempre precisando abandonar aulas para manter a vida organizada. Uma carga horária completa simplesmente não era possível. Quando as pessoas perguntavam sobre isso, ela mentia, dizendo que também trabalhava em tempo integral.

Em seu último ano de faculdade, Crystal precisou supervisionar a cenografia do maior espetáculo do ano do departamento de teatro. Projetar dezenas de adereços, adquirir os materiais, gerenciar a produção deles e, depois, acompanhar todos os itens em uma grande planilha do Google era simplesmente estressante demais para ela, especialmente enquanto cursava as últimas disciplinas restantes. Ela seguiu em frente, perdendo cabelo e emagrecendo, mas, assim que o projeto foi concluído, ela desabou.

"Depois que me formei, fiquei três meses na cama na casa da minha mãe", diz ela. "Eu não me candidatava a empregos. Mal tomava banho. O chão do meu quarto era coberto de embalagens do McDonald's, e minha família ainda insistia que eu estava apenas sendo preguiçosa."

Por fim, Crystal ficou tão letárgica que não queria mais nem sequer ver TV ou brincar com o cachorro da família. Isso foi preocupante o suficiente para sua mãe sugerir que ela procurasse um terapeuta. Uma avaliação do Autismo veio logo depois.

"No começo, eu não conseguia acreditar", diz Crystal. "Minha família ainda não acredita. Eles tiveram todos os indícios, durante toda a minha vida, mas não querem ver."

Enfim, Crystal tinha uma explicação para o motivo pelo qual ela não conseguia realizar tantas tarefas quanto as outras pessoas e o motivo das tarefas aparentemente básicas, como ir ao banco ou assistir a uma palestra de duas horas, a deixavam cansada demais para pensar ou falar. A vida normal realmente exigia dela mais força de vontade. Pessoas Autistas com frequência experimentam inércia ao iniciar uma tarefa[6] e enfrentam desafios em dividir atividades complexas em pequenos passos que sigam uma sequência lógica.[7] Isso pode tornar tudo, desde tarefas domésticas básicas até candidaturas a empregos e declaração de impostos, incrivelmente desafiador, ou mesmo impossível, sem ajuda.

Além de todos os desafios cognitivos e sensoriais básicos que acompanhavam o Autismo de Crystal, ela também precisava investir muita energia para sempre parecer "normal". Ela lutava constantemente contra a vontade de chupar os dedos e, quando as pessoas falavam com ela, ela tinha de forçar sua atenção para as palavras e o rosto delas. Ler um livro demorava o dobro do tempo de uma pessoa comum. Ao final de um dia, tudo o que ela conseguia fazer era sentar na cama e comer batatas fritas, tamanha a exaustão da rotina. No entanto, a mãe e o avô de Crystal ficaram insatisfeitos com a explicação recém-descoberta. Eles disseram que, se ela realmente tivesse sofrido tanto durante toda a vida, eles teriam percebido.

"Eu gostaria de poder fazê-los entender que Autismo não é o que a gente pensa que é", diz ela.

Definição de Autismo

Uma das razões pelas quais o Autismo é com frequência esquecido em mulheres como Crystal é um mal-entendido fundamental da parte de profissionais e do público a respeito do que é o Autismo. Até bem recentemente, a maioria das pessoas acreditava que o Autismo era raro, que apenas os meninos o tinham e que era sempre fácil de notar. Pense na interpretação de Dustin Hoffman no filme *Rain Man*: ele foi internado quando criança por ser profundamente deficiente e muito "difícil" de se manter em casa, ele nunca faz contato visual, vagueia perigosamente quando não é observado de perto e tem um talento sobrenatural para matemática que o irmão sem deficiência explora para ganho pessoal. Foi assim que todos fomos treinados a ver a deficiência: como uma condição horrível que nos torna esquisitos e indefesos, com a vida tendo apenas o valor que as habilidades de um *savant* têm para outras pessoas.

Em meados da década de 1990, quando Crystal era criança, algumas pessoas também tinham uma vaga consciência do que era então chamado de síndrome de Asperger. A síndrome de Asperger foi estereotipada como um tipo de Autismo de "funcionamento superior", encontrado em homens realmente inteligentes, nerds e geralmente rudes que trabalhavam em áreas como tecnologia. Em ambas as formas, o Autismo era associado a ser estranho e indiferente (em homem), com uma propensão para números. As pessoas tinham pouca ou nenhuma compreensão das causas do Autismo, de como era ser uma pessoa Autista ou de que a deficiência compartilha características com outros transtornos, como epilepsia, transtorno de ansiedade social, transtorno de déficit de atenção e hiperatividade (TDAH) ou transtorno de estresse pós-traumático (TEPT).

Apesar do que as pessoas acreditam, o Autismo não é definido pela grosseria, a masculinidade ou por qualquer tipo de habilidade matemática. Na literatura científica, é discutível se a deficiência deve ser definida pela presença de sinais comportamentais claros, como dificuldade em ler sinais sociais ou hesitação em iniciar contato com outras pessoas.[8] Em vez de olhar para os sinais externos do Autismo que possam ser percebidos pelos outros, é importante que nos concentremos nos marcadores neurobiológicos do neurotipo e nas experiências e nos desafios internos que os próprios Autistas relatam.

O Autismo é neurológico. O Autismo é uma deficiência de desenvolvimento que ocorre nas famílias[9] e parece ser em grande parte hereditária geneticamente.[10] No entanto, também é multiplamente determinado, o que significa que não tem uma causa única: uma série de genes diferentes parecem estar associados ao Autismo[11] e a todos os Autistas. o cérebro de uma pessoa é único e exibe seus próprios padrões distintos de conectividade.[12]

O Autismo é uma deficiência de desenvolvimento porque, comparado aos marcos neurotípicos, vem com atrasos: muitas pessoas Autistas continuam a desenvolver suas habilidades sociais e emocionais muito mais tarde na vida do que alísticos tendem a fazê-lo.[13] (No entanto, isso pode ser devido ao fato de que nós, os autistas, somos forçados a desenvolver nossas próprias habilidades de enfrentamento social e emocional a partir do zero, porque os métodos neurotípicos que nos são ensinados não são adequados à forma como processamos informações — falaremos sobre isso mais tarde.) O Autismo está associado a diferenças específicas e generalizadas no cérebro que resultam em divergirmos dos padrões neurotípicos em termos de como o nosso cérebro filtra e dá sentido às informações.

Pessoas Autistas apresentam diferenças no desenvolvimento do córtex cingulado anterior,[14] uma parte do cérebro que ajuda a regular a atenção, a tomada de decisões, o controle de impulsos e o processamento emocional. Por todo o cérebro, pessoas Autistas têm atrasado e reduzido o desenvolvimento dos neurônios Von Economo (ou VENs), células cerebrais que ajudam no processamento rápido e intuitivo de situações complexas.[15] Da mesma forma, os cérebros Autistas diferem dos cérebros alísticos na forma como os neurônios são excitáveis.[16] Simplificando, nossos neurônios são ativados facilmente e não discriminam tão prontamente entre uma "variável incômoda" que nosso cérebro pode querer ignorar (por exemplo, uma torneira pingando em outro ambiente) e um dado crucial, que merece muita atenção (por exemplo, uma pessoa querida começando a chorar baixinho no quarto ao lado). Isso significa que podemos nos distrair facilmente com um pequeno estímulo e deixar passar um estímulo grande e significativo.

Os cérebros Autistas têm padrões de conexão únicos que se desviam do que é normalmente observado em pessoas neurotípicas. Quando os bebês nascem, seus cérebros costumam estar hiperconectados; grande parte do desenvolvimento humano é um processo de aos poucos podar ligações inúteis e de se tornar mais eficiente na resposta ao ambiente, com base na experiência de vida e na aprendizagem. Nos cérebros Autistas, contudo, os investigadores descobriram que algumas regiões permanecem hiperconectadas ao longo da vida, enquanto outras regiões podem ficar subconectadas (falando relativamente). É difícil resumir esses padrões de conectividade porque, como descobriram os neurobiólogos do Instituto de Ciência Weizmann, cada cérebro Autista apresenta um padrão de conectividade diferente. Nossas conexões cerebrais parecem ser, na verdade, mais diversas do que as conexões dos cérebros neurotípicos, que os pesquisadores acreditam ter um padrão de poda consistente.[17] Os pesquisadores do Instituto Weizmann teorizaram que isso significa que os cérebros Autistas respondem aos nossos ambientes de maneira diferente; enquanto se acredita que os cérebros neurotípicos se adaptam prontamente às informações sensoriais e sociais que recebem do mundo exterior, o desenvolvimento e a poda do cérebro dos Autistas parecem ser "interrompidos".[18]

As pessoas Autistas também apresentam menos daquilo que os neurocientistas chamam de *interferência global para local*:[19] temos a tendência de nos concentrarmos em detalhes, mesmo quando esses detalhes não combinem com o "quadro geral" que uma pessoa não Autista pode ver. Por exemplo, uma série de estudos descobriu que as pessoas Autistas são muito melhores do que as alísticas em copiar o desenho de um objeto 3D distorcido que não poderia existir na vida real.[20] Os alísticos se surpreendiam com o quanto a imagem geral era impossível e ilógica, enquanto os Autistas conseguiam focar apenas nas linhas e formas individuais que compunham a imagem e recriar o desenho de baixo para cima. Este elevado grau de atenção aos detalhes também se aplica à forma como lidamos com situações sociais: nós nos concentramos nas pequenas características do rosto de uma pessoa, em vez de considerarmos sua semelhança ou expressão emocional como um todo, por exemplo.[21] Isso ajuda a explicar por que muitas pessoas Autistas têm prosopagnosia (incapacidade de reconhecer rostos)[22] e dificuldade em ler emoções nos rostos dos neurotípicos.

Juntas, todas essas características tendem a fazer as pessoas Autistas apresentarem as seguintes qualidades:

- Somos hiper-reativos até mesmo a pequenos estímulos em nosso ambiente.
- Temos dificuldade em distinguir entre informações ou dados sensoriais que devem ser ignorados e dados que devem ser considerados cuidadosamente.
- Somos altamente focados em detalhes, em vez de conceitos de "quadro geral".
- Somos profunda e deliberadamente analíticos.
- Nosso processo de tomada de decisão é mais metódico do que eficiente; não confiamos em atalhos mentais ou "intuições".
- O processamento de uma situação leva mais tempo e energia do que para uma pessoa neurotípica.

Agora que expliquei alguns dos marcadores neurológicos correlacionados ao Autismo, acho importante esclarecer um ponto mais delicado: o fato de uma deficiência ter alguns marcadores biológicos não significa que ela seja mais "real" ou legítima do que uma deficiência que você só pode observar no comportamento de uma pessoa. E o Autismo ainda é diagnosticado com base no comportamento e nos desafios relatados que a pessoa Autista enfrenta, e não em uma tomografia cerebral. O fato de o Autismo ter características neurológicas não significa que seja uma deficiência mais simpática do que, digamos, um distúrbio alimentar ou um vício em drogas. Também não significa que os Autistas estejam condenados a funcionarem sempre de uma maneira específica ou a sempre terem dificuldades.

Embora a compreensão da biologia da diferença humana seja útil de várias maneiras, existem riscos reais em reduzir uma deficiência às suas "causas" físicas. Fazer isso pode levar as pessoas a acreditarem que a nossa biologia é o nosso destino e que somos inferiores aos neurotípicos de uma forma imutável. Na verdade, algumas pesquisas sugerem que quando as pessoas entendem, deficiências como a TEA e o TDAH como sendo puramente biológicas, elas acabam demonstrando mais estigma, e não menos, em relação às pessoas com essas condições.[23] A ideia de que um grupo de deficientes *"não pode deixar de ser do jeito que é"* é desumanizador e restritivo, embora alguns também considerem que isso promova liberdade e validação.

Quando a sociedade começa a flertar com a aceitação de um grupo marginalizado, essa aceitação é muitas vezes envolta numa narrativa do tipo "nascido assim". Por exemplo, no início dos anos 2000, muitos aliados heterossexuais alegavam apoio aos gays porque ser gay não era uma escolha e ninguém pode deixar de ser como é. Naquela época, havia muitos textos científicos populares explorando a busca pelo "gene gay"[24] e sugerindo que certas exposições hormonais no útero poderiam predispor um feto a ser gay. Atualmente, não falamos mais sobre as causas biológicas da homossexualidade. Pelo menos nos Estados Unidos, ser gay começou a ser aceito o suficiente para que as pessoas *queer* não tenham de justificar a sua existência dizendo que não podem ser de outra maneira. Se alguém escolhesse ser gay, isso não seria um problema, porque ser gay é bom. Da mesma forma, as pessoas Autistas merecem aceitação não porque não possam deixar de ter o cérebro que tem, mas porque ser Autista é bom.

O Autismo está associado a um estilo de processamento deliberativo. Ao dar sentido ao mundo, as pessoas Autistas geralmente se submetem à lógica e à razão, em vez da emoção ou da intuição. Nós mergulhamos profundamente em todos os prós e contras, às vezes excessivamente, sem saber onde traçar a linha entre uma variável importante e uma sem importância. Tendemos a não nos habituar a situações ou estímulos familiares tão prontamente como as outras pessoas, por isso muitas vezes pensamos numa situação como se fosse completamente nova para nós, mesmo que não seja.[25] Como tudo isso demanda muita energia, concentração e tempo, ficamos exaustos e sobrecarregados com bastante facilidade. No entanto, isso também nos torna menos propensos a erros. Pesquisas experimentais mostram que as pessoas Autistas são muito menos suscetíveis aos preconceitos dos quais as pessoas alísticas geralmente são vítimas.[26] Por exemplo, considere o seguinte problema relativamente simples:

Um taco e uma bola juntos custam R$ 1,10. O taco custa R$ 1,00 a mais do que a bola. Quanto custa a bola?

Em estudos experimentais, mais de 80% das pessoas não Autistas erram a resposta a esta questão. Eles analisam a questão rapidamente, seguem o instinto e respondem que a bola deve custar dez centavos.[27] A resposta correta é que a bola custa cinco centavos, e o taco custa um real a mais, R$ 1,05, que, juntos, somam R$ 1,10. É necessário um momento extra de processamento cuidadoso para pular a resposta "óbvia" (e errada) e fornecer a resposta correta. Para a maioria das pessoas alísticas, a maneira padrão de pensar é seguir o que é óbvio. Mas, como as pessoas Autistas não processam informações intuitivamente, não vemos respostas "óbvias" para as coisas e, em vez disso, precisamos analisar cuidadosamente a questão. Isso resulta em uma probabilidade muito maior de acertarmos a resposta.

Esse estilo de processamento lento e deliberativo traz consigo seu quinhão de desvantagens. Nem sempre conseguimos captar a ironia ou os significados implícitos "óbvios" que as pessoas não expressaram explicitamente. Pessoas alísticas muitas vezes nos acusam de pensar demais ou de ser muito lentos e hesitantes para encontrar uma resposta. Também ficamos sobrecarregados quando deparamos com montanhas de dados, que as pessoas neurotípicas acham muito mais fácil simplesmente ignorar.

Pessoas Autistas processam o mundo de baixo para cima. Se você quiser entender rapidamente o Autismo como deficiência e fonte de diferença humana, o melhor resumo é o seguinte: nós processamos de forma cuidadosa, sistemática e de baixo para cima. Pessoas alísticas, por outro lado, só entendem o mundo de cima para baixo. Elas entram em um novo ambiente, como um restaurante desconhecido, olham rapidamente ao redor e tiram conclusões razoáveis sobre como fazer um pedido, onde sentar, que tipo de serviço esperar e até mesmo que volume de voz usar. Seus cérebros começarão imediatamente a filtrar sons, luzes e outros estímulos e se ajustarão ao local. Elas podem notar o barulho de uma máquina de fliperama em um canto por um momento, por exemplo, mas logo se habituam a ele e se tornam capazes de ignorá-lo. Quando o garçom se aproxima, elas provavelmente conseguem conversar sem muita dificuldade, mesmo que algo inesperado seja dito ou o item que planejavam pedir esteja esgotado. Elas não dependem de roteiros de conversas memorizados e não precisam analisar cuidadosamente cada dado que encontram para entendê-los. Elas conseguem improvisar.

Os Autistas, por outro lado, não confiam em suposições instintivas ou em atalhos mentais rápidos para tomar decisões. Nós processamos cada elemento do nosso ambiente separadamente e de maneira intencional, considerando muito poucas coisas como garantidas. Se nunca estivemos em um determinado restaurante antes, podemos demorar para entender sua configuração ou descobrir como são feitos os pedidos. Precisaremos de indicações bem claras sobre se é o tipo de lugar onde as pessoas se sentam e são atendidos à mesa ou se é preciso ir até um balcão para pedir o que se deseja. (Muitos de nós tentamos camuflar esse fato fazendo uma extensa pesquisa sobre um restaurante antes de colocar os pés lá dentro.) Cada luz, risada e cheiro do local são captados individualmente pelo nosso sistema sensorial, em vez de misturados em um todo coeso. Para lidarmos com a imprevisibilidade, analisamos as nossas experiências em busca de padrões e memorizamos conjuntos de regras: se o garçom disser X, eu respondo com Y. Quando algo inesperado acontece, precisamos decidir cuidadosamente como responder. Muitas mudanças podem nos deixar de todo exaustos ou levar a um surto.

O Autismo afeta todas as partes da vida do Autista. É claro que muitas pessoas não Autistas podem se identificar com alguns dos sentimentos e sensações que acabei de descrever. Há uma diferença entre ser *alístico* (que significa simplesmente não Autista) e ser totalmente *neurotípico* (o que significa não ter qualquer transtorno mental ou deficiência cognitiva). Um alístico com transtorno de ansiedade social também pode se sentir sobrecarregado em bares e restaurantes movimentados, assim como os Autistas. Alguém com transtorno de estresse pós-traumático também pode se sentir incomodado por uma barulhenta máquina de fliperama. A diferença entre o Autismo e esses outros transtornos, entretanto, é que o Autismo é uma diferença cognitiva e sensorial que afeta todas as áreas da vida. Não é de se esperar que uma pessoa socialmente ansiosa fique sobrecarregada com o som de um radiador barulhento quando estiver sozinha em casa, por exemplo (a menos que também seja Autista ou tenha um distúrbio de processamento sensorial).

Como as características neurais e cognitivas do Autismo são tão generalizadas, elas afetam quase todos os aspectos do corpo e do cérebro de uma pessoa. Isso se relaciona com a coordenação e o tônus muscular, a capacidade de ler emoções no rosto das pessoas, as habilidades de comunicação, o tempo de reação e até mesmo o modo como uma pessoa reconhece sentimentos de dor ou fome.[28] Quando olho para o rosto de alguém, não vejo simplesmente "felicidade" ou "tristeza" irradiando dele, por exemplo; vejo mudanças mínimas em seus olhos, testa, boca, respiração e postura, que então preciso juntar com esforço para fazer uma estimativa informada sobre como ele está se sentindo. Com frequência, são muitos dados discordantes para entender. Quando não tenho energia para processar cuidadosamente as expressões emocionais dos outros, as pessoas ficam impenetráveis para mim, e isso me desperta muita ansiedade.

O Autismo pode influenciar a intensidade com que nos concentramos em uma atividade e como percebemos texturas, sabores e sons.[29] O Autismo pode predispor uma pessoa a ter interesses fanáticos (muitas vezes chamados de *interesses especiais*)[30] e a seguir regras com muita rigidez. Muitos de nós temos dificuldade em identificar o sarcasmo ou interpretar sinais não verbais. Interrupções em nossas rotinas ou expectativas podem nos deixar em pânico. Podemos levar muito mais tempo para aprender novas habilidades do que outras pessoas.

O Autismo é comportamental. O Autismo está associado a comportamentos autoestimulantes repetitivos ("stimming", ou estereotipia),[31] que podem ser algo tão benigno como bater as mãos ou tão grave como morder os dedos até sangrarem. O *stimming* é um meio importante de autorregulação. Ajuda a nos acalmar quando estamos ansiosos ou sobrecarregados de estresse e nos ajuda a expressar alegria e entusiasmo. Existem várias maneiras de *stimming*, e ele pode usar qualquer um dos cinco sentidos. Alguns de nós usamos a *ecolalia*, a repetição de palavras, sons ou frases cuja vibração dá uma sensação boa na garganta. Outros fazem *stimming* envolvendo o *sistema proprioceptivo* do corpo (o sistema neural que rastreia o movimento físico do corpo) saltando para cima e para baixo ou balançando no lugar. Comer doces, cheirar velas perfumadas, olhar fixamente para lâmpadas, ouvir gravações de chuva e trovões — todas essas atividades podem produzir o efeito de *stimming*. Todos os humanos praticam isso até certo ponto (caso contrário, os *fidget spinners* não teriam se tornado tão populares há vários anos), mas os Autistas fazem isso com mais frequência, de forma mais repetitiva e mais intensa do que os neurotípicos.

A repetitividade é uma característica fundamental do comportamento Autista, de acordo com o *Manual Diagnóstico e Estatístico de Transtornos Mentais (o DSM)*. E é verdade que muitos de nós ansiamos pela estabilidade que a repetição proporciona. Como consideramos o mundo social externo tão imprevisível, a maioria de nós prefere rotinas consistentes. Muitas vezes repetimos as mesmas refeições inúmeras vezes ou gostamos apenas de uma variedade limitada de alimentos (às vezes chamados de *samefoods* na comunidade de fala inglesa). Ficamos hiperfixados em atividades de que gostamos e podemos ficar tão absortos nelas que nos esquecemos de comer ou de fazer uma pausa para esticar as pernas. Repetimos frases de filmes e TV porque elas nos ajudam a imitar o comportamento social "normal", porque não temos palavras próprias para definir como nos sentimos ou simplesmente porque os sons vibram de forma agradável nas nossas cordas vocais. Até mesmo ter interesses especiais pode ser visto como um comportamento repetitivo. Muitos de nós assistimos aos mesmos filmes repetidamente ou lemos e compilamos fatos sobre nossos assuntos favoritos muito além do ponto que uma pessoa alística acharia divertido.

Para muitas pessoas Autistas mascaradas, entretanto, o comportamento repetitivo é algo que precisa permanecer oculto. Se você morde muito os dedos ou não para de cantarolar a mesma melodia de três notas para si mesmo, as pessoas vão notar e zombar de você por isso. Se você parecer muito obcecado por um assunto esquisito (digamos, ciências mortuárias), as pessoas vão se incomodar com seu entusiasmo e manterão distância. A maioria de nós precisa descobrir maneiras de esconder nossos interesses especiais e nosso *stimming*. Podemos manter um *blog* secreto sobre os nossos interesses, por exemplo, ou encontrar formas socialmente aceitáveis de gastar a nossa energia, como fazer corridas de longas distâncias ou mexer nos nossos telefones.

Autistas correm riscos. Timotheus Gordon Jr. é um pesquisador e defensor Autista, fundador do Autistics Against Curing Autism Chicago (Autistas contra a cura do Autismo Chicago). Segundo ele, a escolha de fazer *stimming* (ou como fazer *stimming*) depende muito do bairro em que ele está e de como as pessoas provavelmente reagirão.

"Ao entrar em determinados bairros de Chicago ou na área de Chicagoland, não posso usar meus fones de ouvido para ouvir música", diz ele, "caso contrário, corro o risco de ser assaltado. Ou se eu andar por aí mexendo em brinquedos, a polícia ou algumas pessoas da vizinhança vão pensar que sou estranho ou que estou fazendo algo ilegal, e eu posso ser preso, morto ou espancado."

Timotheus diz que, em algumas circunstâncias, ele mascara sua necessidade de *stimming* escolhendo uma saída mais aceitável socialmente, como quicar uma bola de basquete. Como uma pessoa negra Autista, ele precisa medir a temperatura do ambiente a todo momento, avaliando como os outros reagirão às suas ações e se modulando de acordo. Os riscos de ser ele mesmo são simplesmente grandes demais para serem tidos como garantidos.

Pessoas Autistas correm um alto risco de violência, bem como de resultados negativos para a saúde mental. Como não podemos fazer *stimming* abertamente ou nos envolver em outros comportamentos repetitivos, algumas pessoas Autistas mascaradas recorrem a estratégias de enfrentamento falhas para ajudar a controlar o estresse. Corremos um risco elevado de desenvolver distúrbios alimentares,[32] alcoolismo e dependência de drogas[33] e apegos inseguros com outras pessoas.[34] Tendemos a manter relacionamentos superficiais, por medo de que as pessoas detestem conhecer nosso "verdadeiro eu". Podemos nos afastar de outras pessoas, levando a resultados emocionais e psicológicos negativos. E quanto mais isolados ficamos, menos prática temos de socializar, o que leva a um ciclo de retroalimentação de enfraquecimento social e vergonha.

O Autismo também está altamente correlacionado com sintomas físicos, como problemas gastrointestinais,[35] distúrbios do tecido conjuntivo[36] e convulsões[37], em grande parte por razões genéticas. Ele ocorre concomitantemente com outras deficiências, como o transtorno de déficit de atenção e hiperatividade (TDAH)[38] e a dislexia, em altos índices.[39] Muitos Autistas têm histórias de trauma e sintomas de estresse pós-traumático e, como já mencionei, uma vida inteira de mascaramento nos coloca em alto risco de doenças como depressão e ansiedade.[40] Essas são algumas das condições mais comuns que ocorrem concomitantemente com o Autismo, mas mais adiante neste livro discutiremos distúrbios adicionais que se sobrepõem (ou são confundidos com) o Autismo.

O Autismo é uma neurodivergência. O Autismo é um tipo de funcionamento (ou um *neurotipo*) que difere do que a psicologia define como normativo ou neurotípico (NT). O Autismo é uma forma particularmente diversa e variada de neurodivergência; existem muitas maneiras pelas quais somos punidos por nos desviarmos da norma. Cada caso de Autismo é um pouco diferente, e as características podem se apresentar de maneiras aparentemente contraditórias. Alguns Autistas não conseguem falar; outros são incrivelmente hiperverbais desde muito pequenos, com vocabulários enormes. Alguns Autistas conseguem interpretar as emoções das pessoas com tanta facilidade que chega a ser impressionante. Outros sentem empatia por animais ou objetos, mas não por pessoas. Alguns de nós não temos qualquer empatia emocional.[41] Mas todos somos seres humanos plenamente formados, com capacidade de nos importarmos com os outros e nos comportarmos de maneira ética. Alguns Autistas não têm "interesses especiais"; outras são fanáticas por dezenas de assuntos. Alguns de nós temos habilidades de que somos adeptos; outros precisam de ajuda em todas as facetas da existência. O que nos une, de modo geral, é um estilo de processamento de baixo para cima que impacta todos os aspectos de nossas vidas e a forma como nos movemos pelo mundo e os inúmeros desafios práticos e sociais que surgem com o fato de sermos diferentes.

Dado que os padrões convencionais de comportamento são tão restritos, há uma variedade de formas pelas quais uma pessoa pode divergir — e ser punida por divergir. Ter ataques de pânico frequentes é uma neurodivergência, assim como exibir sinais de transtorno alimentar. Se você tem dificuldades em seus relacionamentos íntimos por conta de um trauma de apego ou de um medo inescapável de rejeição, você também é neurodivergente (você também pode ficar preso a um rótulo particularmente estigmatizante, como o transtorno de personalidade *borderline*).

Quase qualquer pessoa pode ser vista como defeituosa ou anormal no nosso atual modelo medicalizado de transtorno mental — pelo menos durante períodos particularmente difíceis da vida, quando está deprimida ou quando falha sua capacidade de lidar com as situações. Assim, a neurotipicidade é mais um padrão cultural opressivo do que realmente uma identidade privilegiada que alguém possui. Essencialmente, ninguém vive de acordo com os padrões neurotípicos o tempo todo, e a rigidez desses padrões prejudica a todos.[42] Assim como a heteronormatividade prejudica tanto as pessoas heterossexuais quanto as *queer*, a neurotipicidade prejudica as pessoas, independentemente de seu estado de saúde mental.

O Autismo é apenas uma fonte de *neurodiversidade* no nosso mundo. O termo *neurodiverso* refere-se ao amplo espectro de indivíduos cujos pensamentos, emoções ou comportamentos têm sido estigmatizados como não saudáveis, anormais ou perigosos. O termo foi cunhado em 1999 pela socióloga Judy Singer. Em sua tese de honra, Singer escreveu sobre a dificuldade de entender as deficiências de sua filha, que se assemelhavam muito às características que sua própria mãe exibia quando Singer era criança. Na época em que Singer estava escrevendo, o Autismo era mal compreendido, e adultos com traços Autistas, como a mãe de Singer (e a própria Singer) raramente recebiam diagnósticos. A filha de Singer parecia habitar um espaço entre o Autismo, o TDAH e uma variedade de outras deficiências. As três mulheres eram difíceis de categorizar claramente, o que apenas obscurecia o quão marginalizadas e socialmente à deriva estavam todas. Só porque seus desafios não podiam ser nomeados facilmente, não significava que eles não existissem.

"A minha vida como mãe foi um campo de batalha de vários sistemas de crenças", escreve ela,[43] "todos com uma coisa em comum: a incapacidade de aceitar a variabilidade humana".

Como Singer e sua família eram deficientes de uma forma que ninguém sabia nomear, ela criou um nome para elas: elas eram neurodiversas e sofriam porque o mundo exigia que fossem neurotípicas. Esses termos viriam a ser popularizados pelo jornalista Harvey Blume e amplamente adotados pelos defensores da deficiência alguns anos depois. O rótulo neurodiverso inclui a todos, desde pessoas com TDAH, síndrome de Down, transtorno obsessivo-compulsivo e transtorno de personalidade *borderline*. Também inclui pessoas com lesões cerebrais ou acidentes vasculares cerebrais, pessoas que tenham sido rotuladas como tendo "baixa inteligência" e pessoas que não têm qualquer diagnóstico formal, mas que tenham sido patologizadas como "loucas" ou "incompetentes" ao longo de suas vidas. Como Singer observou corretamente, a neurodiversidade não se trata, na verdade, de ter um "defeito" específico e catalogado para o qual o sistema psiquiátrico tenha uma explicação. Trata-se de ser diferente de uma forma que os outros têm dificuldade para compreender ou se recusam a aceitar.

O Autismo é diverso. Embora as características neurológicas e mentais do Autismo afetem uma grande variedade de pessoas, a forma como ele se apresenta é sempre um pouco diferente. Na verdade, os traços Autistas podem se manifestar de maneiras francamente paradoxais. Às vezes, posso estar tão intensamente focado em uma tarefa (como ler ou escrever) que o resto do mundo desaparece completamente. Quando estou hiperfixado, não percebo coisas como alguém falando comigo ou a sala se enchendo de fumaça porque me esqueci de desligar o forno. Outras vezes, sou uma pessoa ansiosa e distraída, incapaz de ler uma única frase de um livro porque minha chinchila de estimação está pulando em sua gaiola e fazendo as barras chacoalharem. Essas duas respostas muito díspares têm a mesma causa raiz: a superexcitabilidade dos neurônios das pessoas Autistas e a maneira inconsistente como filtramos os estímulos (pelo menos em comparação com os alísticos). Tendemos a ser facilmente perturbados pelo som em nosso ambiente e, ao mesmo tempo, somos incapazes de dizer quando um ruído realmente merece nossa atenção.[44] Com frequência me obrigo a prestar atenção em algo, fechando o resto do mundo do lado de fora. Acho também provável que o mascaramento ao longo da vida tenha me tornado hipervigilante, quase como uma resposta ao trauma. Meu sistema sensorial está acostumado a examinar o ambiente para determinar se estou sozinho e, portanto, "seguro" o suficiente para ser eu mesmo. Os sobreviventes de traumas muitas vezes se tornam hipervigilantes, o que tende a vir acompanhado de problemas sensoriais intensos.[45] Alguns pesquisadores também teorizaram que os problemas sensoriais em Autistas são, pelo menos em parte, causados pela ansiedade e a hipervigilância que experimentamos por viver em um mundo que não nos acomoda e muitas vezes nos trata com hostilidade.[46]

A maioria das pessoas já ouviu falar que o Autismo é um espectro, e é verdade: cada um de nós tem uma constelação única de traços e características, todos em vários graus de intensidade. Algumas pessoas também são subclinicamente Autistas, o que significa que podem não se qualificar para um diagnóstico oficial, aos olhos dos psiquiatras, mas partilham conosco dificuldades e experiências suficientes para pertencerem à comunidade. Parentes de pessoas diagnosticadas com Autismo, por exemplo, quase sempre apresentam traços subclínicos.[47] É claro que o que é considerado "subclínico" é muitas vezes mais uma função da capacidade de uma pessoa de manter um emprego e se conformar às regras sociais do que um reflexo do quanto ela está sofrendo.

"Todo mundo é um pouco Autista" é um refrão comum que pessoas Autistas mascaradas ouvem quando nos revelamos para outras pessoas. Essa observação pode ser um pouco irritante, porque parece que nossas experiências estão sendo subestimadas. É como quando dizem às pessoas bissexuais que "todo mundo é um pouco bi". Quando a maioria das pessoas faz comentários como esses, está insinuando que, como a nossa diferença é tão universal, não podemos realmente ser oprimidos e deveríamos simplesmente nos calar sobre isso. Porém, acredito que quando as pessoas alísticas declaram que todo mundo é um pouco Autista, significa que elas estão perto de fazer um avanço importante sobre como as perturbações mentais são definidas: por que é que declaramos algumas pessoas prejudicadas e outras perfeitamente normais quando elas apresentam exatamente as mesmas características? Onde traçamos o limite e por que sequer nos preocupamos em fazer isso? Se uma pessoa Autista se beneficia de mais flexibilidade no trabalho e de mais paciência social, por que não estender esses mesmos benefícios a todos? Os Autistas são uma parte normal da humanidade, e temos qualidades que podem ser observadas em qualquer outro ser humano não Autista. Então, sim, todo mundo é um pouco Autista. Essa é mais uma razão para ampliar a nossa definição do que merece dignidade e aceitação.

O Autismo pode aparecer em qualquer pessoa, independentemente de idade, classe, gênero, raça ou outra condição de deficiência. Apesar da incrível diversidade de Autismo e de Autistas, a pessoa média (e até mesmo muitos profissionais de saúde mental) tem uma imagem mental singular do Autismo. Às vezes você pode ouvir isso ser chamado de Autismo com "apresentação típica", embora esta seja, na realidade, uma denominação imprópria. Está mais para Autismo estereotipado.

Autismo "típico"

O Autismo "típico" é visível desde muito cedo e geralmente resulta em um diagnóstico quando a criança está no início do ensino fundamental. Os Autistas típicos não se comunicam da maneira que a sociedade neurotípica deseja. Eles podem ser não verbais ou lentos no desenvolvimento da fala e evitam olhar para outras pessoas ou se aproximar delas. Eles se envolvem em comportamentos repetitivos que são reconhecíveis: balançam no lugar, dão tapas na cabeça ou gritam e gorjeiam. A dor sensorial e a sobrecarga social são quase constantes, e eles não conseguem esconder o quanto estão sofrendo. Seus pais têm dificuldade em administrar seus colapsos e sobrecargas sensoriais, vendo estas respostas como "problemas comportamentais" ou "não conformidade". Eles podem reclamar que o Autismo "roubou" deles o bebê que costumava ser bem-comportado. Os Autistas típicos são provavelmente meninos, provavelmente brancos e provavelmente vêm de famílias ricas ou de classe média alta que podem ter acesso a diagnóstico e apoio terapêutico (e que tendem a ter normas bastante restritivas sobre o que constitui um comportamento público "apropriado").

Na realidade, os Autistas típicos não são tão típicos assim. A grande maioria das pessoas Autistas que foram diagnosticadas desprezam esse conjunto incrivelmente rígido de critérios, de uma forma ou de outra.[48] Isso apesar do fato de todas as ferramentas de diagnóstico existentes para o Autismo terem sido desenvolvidas tendo em mente rapazes ricos, brancos e em conformidade de gênero. Quando consideramos as evidências de que o Autismo é subdiagnosticado em meninas, pessoas negras, indígenas, asiáticas e latinas[49] e naqueles que vivem na pobreza,[50] entre outros grupos, podemos ver que o Autismo "típico" é provavelmente ainda menos típico do que os números oficiais nos fazem crer.

A linha entre o Autismo "típico" e o Autismo "atípico" é bastante permeável e muitas vezes tem mais a ver com a posição de uma pessoa na sociedade do que com a suposta gravidade de seus traços Autistas. Crystal tinha todos os indicadores clássicos do Autismo: brincadeiras repetitivas, falta de envolvimento social, comportamento autoestimulante, dificuldade em manter-se concentrada nas tarefas escolares. Mas, como Crystal não se parecia com uma pessoa Autista "típica", ela não era considerada como deficiente na maior parte do mundo. Apesar de toda a angústia em que vivia, professores e conselheiros escolares nunca voltaram a levantar o Autismo como uma possibilidade.

"Os boletins escolares me definiam como a alegria da sala de aula e *sensível*", diz ela. "O que era uma maneira disfarçada de dizer que eles achavam que eu chorava demais e ficava magoada demais quando as crianças eram más comigo. Distrair-se na aula de matemática não era um sinal alarmante de que eu estava me desligando. Eu era apenas uma garota sonhadora que chorava às vezes, o que, pensando bem, para muitos dos professores homens era provavelmente o ideal feminino deles."

Um *desligamento Autista* acontece quando uma pessoa Autista fica tão superestimulada e estressada que não consegue mais processar o que está a seu redor.[51] É a contrapartida mais silenciosa e interior de um *colapso* Autista, que tende a envolver mais choro, automutilação ou agressão externa. Os desligamentos são basicamente uma forma de dissociação do ambiente. Pode parecer que você adormeceu repentinamente, não respondeu ou simplesmente meio que saiu do ar (que era o que acontecia no caso de Crystal). Crystal desconfia que, se ela fosse um menino Autista, seus desligamentos teriam sido vistos de forma diferente. Existe a suposição de que os meninos têm mais capacidade de ação e confiança e se envolvem ativamente com o mundo. A falta de resposta e a depressão poderiam ter inspirado uma intervenção precoce, em vez de se transformarem em um extraordinário segredo de família. Em vez disso, os pais de Crystal lhe disseram para que parasse de ser "tão esquisita", se endireitasse e "parecesse viva". Quando a confusão e a frustração a faziam querer desabar e chorar, ela também era instruída a reprimir esses impulsos.

"Ficar menor e não pedir nada foi a forma que encontrei para evitar que as pessoas me chamassem de sensível demais com tanta frequência", diz ela. "Isso e presumir que, se eu era ruim em alguma coisa, é porque eu jamais seria boa naquilo. Era melhor não perguntar."

Agora que sabe que é Autista, Crystal está tentando desaprender essas crenças arraigadas sobre si mesma. Ela quer se tornar alguém que não pede desculpas por chorar e nem sempre lida com o estresse se isolando do mundo. Ela quer ser capaz de construir uma vida em torno do fato de que uma semana de trabalho de vinte ou trinta horas é o máximo que ela consegue dar conta. E ela quer reaprender matemática com um tutor que não a julgue, que explique as coisas de maneira direta e paciente, sem quaisquer significados implícitos ou sexismo latente.

"Será que conseguirei olhar para trás um dia e dizer para mim mesma que todas as coisas que odeio em mim são, na verdade, meus maiores pontos fortes?", ela pondera. "Não sei. Alguém deveria estar sempre me dizendo isso. Mas a gente tenta aceitar o que aconteceu. Na verdade, ainda não consigo fazer isso. Estou furiosa demais."

Como muitas pessoas que descobriram apenas recentemente que são Autistas, Crystal ainda está tomando conhecimento de sua nova identidade e não consegue parar de pensar em como foi tratada injustamente no passado. Há toda uma classe de pessoas Autistas que foram excluídas e alienadas assim, e vamos conhecer muito mais delas nos próximos capítulos. Mas, primeiro, precisamos nos aprofundar em exatamente o motivo da imagem do Autismo típico ser o que é.

Por que Autismo é sinônimo de meninos brancos que amam trens?

As pessoas Autistas que mais precisam de máscara são geralmente aquelas que não são diagnosticadas devido a questões como gênero, etnia ou status socioeconômico. Essas mesmas populações de pessoas também tendem a ser criadas para serem mais agradáveis e simpáticas do que seus pares brancos do sexo masculino. Por exemplo, a investigação em psicologia do desenvolvimento observou repetidamente que mesmo pequenas brincadeiras agressivas em meninas são severamente desestimuladas e punidas pelos professores e pais como "inadequadas". Uma menina pode ser repreendida por bater um brinquedo no outro, por exemplo. No entanto, a maioria dos garotos pode ser agressiva e às vezes até mesmo violenta em suas brincadeiras.[52] Como as meninas são sujeitas a um padrão social muito mais restritivo do que os meninos, elas aprendem a esconder muito mais cedo quaisquer características problemáticas, "violentas" ou perturbadoras do Autismo. Dinâmicas semelhantes estão em jogo para pessoas Autistas não brancas e pessoas Autistas trans de diversas identidades, assim como outros mascarados.[53]

Durante muito tempo, os pesquisadores do Autismo acreditaram que a condição era realmente menos grave e menos comum em pessoas não brancas e meninas. Hoje, alguns ainda acreditam verdadeiramente que o "Autismo feminino" é menos grave, embora a maioria dos profissionais reconheça que os membros destes grupos marginalizados simplesmente não têm tanta liberdade social para serem estranhos ou perturbadores e que as mesmas qualidades são percebidas de forma diferente num menino do que numa menina.[54] Porém, o legado de apagamento de meninas Autistas, Autistas trans e não conformes de gênero e outras populações marginalizadas permanece.

A ideia de que o Autismo é um transtorno "de meninos" remonta à época em que a condição foi descrita pela primeira vez, na virada do Século XX. Hans Asperger e outros pesquisadores iniciais do Autismo estudaram meninas nesse espectro, mas geralmente as deixaram de fora de seus relatórios de pesquisa publicados.[55] Asperger, em particular, evitou escrever sobre meninas Autistas porque queria apresentar certas pessoas Autistas inteligentes e de "alto funcionamento" como "valiosas" para os nazistas que haviam tomado o controle da Áustria e começavam a exterminar em massa pessoas com deficiência. Como Steve Silberman descreve em seu excelente livro *Neuro-Tribes*, Hans Asperger queria poupar os meninos Autistas de "alto funcionamento" que havia encontrado de serem enviados para campos de extermínio nazistas. Silberman descreveu esse fato com certa simpatia; Asperger era um cientista que não teve escolha senão conspirar com o regime fascista e salvar as poucas crianças que pudesse. No entanto, documentos descobertos mais recentemente deixam claro que Asperger foi muito mais cúmplice nos extermínios de crianças com deficiências pelos nazistas do que se acreditava anteriormente.[56] Embora Asperger tivesse alguma predileção por Autistas inteligentes, do tipo "pequeno professor", ele enviou conscientemente Autistas mais visivelmente debilitados para centros de extermínio.

Informado por ideais eugenistas que só concediam direitos a pessoas que fossem "valiosas" para a sociedade, Asperger concentrou-se em descrever o Autismo como um distúrbio de rapazes inteligentes, mas problemáticos, geralmente de famílias ricas. Como eram vistas como mais descartáveis, as meninas com deficiência eram deixadas de fora da conversa.[57] Autistas negros e pardos nem sequer foram descritos por Asperger ou pela maioria de seus contemporâneos, mesmo aqueles que faziam pesquisas em países com maior diversidade étnicas, como os Estados Unidos. A existência de Autistas LGBTQIA+ e sem conformidade de gênero foi igualmente ignorada. Na verdade, o criador do primeiro "tratamento" terapêutico para o Autismo, a terapia de análise comportamental aplicada, foi Ole Ivar Lovaas, que também inventou a terapia de conversão antigay.[58] Esse legado ainda assombra a vida de muitos Autistas LGBTQIA+, que quase sempre se sentem deslocados tanto nos espaços *queer* convencionais quanto nos grupos de Autismo.[59]

Como as primeiras pesquisas publicadas em inglês e alemão descreviam apenas meninos Autistas, alguns psiquiatras da época concluíram que a condição era causada por um "cérebro extremamente masculino".[60] As pessoas Autistas eram supostamente excessivamente analíticas, racionais e individualistas para funcionarem sozinhas na sociedade. Essa visão influenciou a forma como todas as diretrizes de diagnóstico foram escritas e criou um ciclo de retroalimentação que durou décadas: os Autistas que eram diagnosticados eram principalmente meninos brancos ricos, e esses meninos continuaram a estabelecer o padrão do que era o Autismo e como ele era entendido nos estudos que se seguiram.[61] As poucas meninas brancas diagnosticadas precisavam ser obviamente "masculinas" na forma como seu Autismo se apresentava. Por sua vez, os Autistas não brancos eram identificados como desafiadores, antissociais ou esquizofrênicos — todos os distúrbios que tornavam mais fácil encarcerá-los ou interná-los à força em instituições.[62]

Um século após o início dessas tendências, ainda existem enormes disparidades baseadas em gênero e raça nos diagnósticos de Autismo. Durante décadas, meninos Autistas superaram as meninas numa proporção de 4 para 1.[63] Meninas como Crystal ainda são rotineiramente ignoradas e têm avaliações negadas, porque são bem comportadas e agradáveis demais para "realmente" serem Autistas. Pessoas Autistas trans e não brancas são igualmente excluídas.[64] Quando qualquer um de nós descobre a própria identidade e se assume, corre o risco de ser informado de que "não parece Autista".

Na mídia, quase todo personagem Autista é um homem branco com voz monótona, comportamento rude e propensão para a ciência. Pense no gênio irascível de Rick, de *Rick e Morty*[65, 66], o hipercompetente, mas frio Shaun Murphy de *O Bom Doutor*[67] ou o nerd e condescendente Sheldon Cooper de *The Big Bang Theory*[68]. Nesse cenário cultural, há pouco espaço para Autistas sensíveis, emocionalmente expressivos, artísticos ou desinteressados no sucesso acadêmico. O Autismo é tão amplamente associado a imbecilidade que muitos de nós inicialmente detestamos sermos associados ao termo e tentamos compensar sendo excessivamente tranquilos e evitando confrontos. São necessários muitos anos de pesquisa e encontrando exemplos contrários da vida real para que a maioria de nós reconheça que o Autismo não é a condição fria e robótica que nos disseram que é.

Estar exposto a esses equívocos e estereótipos superficiais pode ter um impacto profundo na forma como as pessoas Autistas se veem e quais as qualidades que pretendemos mascarar.

No exercício a seguir, gostaria que você refletisse sobre quais mensagens sobre o Autismo você pode ter absorvido quando criança e como isso pode ter moldado sua autopercepção e sua máscara. Por motivos que abordaremos mais detalhadamente nos próximos capítulos, a máscara de uma pessoa Autista tende a ser informada pelas qualidades Autistas que ela foi treinada para odiar ou temer mais.

Estereótipos do Autismo
Como eles afetaram você?

1. Pense em algumas imagens sobre Autismo que você viu na TV ou no cinema. Se puder, cite alguns personagens ou figuras Autistas que você viu durante esse período.

2. Escolha alguns personagens Autistas (ou personagens considerados Autistas) e descreva-os em três a cinco palavras. Por exemplo, eu poderia descrever Rain Man, de Dustin Hoffman, como distante, *Savant* e indefeso.

    Personagem:_____ Características: _____

    Personagem:_____ Características: _____

    Personagem:_____ Características: _____

3. Complete a frase: antes de saber melhor, eu imaginava que todas as pessoas Autistas eram _____, _____ e _____.

4. De que forma você é diferente dessas imagens do Autismo?

5. Alguém já lhe disse que você "não parece Autista" ou que "não pode ser Autista"? O que você acha que essas pessoas querem dizer com isso? Como foi ouvir isso?

Hoje em dia, existem retratos variados de pessoas Autistas. Abed Nadir na série de comédia *Community*[69] é um homem palestino muçulmano com uma inteligência afiada e uma queda por filmes, além do comportamento frio clichê e dificuldade para sorrir. No popular jogo em equipe *Overwatch*, Symmetra é uma indiana Autista confiante que ataca seus oponentes com torres inventadas por ela. Beth Harmon da série *O gambito da rainha*,[70] da Netflix, é uma bela jogadora de xadrez viciada em drogas e com fortes indicativos de que seja Autista. Só comecei a ver personagens como esses quase aos 30 anos, depois de já saber que era Autista, ter conhecido diversos Autistas na vida real e começado a buscar uma representação que fosse além da imagem do gênio branco torturado. Diversificar e aprofundar meu conhecimento sobre o que poderia ser o Autismo foi absolutamente essencial para compreender a mim mesmo e aos poucos começar a construir amor-próprio e aceitação. Para muitos dos Autistas mascarados que entrevistei para este livro, conhecer uma variedade de Autistas "atípicos" e inovadores, de muitas origens diferentes, foi igualmente importante.

Você desconfia que é Autista?

Autistas mascarados estão, em geral, por toda parte, embora por nossa própria natureza sejamos socialmente invisíveis. Você pode nos encontrar em vários campos que as pessoas podem não associar ao comportamento estereotipado do Autismo, incluindo vendas, setor de serviços e artes. Como muitos de nós nos mascaramos por inibição e retraimento, podemos não nos destacar como socialmente desajeitados, pelo menos não de uma forma que alguém seja capaz de identificar. Embora enfrentemos problemas sensoriais, ansiedade, colapsos e sintomas debilitantes de saúde mental, escondemos o máximo possível dessas dificuldades na esfera privada. Nossos complexos véus de mecanismos de enfrentamento e camuflagem podem criar a ilusão de que não precisamos de ajuda. Muitas vezes isso acontece às custas de desistirmos de áreas da vida nas quais podemos precisar de ajuda. Podemos evitar relacionamentos, abandonar programas acadêmicos cansativos, deixar de trabalhar em áreas que exijam *networking* e socialização, nos desligar completamente de atividades que envolvam o uso dos nossos corpos, porque nos sentimos muito desapegados e descoordenados neles. A maioria de nós é assombrada pela sensação de que há algo "errado" ou "faltando" em nossas vidas — que estamos sacrificando muito mais de nós mesmos do que outras pessoas para sobreviver e receber muito menos em troca.

Pelo fato de o Autismo ser tão subdiagnosticado, é difícil estimar qual é a real prevalência do neurotipo. Sabemos que à medida que a consciência pública sobre o Autismo aumentou e os procedimentos de diagnóstico se tornaram um pouco menos tendenciosos, a taxa de diagnóstico vem crescendo continuamente. Em 2020, uma em cada 54 crianças foi diagnosticada como Autista, contra uma em 68 há apenas quatro anos. Na década de 1990, apenas uma em cada 2,5 mil crianças foi diagnosticada.[71] Esta tendência ascendente não mostra sinais de parar, pois todas as evidências sugerem que a condição ainda é profundamente sub-reconhecida em mulheres, pessoas trans, pessoas negras e pardas, pessoas em situação de pobreza e aquelas sem acesso à triagem e terapia. Nos Estados Unidos, cerca de 50% de todas as pessoas que necessitam de apoio de saúde mental não têm acesso a ele,[72] por isso, estamos falando de uma taxa de subdiagnóstico verdadeiramente importante.

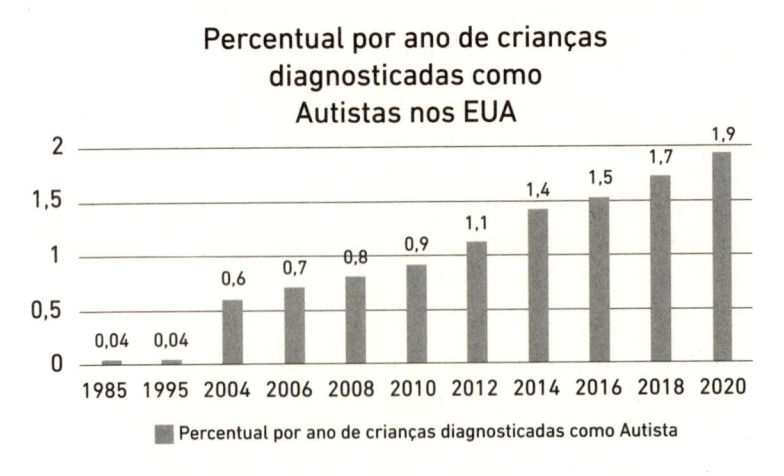

Percentual por ano de crianças diagnosticadas como Autistas nos EUA

Ano	Percentual
1985	0,04
1995	0,04
2004	0,6
2006	0,7
2008	0,8
2010	0,9
2012	1,1
2014	1,4
2016	1,5
2018	1,7
2020	1,9

Fonte: Centros de Controle e Prevenção de Doenças (CDC)

A partir desses dados, podemos supor que pelo menos metade de todas as pessoas Autistas nos Estados Unidos atualmente não consegue ser diagnosticada. Trata-se de uma estimativa conservadora, baseada no pressuposto de que cada Autista com acesso à terapia obtém um diagnóstico preciso, fato que sabemos não ser verdadeiro. Também vale a pena ter em mente que o Autismo ocorre nas famílias e que, para cada criança Autista diagnosticada refletida no gráfico, provavelmente há vários outros parentes que apresentavam características do espectro. Na minha própria família, quase todos têm traços Autistas e podem ser considerados parte da comunidade, mesmo que alguns não se qualifiquem com base numa avaliação oficial ou possam não estar interessados em se identificar como deficientes.[73]

Se você está lendo este livro, provavelmente desconfia que você ou alguém que você conhece é um Autista mascarado ou neurodiverso. Há muitos anos que escrevo sobre a minha própria jornada de autodescoberta do Autismo, e cada vez que público *online* sobre isso, recebo muitas mensagens de pessoas que questionam se estão no espectro e querem o meu conselho sobre como descobrir. Normalmente, a primeira pergunta é como fazer o teste para o transtorno do espectro Autista. Minha resposta inicial a isso é fazer três perguntas a si mesmo:

1. Você tem seguro-saúde que cubra avaliações de Autismo?
2. Você consegue encontrar um especialista em avaliação de Autismo em sua região que tenha um histórico comprovado de trabalho bem-sucedido com adultos Autistas?
3. O que você espera obter com um diagnóstico formal?

A primeira e a segunda perguntas podem ser bastante desanimadoras de responder. Nos Estados Unidos, muitos planos de saúde não cobrem a avaliação do Autismo em adultos.[74] Um número limitado de especialistas está qualificado para avaliar e diagnosticar o Autismo (o psicólogo comum não consegue fazê-lo), e o processo de diagnóstico normalmente envolve vários testes, pesquisas de triagem e até entrevistas com familiares e amigos da pessoa Autista. Sem cobertura de seguro, esse processo pode custar algo em torno de US$ 1.200[75] a US$ 5.000.[76]

Mesmo quando uma pessoa pode pagar para ser avaliada, identificar um especialista que saiba diagnosticar adultos Autistas pode ser muito difícil. Meu amigo Seb (que tem vinte e poucos anos) procurou uma avaliação no Reino Unido e foi submetido a testes claramente elaborados para crianças pequenas. Um terapeuta pediu a Seb que organizasse vários brinquedos sobre uma mesa e inventasse histórias sobre eles (isso faz parte de uma ferramenta de diagnóstico comum chamada cronograma de observação diagnóstica do Autismo, ou ADOS, do inglês Autism Diagnostic Observation Schedule, e foi desenvolvido para uso em crianças).[77] Um questionário foi entregue para a mãe de Seb preencher, e Seb não teve permissão de ver o que ela havia dito. Eles foram completamente incapacitados por todo o processo. Algumas pessoas que entrevistei para este livro relataram terem sido rejeitadas por vários avaliadores por questões tão simples como serem mulheres, vestirem-se bem ou terem vozes que não eram completamente monótonas. Às vezes, os avaliadores decidem dar aos adultos rótulos que consideram menos estigmatizantes, como transtorno de aprendizagem não verbal, em vez de identificá-los explicitamente como Autistas.

"Precisei consultar dois especialistas", Crystal me conta. "O primeiro dizia basicamente a mesma coisa que meu avô dizia: as meninas geralmente não são Autistas. Você está indo bem na vida. Não se preocupe com isso."

Até hoje, a maioria das ferramentas de avaliação do Autismo são baseadas nas ferramentas desenvolvidas há décadas para crianças brancas do sexo masculino provenientes de famílias ricas e de classe média.[78] Com anos de experiência clínica, alguns especialistas aprendem a reconhecer o Autismo nos que o mascaram. Eles podem saber, por exemplo, que Autistas mascarados podem fazer contato visual, embora muitos de nós olhemos fixamente ou por tempo demais segundo padrões neurotípicos. Eles podem compreender que as mulheres e as pessoas não brancas Autistas precisam parecer amigáveis como meio de sobrevivência, de forma que o tom de voz pode não ser totalmente monótono. Talvez esses profissionais tenham, inclusive, ciência da ligação do Autismo com o vício em substâncias e transtornos alimentares, especialmente entre pessoas que têm que fingir neurotipicidade o dia todo no trabalho. No entanto, esses fatos não são uma parte essencial da forma como os avaliadores são formados, e muitos passam toda a carreira reforçando velhas noções sexistas e de supremacia branca sobre a aparência da deficiência.

Isso me leva à terceira pergunta: o que você espera obter ao ser formalmente diagnosticado? O diagnóstico pode trazer importantes benefícios sociais e legais segundo a lei dos norte-americanos portadores de deficiência (e legislações semelhantes em outros países) e de outras leis antidiscriminação em todo o mundo. Você pode ter a esperança de que as pessoas levarão seus problemas mais a sério quando um psiquiatra os validar. Um diagnóstico formal significa que você pode receber adaptações para deficientes na escola ou no trabalho e pode iniciar um processo legal se um empregador ou proprietário mostrar sinais documentados de preconceito contra você. Em alguns lugares, um diagnóstico pode qualificar a obter um cartão de cannabis medicinal ou ter um animal de assistência. Os membros da família que lhe disseram que você é chorão e preguiçoso talvez finalmente larguem do seu pé quando perceberem que você tem um distúrbio de desenvolvimento. Um terapeuta ou prestador de assistência médica pode adaptar o tratamento a seu neurotipo. Esses são os tipos de resultados que muitas pessoas neurodivergentes esperam quando buscam o reconhecimento formal.

Infelizmente, um diagnóstico não é uma garantia de que você receberá algum desses benefícios. Provar em um tribunal que você tem sido discriminado como Autista exige documentação extensa[79] e é caro para a maioria das pessoas com deficiência. Embora uma deficiência diagnosticada lhe dê direito a adaptações no papel, muitos empregadores e educadores se recusam a fornecê-las ou maltratam funcionários e estudantes que as solicitam (para mais informações sobre as limitações da ADA e sua aplicação inconsistente, consulte o Capítulo 8). E por mais que eu queira prometer que ser reconhecido formalmente como um Autista vai fazer seus amigos e familiares que julgam você largarem do seu pé, já ouvi exemplos contrários suficientes para dizer que esse seja realmente o caso. Os membros de sua família podem achar sua deficiência ainda mais ameaçadora depois de validada por um médico ou podem usar seu diagnóstico para desconsiderar sua capacidade de julgamento ou infantilizar você. A intenção não é dissuadir você da ideia de buscar um diagnóstico, eu apenas não quero que ninguém tenha a impressão de que um pedaço de papel assinado por um psiquiatra desbloqueia magicamente um conjunto de recursos e respeito social.

Além disso, um diagnóstico de Autismo não lhe dá acesso a qualquer terapia ou medicamento específicos, porque não existem tratamentos baseados em evidências para o Autismo em adultos. A maioria dos terapeutas não é treinada para trabalhar com adultos Autistas, e muitos deles possuem entendimentos muito superficiais e desatualizados sobre o que é o neurotipo. Mesmo os profissionais especializados em Autismo geralmente são treinados principalmente para trabalhar com crianças Autistas, "ajudando-as" a se comportarem de uma forma mais agradável e passiva. Aqui em Chicago, conheço apenas um terapeuta que é competente no tratamento de adultos Autistas mascarados, e a única razão pela qual sei que ele é competente é que outras pessoas Autistas garantiram isso para mim. Conheço vários profissionais de saúde mental em outras cidades que me confessaram em particular que são Autistas e adoram trabalhar com outros pacientes Autistas. No entanto, todos me disseram que não podem se identificar abertamente como Autistas profissionalmente. Existe um risco muito grande de que seus colegas os considerem incompetentes ou pouco profissionais caso eles sejam transparentes em relação à sua neurodivergência.

É claro que mesmo a ideia de buscar um tratamento "para" o Autismo se baseia na ideia de que somos prejudicados ou doentes. É uma ideia que o movimento da neurodiversidade rejeita completamente. Não há medicação para o Autismo, nem cura para ele, nem maneira de mudar o neurotipo.

Como comunidade, a maioria dos Autistas se opõe às tentativas de nos "consertar". Existem algumas modificações que podem ser feitas nos métodos terapêuticos existentes para torná-los mais adequados para adultos Autistas, mas, a menos que um profissional dedique algum tempo para educar a si mesmo, ele pode não saber que tais tratamentos modificados existem. Na maioria das vezes, aprender que você é Autista é uma jornada de autoaceitação, construção crescente de comunidade e autodefesa, e talvez você não precise ou queira um diagnóstico para seguir esse caminho.

Por todas as razões descritas acima, apoio firmemente a *autodeterminação* Autista. Prefiro os termos *autodeterminação* ou *autopercepção* a *autodiagnóstico*, porque acredito que é mais sensato ver a identidade Autista por meio de lentes sociais do que estritamente médicas.[80] O diagnóstico é um processo de controle e bate suas pesadas barras na cara de qualquer pessoa que seja pobre demais, ocupada demais, negra demais, feminina demais, *queer* demais e sem conformidade de gênero demais, entre outros. Os Autistas que não têm acesso a diagnósticos justos são os que mais precisam de solidariedade e justiça de todos nós, e não podemos simplesmente excluí-los.

Embora pessoas como Crystal muitas vezes se arrependam de não terem sido avaliadas ainda pequenas, as crianças Autistas que são diagnosticadas quando jovens experimentam ao menos maior acesso a recursos e um estigma institucionalizado mais intenso. Ser identificado formalmente como deficiente é uma faca de dois gumes: um diagnóstico pode até ser usado contra você em processos de divórcio ou de guarda de filhos, ou para forçar um adulto legal a ficar sob tutela financeira. Isso não significa que eu recomendo não buscar o diagnóstico em todos os casos. Conheço pais Autistas mascarados que estão muito felizes por seus filhos Autistas terem sido avaliados e diagnosticados quando eram pequenos. Para muitos pais Autistas, é o diagnóstico dos filhos que dá início à própria exploração de uma identidade Autista. Ter um diagnóstico reconhecido de Autismo na família também pode garantir que os profissionais levem mais a sério sua suspeita de que você é Autista (isso decerto foi verdade no meu caso).

Os pais que conheço que tiveram uma experiência positiva com a avaliação entraram no processo de diagnóstico reconhecendo que precisariam travar muitas batalhas para que a capacidade de ação e a humanidade de seus filhos fossem respeitadas. Isso se aplica igualmente aos adultos que também buscaram o diagnóstico formal com sucesso. Infelizmente, as pessoas Autistas são com frequência colocadas na posição de precisarem educar seus próprios profissionais de assistência de saúde. As crianças Autistas, em particular, precisam de defensores fortes ao lado, lutando para garantir que seus limites sejam respeitados e que qualquer tratamento que lhes seja dado seja realmente de seu interesse. Se deseja ser diagnosticado ou que seu filho seja, você deve entrar no processo com expectativas precisas, munido do máximo de informações possível e pronto para brigar ou trocar de profissionais várias vezes, se necessário.

Se você não deseja enfrentar o processo longo, árduo e muitas vezes caro de avaliação, não é necessário. A documentação médica não torna sua experiência mais real. Os Autistas autopercebidos não são membros inferiores da comunidade. Na maioria dos espaços de autodefesa Autista que frequento, não tenho ideia de quem é diagnosticado e quem não é, porque isso realmente não importa.

Acredito que nós, os autistas, temos o direito de definir quem somos e que a autodefinição é um meio de recuperar o nosso poder do sistema médico que há muito procura nos encurralar e controlar. Nosso desvio da norma não precisa ser a parte central de como entendemos a nós mesmos. Podemos pressionar para que as normas sociais sejam alargadas, até chegarmos ao ponto em que o Autismo seja visto como um fato neutro sobre uma pessoa, como a necessidade de usar óculos ou ter sardas. À medida que obtivermos grandes ganhos na sensibilização e na defesa pública, começaremos a ocupar uma posição menos deficiente na sociedade. Mas ainda seremos todos Autistas. Consequentemente, não devemos permitir que a visão do Autismo seja um impedimento, e molde a forma como nos vemos ou determinamos quem pertence entre nós.

Algumas notas sobre terminologia

Ao longo deste livro, uso "Autista" com a inicial maiúscula pela mesma razão pela qual os membros da comunidade Surda escrevem "Surdos" com a inicial em caixa alta — para indicar que é uma parte da minha identidade da qual me orgulho e para sinalizar que os Autistas têm sua própria cultura, história e comunidade. Desde que Eugen Bleuler cunhou a palavra pela primeira vez no início dos anos 1900, o Autismo tem sido amplamente utilizado de forma negativa e desumanizante, e até hoje muitos pais e educadores ainda ficam extremamente assustados com ele. Ao colocar o Autismo em maiúscula, sinalizo que, na verdade, é um aspecto importante e significativo de quem somos, do qual não precisamos nos esquivar.

Ao longo do texto também me refiro ao Autismo como uma deficiência. Deficiência não é um palavrão, porque ser deficiente não é algo vergonhoso. Não somos "excepcionais", somos deficientes, privados de poder e de possibilidade de ação num mundo que não foi construído para nós. "Excepcionais", "incapacitados" e eufemismos semelhantes foram criados na década de 1980 por pais sem deficiência de crianças com deficiências que desejavam minimizar a situação marginalizada dos filhos. Esses termos foram ainda mais popularizados por políticos[81] que também se sentiam desconfortáveis em reconhecer as experiências reais de opressão das pessoas com deficiência.[82] Essas palavras obscurecem a realidade e refletem um desconforto que muitas pessoas sentem em relação a corpos e cérebros deficientes. Uma pessoa completamente cega não tem "visão diferenciada", ela não tem a capacidade que outras pessoas têm, num mundo que foi concebido por e para pessoas que podem ver. O mundo incapacita ativamente as pessoas ao não fornecer as adaptações de que elas necessitam. Nomear a realidade da deficiência mostra respeito pelas pessoas com deficiência e consciência de como somos oprimidos. "Excepcionais" tenta apagar isso por trás de um eufemismo bonitinho, e muitos de nós achamos o termo ofensivo.

Na mesma linha, quase sempre usarei "Autista" e não "pessoa com Autismo". Muitos pais sem deficiência de crianças Autistas preferem o que é chamado de linguagem "pessoa em primeiro lugar" em vez de linguagem "deficiência em primeiro lugar" ou "identidade em primeiro lugar".[83] Organizações de serviços para deficientes que não são dirigidas por pessoas com deficiência tendem a defender também a linguagem que usa pessoa em primeiro lugar. Conheço também muitos médicos e assistentes sociais que me dizem que, quando estavam na escola, foram ensinados a sempre separar dessa forma a deficiência de uma pessoa de sua identidade.

Quem usa a linguagem que prioriza a pessoa costuma dizer que é por não querer que as pessoas com deficiência sejam definidas por sua deficiência. No entanto, frases como "pessoa com Autismo" distanciam a condição de deficiência de uma pessoa de sua humanidade de uma forma que pode ser bastante prejudicial. O Autismo não é algo que é acrescentado a uma pessoa — é parte integrante de sua vida e não pode ser removido de quem ela é. Não chamamos os gays de "pessoas com homossexualidade" porque reconhecemos que é respeitoso ver estas identidades como partes de sua personalidade. Linguagens como "identifica-se como Autista" também podem parecer dúbias. Se eu realmente respeito o gênero de uma mulher trans, por exemplo, não digo "essa pessoa se identifica como mulher". Eu simplesmente digo "ela é uma mulher" e deixo por isso mesmo.

A grande maioria dos autodefensores do Autismo prefere uma linguagem que prioriza a identidade e não gosta de eufemismos como "especial" e "excepcional", por todas as razões que descrevi aqui. Eles também desencorajam a descrição de uma pessoa como tendo um funcionamento "alto" ou "baixo", preferindo coisas como "alto nível de suporte". Aqui está uma tabela que resume algumas das preferências terminológicas mais comuns expressas pela comunidade:

Terminologia do Autismo: o que usar e o que não usar	
Use	**Evite**
Pessoa autista Autista No espectro Autista No espectro do Autismo	Pessoa com Autismo
É Autista	Identifica-se como tendo Autismo
É deficiente Tem uma deficiência	"Necessidades especiais" "Excepcional" "Incapacitado"
Neurotípico Alístico Não Autista	Normal
Alto nível de suporte Baixo nível de suporte	Baixo funcionamento Alto funcionamento
Autismo mascarado	Autismo feminino Síndrome de Asperger Autismo de alto funcionamento
Não verbal Sem fala	Mudo
Deficiente intelectual Deficiência de desenvolvimento	Retardado Burrice "Especial"
Linguagem direta sobre o que uma pessoa é ou não capaz de fazer e de que tipo de apoio que ela precisa	Eufemismos, linguagem que minimiza desafios, linguagem que menospreza ou condescendente

Porém, os Autistas são um grupo diversificado e nem todos precisamos concordar sobre quais termos gostamos e não gostamos de usar para nós mesmos. Se você é Autista, você decide o que funciona melhor para você. Algumas pessoas preferem dizer que estão "no espectro", por exemplo, em vez de estritamente dizerem que são Autistas. Outros se identificam como portadores de Asperger, embora esse rótulo de transtorno não exista mais e tenha origem na pesquisa eugenista de Hans Asperger.[84] Reconheço que as pessoas que tiveram esse termo imposto a elas no passado podem sentir um apego a ele, ou um desejo de recuperá-lo. A palavra bissexual já foi um rótulo de transtorno mental,[85] mas não dizemos às pessoas bissexuais que elas não podem usá-la devido a seu histórico ofensivo. Quando alguém como o folclorista Anand Prahlad escreve um livro como *The Secret Life of a Black Aspie*[86] (A vida secreta de um Aspie negro), está claro que o uso do termo "Asperger" não se destina a reforçar noções antigas e supremacistas brancas sobre o que é a deficiência. Acho que é muito mais importante questionar a crença de que vidas Autistas supostamente de "funcionamento superior" são mais importantes do que outras, do que limpar a linguagem de todas as pessoas de termos desatualizados ou problemáticos. Além disso, é vital que a comunidade de autodefesa da deficiência permaneça acessível a todas as pessoas, de todos os níveis de capacidade. Isso exige que tratemos com elegância e compreensão as pessoas que não se comunicam exatamente da maneira que gostaríamos.

Embora a maior parte da comunidade desencoraje o uso de tais termos, algumas pessoas Autistas identificam-se como "baixo funcionamento" ou "gravemente Autistas". Os rótulos funcionais simplificam excessivamente a experiência Autista e servem para sugerir que devemos ser definidos pelo quanto somos produtivos e independentes. Isso é um grande problema. Ao mesmo tempo, os rótulos de função podem ocasionalmente ser usados para destacar o fato de que aqueles de nós que conseguem falar, se vestir ou esconder seus colapsos têm privilégios sociais que outros Autistas não têm. Eu não tenho um "alto" funcionamento em todas as áreas da minha vida, mas sou capaz de sobreviver com mais facilidade do que muitos outros Autistas. Minha aceitação na sociedade está condicionada ao meu comportamento respeitável e à produtividade. É realmente uma realidade profundamente capacitista, mas não devo fingir que não é verdade. Embora eu precisar me mascarar como uma pessoa desejável e respeitável possa ser muito pesado, é algo que me protege da violência física, da institucionalização, da pobreza e da solidão. Posso entender por que, meu amigo, Angel, meu acredita que vale a pena ressaltar que sua vida como alguém que não fala e tem deficiência intelectual é realmente diferente da minha. Angel diz que tem baixo funcionamento e Autismo grave. Embora alguns em nossa comunidade considerem isso ofensivo, mantenho seu direito de nomear sua própria experiência.

Adoro que cada pessoa Autista tenha sua própria relação com esses rótulos e seus próprios pensamentos. Nossas divergências mostram que a comunidade Autista é diversificada, repleta de pessoas que formam suas próprias opiniões e falam o que pensam. Não somos um grupo monolítico, e as nossas jornadas individuais moldam a forma como expressamos as nossas identidades para o mundo. Fiz o meu melhor neste livro para honrar a terminologia que cada pessoa Autista usa para si mesma. Isso significa que às vezes chamarei alguém de "pessoa com Autismo" ou de "pessoa com baixo funcionamento", mesmo que os grupos de autodefesa tenham bons motivos para desencorajar que alísticos usem tais palavras impensadamente. Se alguém se identificar como Aspie ou portador de Asperger, também refletirei isso com precisão. Espero que, mesmo que tenha posições específicas sobre os termos de que gosta e não gosta, você possa respeitar a capacidade dos entrevistados de nomearem a si mesmos, como eu me esforcei para fazer.

CAPÍTULO 2

Quem são os Autistas mascarados

Bobbi, uma pessoa Autista não binária de trinta e poucos anos, diz: "Eu não fui criada ou 'socializada' como uma menina Autista. Fui criada como uma criança esquisita e com um problema de gênero".

Bobbi diz que, quando criança, se interessava por esportes, plantas e cogumelos locais e luta livre profissional. Era considerada "moleca" e socialmente excluída pelos colegas porque era desajeitada e rude e se recusava a se comportar de maneira "feminina". Mesmo quando tentava se conformar às normas de gênero, Bobbi fracassava espetacularmente. Faltava-lhe motricidade fina para se maquiar ou escrever com letra cursiva bonita. Quando as meninas a intimidavam sutilmente no refeitório por causa do cabelo curto cortado por ela mesma, Bobbi não conseguia entender o que estava acontecendo. Imaginava que, quando as meninas gritavam: "Que lindo corte de cabelo, Bobbi", estavam sendo sinceras.

Ninguém classificou Bobbi como potencialmente Autista e decerto tampouco reconheciam Bobbi como potencialmente transgênero.

"Eu estava na categoria de 'garota esquisita e irritante'", conta.

Em ambos os aspectos, era fácil para os adultos considerarem as dificuldades de Bobbi um mero aborrecimento, em vez de um sinal de que Bobbi era marginalizada tanto em termos de gênero como de deficiência. O Autismo mascarado e o fato de ser uma minoria de gênero enrustida com frequência andam juntos, e as experiências compartilham muitas características. As famílias perplexas de pessoas trans e Autistas adultos tendem a alegar que "não havia sinais" dessas identidades quando a pessoa era jovem.[1] Na verdade, quase sempre há muitos sinais, que a família da criança ou não sabe procurar, ou não quer ver.² Os sinais de não conformidade provavelmente eram recebidos com advertências, correções condescendentes "simpáticas" ("você parece tão infeliz, sorria!") ou com o refreamento da criança até ela se conformar. Bobbi frequentemente recebia elogios sarcásticos, não apenas pelos cabelos, mas por como se portava, falava, pensava e pela maneira prática e confortável como se vestia. Conforme foi crescendo, ela começou a descobrir o que se esperava dela e mudou sua apresentação de gênero para ser mais feminina, de modo a poder ser vista como plenamente humana.

Ninguém na vida da jovem Bobbi conseguia vê-la como ela realmente era. Quando seu sistema de crenças ensina que a deficiência e a variação de gênero são constrangedoras e desprezíveis, é difícil olhar para seu filho e reconhecer essas características. Certamente, não ajudou o fato de que, nos filmes e programas de televisão das décadas de 1980 e 1990, as pessoas Autistas eram todas nulidades silenciosas e passivas, e as pessoas trans eram assassinos em série pervertidos ou curiosidades de programas de TV ruins.

Hoje em dia, Bobbi se cerca de outros Autistas e transgêneros. Ela descobriu sua deficiência depois de seu filho mais velho ser avaliado na escola, no ensino fundamental, e, nos anos seguintes, tentou construir relacionamentos que a ajudassem a se sentir normal e vista pela primeira vez. Ela me descreveu seu grupo de amigos como uma terra de brinquedos desajustados. São todas pessoas que foram excluídas da sociedade dominante, a maioria delas de várias maneiras. Mesmo a conversa pública sobre o Autismo ignora sua existência na maior parte do tempo.

"Precisamos reconstruir a sociedade do zero", diz. "Nossas pequenas microssociedades neuro-*queer*. Porque ninguém mais pensará em nos incluir."

Neste capítulo, eu gostaria de apresentar a você os grupos de pessoas que mais comumente se tornam Autistas mascarados. São as pessoas a quem foi sistematicamente negado o acesso ao diagnóstico durante décadas e que ainda são, com frequência, ignoradas nas conversas públicas e psiquiátricas sobre neurodivergência. São mulheres Autistas como Crystal, pessoas trans Autistas como Bobbi e pessoas negras *queer* como Anand Prahlad. Alguns tiveram sua neurodivergência apagada porque cresceram na pobreza ou tinham doenças físicas que ofuscavam seus traços Autistas. Alguns são considerados "altamente funcionais" demais para necessitarem de adaptações, mas, na verdade, sofrem profundamente com a falta de acessibilidade e apoio. Outros estão claramente debilitados pela deficiência, mas foram diagnosticados erroneamente como *borderline* ou narcisistas em vez de Autistas. Nas histórias deles, você verá como a comunidade Autista é multifacetada e como os estereótipos sobre a deficiência são dolorosamente limitantes para cada um de nós. Você também pode se ver refletido nessas histórias ou reconhecer alguém que conhece. Quanto mais o Autismo for compreendido e abraçado em sua plena e rica diversidade, menor será a necessidade dessas pessoas Autistas, multiplamente marginalizadas, se manterem escondidas atrás de uma máscara de conformidade silenciosa.

Mulheres Autistas e minorias de gênero

A maior parte dos escritos e pesquisas sobre as disparidades de gênero no Autismo concentra-se no fato de que as meninas são lamentavelmente subdiagnosticadas. Pesquisadores, terapeutas e até mesmo alguns autodefensores da causa do Autismo falam sobre "Autismo feminino",[3] apontando para o fato de que, entre as meninas, as qualidades Autistas parecem, em geral, menos graves ou óbvias.

Quando meninas Autistas se envolvem em comportamentos autoestimulantes, tende a ser de forma menos prejudicial fisicamente: não mordem os braços, mas enrolam os cabelos com os dedos e abrem e fecham silenciosamente um livro muitas vezes.[4] Quando as meninas Autistas são tímidas e retraídas, as pessoas ficam menos preocupadas com isso do que seriam se um menino exibisse a mesma reticência. Por outro lado, quando meninas Autistas têm colapsos, estes tendem a ser considerados explosões emocionais. Quando elas *realmente* agem ou se comportam de forma agressiva, é mais provável que sejam punidas severamente por não serem elegantes, o que as faz aprenderem a censurar a agressão numa idade mais precoce do que a maioria dos meninos.[5] Adultos falam com meninas usando mais palavras relacionadas com a emoção do que com meninos,[6] o que significa que as meninas Autistas geralmente ganham uma vantagem em termos de habilidades sociais e relacionais. Muitas das brincadeiras nas quais as meninas se envolvem de forma estereotipada (e que são incentivadas a participar) envolvem imitar as interações sociais dos adultos, como brincar de casinha ou fingir que administram uma loja.[7] Como resultado, muitas meninas Autistas aprendem a fingir suas atitudes em conversas cotidianas mais jovens do que os meninos.

Por essas e uma série de outras razões, as meninas Autistas são avaliadas e diagnosticadas em idades mais avançadas.[8] Muitas são diagnosticadas quando adultas ou nunca são diagnosticadas. Assim como Crystal, muitas mulheres Autistas desenvolvem uma personalidade inofensiva e tranquila como muleta para contrabalançar suas desvantagens sociais. Infelizmente, adotar uma personalidade dócil torna ainda mais difícil que seu sofrimento seja visto como um problema real.

Abaixo está uma tabela que resume alguns dos traços mais conhecidos do "Autismo feminino". Ela foi adaptada de uma lista publicada originalmente no extinto *site* Help4Asperger's, que era mantido pela autora do livro *Aspergirls*, Rudy Simone.[9] Não se trata de forma alguma de uma lista completa e não deve ser tomada como ferramenta de diagnóstico. Como já mencionei, a ideia de que todas as mulheres têm "Autismo feminino" é redutora. Ainda assim, os médicos recorrem com frequência a tabelas assim para determinar se uma mulher adulta pode ser potencialmente uma Autista não diagnosticada, por isso, é algo a levar em conta. Se alguém está ciente da existência de um fenômeno como o "Autismo feminino", ele muitas vezes é ensinado como sendo mais ou menos assim:

Características comumente associadas ao "Autismo feminino"[10]

Emocionais
- Passa a impressão de ser emocionalmente imatura e sensível.
- Propensa a explosões ou crises de choro, às vezes por coisas aparentemente pequenas.
- Tem dificuldade em reconhecer ou nomear os próprios sentimentos.
- Ignora ou suprime emoções até que elas "borbulhem" e explodam.
- Pode ficar perturbada ou sobrecarregada quando os outros ficam chateados, mas não tem certeza de como responder ou apoiá-los.
- "Tem um branco" e parece desligar após socialização prolongada ou quando superestimulada.

Psicológicas
- Relata alto grau de ansiedade, especialmente ansiedade social.
- É vista pelos outros como temperamental e propensa a crises de depressão.
- Pode ter sido diagnosticada com transtornos de humor, como transtorno bipolar, ou transtornos de personalidade, como transtorno de personalidade *borderline* ou narcisista antes da descoberta do Autismo.
- Teme intensamente a rejeição e tenta controlar o que as outras pessoas sentem para evitá-la.
- Tem um senso de identidade instável, talvez altamente dependente das opiniões dos outros.

Comportamentais

- Usa o controle para administrar o estresse: segue fortes regras autoimpostas, apesar de ter uma personalidade pouco convencional.
- Geralmente é mais feliz em casa ou em um ambiente familiar e previsível.
- Parece jovem para a idade em aparência, no modo de vestir e se comportar ou nos interesses.
- Propensa a exercícios e restrição calórica excessivos ou outros comportamentos relacionados a transtornos alimentares.
- Negligencia a saúde física até que se torne impossível ignorar a situação.
- Acalma a si mesmo se remexendo constantemente, ouvindo música repetitiva, enrolando os cabelos com os dedos, cutucando a pele ou cutículas etc.

Sociais

- É um camaleão social; adota os maneirismos e interesses dos grupos de que faz parte.
- Pode ser altamente autodidata, mas tem dificuldades com os aspectos sociais da universidade ou da profissão.
- Pode ser muito tímida ou calada, mas pode se tornar muito franca ao discutir um assunto pelo qual é apaixonada.
- Tem dificuldade em saber o momento de falar em grandes grupos ou festas.
- Não inicia conversas, mas pode parecer extrovertida e confortável quando abordada.
- Consegue socializar, mas principalmente de maneira frívola e superficial, que pode parecer uma atuação. Tem dificuldades de formar amizades mais profundas.
- Evita decepcionar ou discordar de alguém durante uma conversa ao vivo.

Nessa lista de características, reconheço elementos meus e de muitos Autistas diagnosticados já adultos que conheço, de todos os gêneros. Há uma forma particular de como o neurotipo tende a se apresentar entre pessoas que só descobriram a identidade tarde na vida. Tendemos a ser emocionalmente retraídos, apesar de amigáveis e socialmente adaptáveis. Somos camaleões sociais e mestres em fazer as pessoas gostarem de nós, mas nunca deixamos transparecer muito do nosso verdadeiro "eu". Estabelecemos regras rígidas em nossas vidas para administrar o estresse e fazer um mundo social imprevisível parecer um pouco menos assustador: *fazer contato visual por alguns segundos, comer uma refeição fácil de preparar a determinada hora do dia, nunca falar sobre si mesmo por muito tempo.* Por mais que tentemos ser agradáveis, as pessoas ainda comentam sobre o quanto somos "sensíveis demais" ou "imaturos" ou insinuam que somos difíceis de interpretar. Quando temos dificuldades, as pessoas falam conosco com desprezo ou tentam nos "educar" socialmente para termos um comportamento mais normativo.

Listas como essas ainda são muito populares entre os terapeutas[11] e em espaços *online* para Autistas e nossas famílias.[12] Às vezes, terapeutas que buscam se informar sobre o "Autismo feminino" encontrarão essa lista online e deixarão que ela forme seus pontos de vista ou a transmitirão adiante a seus pacientes. É uma lista de características muito ampla e relacionada a gênero que reflete muitos preconceitos e suposições culturais. O que significa, por exemplo, "parecer jovem"? Um homem grande e peludo que adora colecionar brinquedos Funko Pop, mas também gosta de lutar MMA, seria considerado jovem? Ou esse rótulo se aplicaria a uma mulher pequena que usa vestidos e fala em voz estridente sobre seu amor por cavalos? Com muita frequência, a diferença entre quem é visto como um Autista inocente e tímido e quem é visto como desagradável, estranho e obviamente deficiente é mais uma função de coisas como etnia, gênero e tamanho corporal do que qualquer diferença inata de personalidade ou comportamento. Também não existe uma definição objetiva do que torna alguém temperamental ou um camaleão social. É mais fácil camuflar-se socialmente se você for o tipo de pessoa que a sociedade não vê com muita desconfiança.

Este conjunto de características é comumente chamado de "Autismo feminino", mas esse rótulo ignora o fato de que um grande percentual de pessoas Autistas é de pessoas transgênero e sem conformidades com o gênero.[13] Sou transgênero e Autista, e acho que minhas experiências não se enquadram totalmente nem na narrativa de Autismo "feminino" nem na de Autismo "masculino". Sempre tive alguns traços Autistas masculinos, como tendência a ser didático e falar em um tom monótono e confiante, mas também fui uma criança "sensível" e "imatura" que brincou de jogos imaginários com brinquedos até a adolescência. Chamar qualquer uma dessas qualidades de sinais de "Autismo masculino" em comparação com "Autismo feminino" é tão redutor de gênero quanto dizer que existe uma personalidade inatamente "masculina" ou "feminina".

Assim como Bobbi, fui criado e socializado mais como uma aberração do que como um "menino" ou uma "menina". Nem as meninas, nem os meninos se relacionavam comigo como se eu fosse um deles, e eu também não me identificava com eles. Eu me senti mais como uma fada mística lançada na realidade errada do que como uma "menina" ou mesmo um ser humano. Quando joguei *Legend of Zelda: Ocarina of Time*, eu me reconheci pela primeira vez no protagonista andrógino e sem palavras do jogo, Link. Ele não falava e não pertencia à comunidade de elfos infantis em que fora criado. Sua diferença foi o que o marcou como especial e destinado a salvar o mundo. Link era corajoso, forte e suavemente bonito, tudo ao mesmo tempo. Ele agia com falta de noção e de maneira ineficiente na maioria das situações sociais, mas isso não o impedia de fazer coisas importantes ou de ser recebido com gratidão e carinho onde quer que fosse. Eu adorei absolutamente tudo sobre Link e modelei meu próprio estilo pelo dele por muitos anos. Usei vestido estilo túnica e mantive os cabelos compridos e loiros, o que era considerado "feminino" o suficiente para outras pessoas me recompensarem por desempenhar corretamente o papel de uma garota atraente. Mas, na verdade, era uma maneira discreta de fazer *cosplay* do meu personagem masculino favorito de videogame todos os dias, sem consequências. Em acampamentos familiares que eram desconfortavelmente cheios de insetos, quentes e socialmente opressores, eu vagava pela floresta, fingindo que era Link em uma aventura por Hyrule. Eu precisava desesperadamente de um modelo de como me sentir confortável em minha própria pele, e Link esteve presente quando não havia mais nada disponível.

Na verdade, essa é uma experiência Autista muito comum. Talvez porque muitos de nós sejamos alienados da vida neurotípica dominante, passamos a nos identificar com criaturas fantasiosas,[14] alienígenas, robôs[15] ou animais, em vez das pessoas ao nosso redor.[16] Nossas mentes hiperliterais e analíticas reconhecem que as regras do binário de gênero são arbitrárias e inteiramente inventadas,[17] portanto, criar as nossas próprias identidades de gênero e regras de apresentação parece um jogo justo. Identificar-se fora do binário (e fora da humanidade) também ajuda muitos de nós a nomear o quanto nos sentimos distantes da sociedade e dos nossos corpos. *Claro que é difícil para mim me comportar de maneira "feminina", eu sou um robô em traje humano!* Existe um termo para pessoas trans Autistas que veem seu neurotipo e identidade de gênero como inerentemente ligados: autigênero.[18]

Perguntei a Bobbi se ela via o Autismo e a transexualidade como algo associado, e ela me respondeu: "Com certeza, sim, você não pode ter uma parte de mim sem ter a outra. Meu Autismo é trans, e minha transgeneridade é Autista. Sutiãs eram desconfortáveis por questões de gênero e porque eu não consigo lidar com roupas apertadas. Eu jogava bola para 'pertencer' e porque quando eu estava correndo ninguém conseguia falar comigo ou fazer perguntas que fossem armadilhas sociais. Está tudo misturado."

Sinto exatamente o mesmo que Bobbi. Adoro que meu Autismo e minha transgeneridade estejam ligados. Nos dias bons, adoro ser Autista e vejo isso como uma parte natural e neutra da minha identidade, por isso, nunca me pareceu um problema o fato de ter moldado meu gênero. Não sou uma pessoa "normal", nunca fui capaz de ser, então, eu me identificar fora do binário de gênero, bem como da humanidade dominante, faz eu me sentir em casa.

Infelizmente, muitos pais e profissionais de saúde mental "críticos em termos de gênero" não veem as coisas dessa forma. As pessoas transfóbicas muitas vezes consideram a forte associação entre a variação de gênero e o Autismo como um sinal de que não somos "realmente" trans, que somos "apenas" Autistas e confusos.[19] Eles presumem que as pessoas Autistas não têm autoconsciência e são facilmente manipuladas, e, portanto, não deveríamos ter permissão para tomar decisões sobre nossas identidades ou o que fazemos com nossos corpos.[20] Quando a autora de Harry Potter, J. K. Rowling, publicou o artigo "Guerras TERF (feminista radical trans excludente)" em seu *blog* em meados de 2020, ela mencionou especificamente seu medo de que muitos homens transexuais sejam, na verdade, meninas Autistas que não eram convencionalmente femininas e foram influenciadas por transativistas na Internet a se identificarem fora da feminilidade.[21] Ao se apresentar como defensora de "meninas" deficientes, ela defendeu restringir a capacidade de jovens trans Autistas de se identificarem e acessarem os serviços e cuidados de saúde necessários.

A perspectiva de Rowling (que ela compartilha com muitas pessoas críticas de gênero) é profundamente desumanizante para as comunidades trans e Autista. Somos pessoas complexas e de pleno direito, que têm direito à mesma autonomia corporal e autodeterminação que qualquer outra pessoa. E não faz sentido questionar se uma pessoa trans Autista "ainda" seria trans se não tivesse nascido neurodiversa, porque o Autismo é uma parte essencial de quem somos. Sem a nossa deficiência (ou a nossa identidade de gênero) seríamos pessoas completamente diferentes. Não há como separar esses nossos aspectos de nossa pessoa ou personalidade. Ambos são partes essenciais de quem somos.

Laura Kate Dale é uma mulher transexual, crítica de videogame e autora que escreveu extensivamente sobre como seu neurotipo e seu gênero andaram em paralelo ao longo de sua vida. Em seu livro de memórias, *Uncomfortable Labels: My Life as a Gay Autistic Trans Woman*[22] (Etiquetas desconfortáveis: minha vida como mulher trans gay Autista.), ela escreve que, embora fosse vista como um menino quando criança, não teve a experiência tradicional de "menino cis com Autismo".[23] Ela tinha muitos traços reconhecidamente Autistas, como uma aversão a cores brilhantes e sabores fortes e um distanciamento da realidade física que tornava impossível descobrir que roupas vestir para qualquer que fosse o clima do dia. No entanto, quando foi avaliada por uma variedade de deficiências quando criança, os profissionais que a atenderam não consideraram o Autismo. A sociedade a considerava um "menino", e "meninos" com Autismo não deveriam ser tão tranquilos e doces. Ela tinha muitas das características do "Autismo feminino", embora o mundo ainda não a reconhecesse como menina.

Laura escreve: "Existem estereótipos sobre crianças designadas como homens ao nascer, e muito poucos deles se aplicavam a mim quando criança. Há uma expectativa de que um menino deve ser ousado, agitado, barulhento e emocionalmente fechado... Eu era uma criança quieta, reservada, doce que fazia o que mandavam e estava sempre no lugar certo, na hora certa, fazendo o que era esperado".[24]

Muitas vezes, os interesses de Laura eram bastante femininos, não masculinos. Assim como Crystal, ela não perturbava a aula com colapsos nem feria os sentimentos de ninguém sendo rude ou grosseira. Como seu sofrimento interno não representava nenhum problema para seus colegas de classe ou professores, ele passou despercebido, sem ser notado — que é exatamente o que acontece com muitas meninas Autistas cisgênero. Até mesmo alguns de seus traços Autistas foram atribuídos ao fato de ela ser uma criança esquisita ou afeminada, em vez de deficiente.

As experiências de Laura e Bobbi são exemplos perfeitos do motivo que o termo "Autismo feminino" é enganoso. Ele apresenta a raiz do mascaramento como sendo o sexo atribuído a uma pessoa no nascimento, ou sua identidade, quando, na verdade são as expectativas sociais que fazem a deficiência de uma pessoa ser ignorada. O mascaramento é uma experiência social, não biológica. O "Autismo feminino" não é, na verdade, um subtipo do transtorno, mas uma forma de as pessoas lidarem com o fato de sua neurodiversidade não ser levada a sério. Muitas vezes, são as mulheres que estão nessa posição. Mas muitos outros grupos marginalizados também passam por isso, e essas tendências não têm sido tão amplamente reconhecidas. Os Autistas negros e pardos, em particular, são subdiagnosticados em taxas elevadas, tal como as mulheres, porque o racismo distorceu de forma semelhante a maneira como a doença é percebida e avaliada. Eles também pagam um preço enorme por não estarem em conformidade com a norma e, portanto, espera-se que se mascarem como meio de sobrevivência.

Autistas negros e pardos

O racismo permeia a psicologia e a psiquiatria desde sua gênese. Os primeiros médicos vieram de origens brancas e europeias e usaram as normas sociais de sua cultura como base para definir o que era ser saudável.[25] Era uma definição muito estreita e opressiva, que partia do princípio de que ser gentil, bem-vestido, culto e branco eram as marcas da humanidade e que quem se desviasse desse padrão não era uma pessoa, mas um animal que precisava ser domesticado.[26]

O conceito moderno de transtorno mental como condição médica formou-se pela primeira vez durante o período vitoriano na Inglaterra, uma época e um lugar onde a moderação e a dignidade eram equiparadas à sanidade.[27] Mesmo os ingleses pobres que não conseguiam manter a aparência polida e os modos frios dos ricos eram considerados um tanto selvagens e doentes. Culturas mais expressivas emocionalmente ou menos filtradas foram patologizadas como irracionais, supersexualizadas e agressivas. As necessidades de saúde mental das pessoas brancas e ricas (e os incômodos que ricos com transtornos mentais apresentavam às suas famílias de alto status) foram a principal preocupação dos primeiros psiquiatras. Todos os outros, na melhor das hipóteses, eram menos considerados e, na pior, indesejáveis a serem expurgados.

Essa história moldou a forma como os profissionais viram e definiram o Autismo desde o início, e seu legado continua conosco hoje. Pessoas negras Autistas quase sempre acabam tendo seu Autismo ignorado devido ao racismo e à intolerância.[28] Eles têm menos probabilidade de serem encaminhados para especialistas em Autismo.[29] Eles têm muita dificuldade em encontrar cuidados de saúde culturalmente competentes.[30] Apenas cerca de 4% de todos os prestadores de cuidados de saúde mental nos Estados Unidos são negros,[31] embora os negros representem 13,4% da população total do país. Quando pessoas Autistas negras e pardas consultam terapeutas brancos, expressões normais de emoções como raiva podem ser mal interpretadas como excessivas ou "ameaçadoras", e diagnósticos errados são muito comuns.[32] Isso se eles forem identificados como portadores de um problema de saúde mental. Os Autistas negros são com frequência obrigados a mascarar suas características e quaisquer sintomas negativos de saúde mental porque (tal como acontece com as meninas e as minorias de gênero) a sociedade exige que sejam mais obedientes e agradáveis do que meninos brancos.

O comediante Chris Rock revelou recentemente que está no espectro do Autismo. Especificamente, ele foi diagnosticado com transtorno de aprendizagem não verbal. Em entrevista a *The Hollywood Reporter*, ele descreve como indicadores claros (como a incapacidade de captar sinais sociais e a tendência de interpretar todas as declarações de forma hiperliteral) foram ignorados até meados de seus 50 anos de idade. Por ser um comediante negro extrovertido, o Autismo parecia impensável como explicação para os desafios sociais e emocionais que ele enfrentava.[33] Rock diz que também minimizou suas próprias necessidades de saúde mental porque internalizou a ideia de que apenas os brancos fazem terapia.

Esse é um problema sistêmico e de longo alcance. Os Autistas brancos têm 19% mais probabilidade de serem diagnosticados do que os Autistas negros e 65% mais probabilidade de serem diagnosticados do que os Autistas latinos.[34] Os Autistas negros e latinos também recebem o diagnóstico em idades mais avançadas, refletindo o atraso no acesso aos serviços.[35] Os Autistas indígenas são subdiagnosticados e apresentam atrasos em seus diagnósticos em taxas ainda mais extremas.[36]

Essas disparidades raciais e culturais de longa data persistem por diversas razões. Quanto mais baixo for o status socioeconômico de uma família, menor será a probabilidade de ter acesso a cuidados de saúde de qualquer tipo, mas especialmente a testes de Autismo, que raramente são cobertos por seguros e podem ser muito caros. Além disso, o racismo influencia a forma como professores e especialistas percebem e examinam os traços Autistas em crianças negras e pardas. Quando uma criança branca não obedece às instruções e atira blocos pela sala, ela pode ser gentilmente repreendida ou tranquilizada. Quando uma criança negra ou parda faz exatamente a mesma coisa, ela é "corrigida" de forma muito mais agressiva. Ela pode até ser tratada como um futuro criminoso em formação.[37]

A escritora Catina Burkett é uma mulher negra Autista e tem plena consciência de como as percepções das pessoas sobre sua deficiência são mediadas pela opressão misógina sistêmica das mulheres negras.[38]

"Muitas pessoas com Autismo também podem parecer obstinadas ou lentas para reagir em situações novas", escreve Catina. "Quando sou inflexível, às vezes sou chamada de hostil, insubordinada, preguiçosa, agressiva ou incontrolável."

Conheci alguns homens Autistas brancos que são, como diz Catina, obstinados no trabalho. Se o sujeito branco em questão tiver um diploma avançado ou um conjunto de habilidades desejável, como a capacidade de programar, ser um pouco difícil de lidar não necessariamente o atrapalha. Na verdade, para alguns homens Autistas da área de tecnologia, ser um pouco arrogante ou frio pode funcionar a seu favor. A indiferença indica que eles devem ser um gênio torturado, um Sherlock em um escritório de Watsons. No entanto, quando uma mulher negra Autista é, mesmo que ligeiramente, indiferente em suas expressões emocionais, ela precisa se preocupar que as pessoas a chamem de "irritada" ou "pouco profissional".

"Uma supervisora branca reclamou que eu deveria aprender a mudar meu comportamento com pessoas diferentes", escreve Catina. "[Ela] ficou amarga, e o ambiente de trabalho tornou-se hostil. Acabei precisando pedir demissão."

Basicamente, a chefe de Catina estava pedindo que ela *trocasse de código* e usasse diferentes apresentações linguísticas e sociais para diferentes situações. Muitos negros norte-americanos são familiarizados com a troca de código, precisando alternar entre o inglês afro-americano (ou AAE)[39] e o inglês padrão à medida que se movem entre as comunidades e modular a aparência, os maneirismos e o volume para evitar serem estereotipados negativamente.[40] A troca de código é semelhante ao mascaramento do Autismo no sentido de que é um processo trabalhoso de sinalizar que você "pertence" a um espaço e de saber quando esconder os lados de si mesmo contra os quais a maioria agirá de forma opressiva. A troca de código é uma atividade cognitivamente exigente que pode prejudicar o desempenho de uma pessoa em tarefas desafiadoras ou exigentes[41] e está associada ao estresse psicológico e à sensação de inautenticidade e isolamento social.[42] Um relatório da Harvard Business Review descobriu que muitos negros que fazem essa troca de código descreveram a atividade como um estado de hipervigilância e afirmaram que precisam policiar constantemente suas ações e falas para minimizar o desconforto ou a hostilidade dos brancos.[43]

Pessoas negras Autistas podem ter uma variedade de relacionamentos complicados com mascaramento e a troca de código. Fingir ser neurotípico pelas regras de uma cultura já é bastante cansativo. Ter de fazer isso de diversas maneiras, usando diferentes dialetos e maneirismos dependendo do ambiente, é um nível totalmente diferente de desempenho social. O pesquisador e organizador Autista Timotheus Gordon Jr. me disse que aprender a trocar o código em seu estilo de falar, na verdade, o levou a se tornar mais excluído socialmente, ou seja, ser condenado ao ostracismo por ser uma criança autista.

"Como sou afro-americano, falo um inglês diferente", diz ele, "que é o inglês afro-americano. Então, na minha opinião, precisei fazer sessões de fonoaudiologia para parecer alguém que fala o inglês norte-americano padrão."

Na fonoaudiologia, Timotheus foi treinado para se comunicar mais como uma pessoa branca de classe média faria. Basicamente, estava sendo instruído a mascarar sua cultura. Mas, como frequentou uma escola majoritariamente negra, isso não o ajudou a se adaptar, mas o marcou como diferente.

"Fui à escola principalmente com afro-americanos ou afrodescendentes. O tiro saiu pela culatra, porque eu era ridicularizado por falar de forma diferente, ou por falar como se eu fosse britânico."

Com o tempo, Timotheus precisou aprender a mascarar seu estilo de falar para se adaptar a seus pares, mas também a voltar ao chamado inglês americano padrão ao interagir com pessoas e instituições brancas. Pesquisas psicológicas mostram que a troca de código exige muitos recursos cognitivos, mesmo para pessoas neurotípicas.[44] Uma mulher Autista mascarada com quem conversei, Mariah, me disse que por muitos anos ela se sentia esgotada pela troca de código. Por fim, no entanto, ela descobriu que era o mascaramento como neurotípica que a estava desgastando. Para alguns Autistas negros como Catina, pode ser proibitivamente difícil gerenciar ambas as tarefas. Como ela não conseguia assumir uma personalidade alegre e entusiasmada, seu chefe a considerava difícil de trabalhar.

Para um Autista negro, ser visto como hostil ou difícil pode ser algo muito perigoso. Quando Autistas negros e pardos não cumprem as instruções médicas ou as orientações dos terapeutas, são quase sempre institucionalizados e privados de autonomia legal.[45] Eles também têm de se preocupar com o encarceramento ou a morte pelas mãos da polícia. Em 2017, o sargento da polícia de Chicago Khalil Muhammad atirou em um adolescente negro Autista desarmado chamado Ricardo Hayes. Muhammad alegou que se sentiu ameaçado por Hayes, mas uma investigação revelou que Hayes corria inofensivamente pela rua e não demonstrou qualquer sinal de agressividade em relação a Muhammad.[46] Cinco dias após o assassinato de George Floyd, um policial israelense na cidade de Jerusalém atirou e matou Eyad Hallaq, um homem palestino Autista que tinha deficiência intelectual profunda e era incapaz de falar ou compreender instruções.[47] Em abril de 2021, um policial de Chicago atirou e matou Adam Toledo, de 13 anos de idade, que estava com as mãos para o alto. Adam estudava em escola de educação especial e era neurodivergente.⁴⁸ Aproximadamente 50% das pessoas mortas pela polícia têm deficiências⁴⁹, e os Autistas negros e pardos correm um risco especialmente elevado.⁵⁰ Ser identificado como Autista pode ser social e emocionalmente perigoso para as mulheres e para as minorias de gênero, independentemente da raça; para Autistas negros e pardos, ser visivelmente deficiente pode ser mortal.

Em *The Secret Life of a Black Aspie*, o folclorista Anand Prahlad ilustra em detalhes exuberantes como foi mascarar seu Autismo e apresentar ao mundo uma fachada neurotípica e não ameaçadora:

"Aprendi a cultivar máscaras para a escola. Eu precisava ter cuidado lá. Mas disfarçar era como um instinto. Como um bicho-pau marrom que fica verde quando pousa em uma folha. Cuidando... Cuidando das mãos. Cuidando dos lábios. Cuidando das sobrancelhas."⁵¹

Anand cresceu em uma plantação na década de 1950, apenas duas gerações após o fim da escravidão. Morando em uma área rural com sua família (muitos dos quais tinham traços Autistas), Anand encontrava conforto na natureza. Ao entrar no sistema escolar, porém, ele precisou se mascarar. Além de ser negro e Autista, Anand também é de gênero *queer*, então, assim que foi mandado para a escola pública, precisou começar a esconder sua neurodivergência, além de seu lado feminino e suave.

Ao longo do livro, Anand descreve como vários ambientes sociais exigiam diferentes versões dele. Houve a escola primária totalmente negra, onde ele era visto como estranho e não suficientemente masculino, mas era basicamente deixado sozinho. Houve então o ensino médio integrado, onde os brancos colocavam muita pressão sobre ele para ser uma vanguarda respeitável da justiça racial. Já adulto, Anand tornou-se professor. Na academia, ele era obrigado a esconder toda vulnerabilidade emocional, censurar toda linguagem casual e gírias e ocultar qualquer outra coisa que os colegas brancos considerassem "não profissional". As pessoas Autistas são geralmente bastante francas, e a cultura negra norte-americana tende também a valorizar a "conversa real" direta sobre questões interpessoais.⁵² Mas em instituições majoritariamente brancas sem deficiência, dizer abertamente o que se quer dizer ou reclamar de qualquer coisa assusta as pessoas. Anand precisou se adaptar para esconder as partes de si mesmo que eram abertas, vulneráveis e reais.⁵³

Em suas memórias, Anand descreve como a construção de falsos "eus" foi necessária, mas também tornou impossível a conexão genuína com outras pessoas. É uma experiência com a qual muitos Autistas mascarados podem se identificar. Precisamos manter as outras pessoas à distância, porque deixá-las ver nossos colapsos, hiperfixações, obsessões e explosões pode significar perder o respeito delas. Mas nos trancarmos significa que nunca poderemos ser totalmente amados.

"Eu jamais teria sobrevivido seguindo regras neurotípicas", escreve Anand. "Mas minhas regras não eram necessariamente as melhores a serem seguidas em um relacionamento. Por exemplo, minhas regras mandam desconectar no minuto em que eu me sinto sobrecarregado. Parar de ouvir... Guardar meus segredos."

Anand passou por vários rompimentos e vários divórcios antes de finalmente ser diagnosticado como Autista. Em vez de compartilhar os sentimentos com suas parceiras, ele fugia, fisicamente ou para os recônditos de sua mente. Quando sua terceira esposa sugeriu que isso poderia ser causado por uma deficiência, Anand finalmente foi colocado no caminho da autoaceitação.

O mascaramento é uma estratégia de sobrevivência sensata quando não se tem outras ferramentas à disposição. Mas quanto mais nos desviamos daquilo que a sociedade valoriza, mais elaborado precisa ser o mascaramento. Esconder o Autismo, a negritude cultural, e a estranheza ou feminilidade pode ser demais. Às vezes, a única alternativa viável é desligar e se tornar profundamente inibido. Você não pode ofender ninguém se simplesmente se fundir ao papel de parede.

Catina Burkett e Anand Prahlad descrevem a adoção desta estratégia, de se tornarem quietos e reprimidos, mantendo a cabeça baixa para evitar evocar o medo dos brancos de uma personalidade negra confiante. Outros Autistas negros vivem a vida da mesma forma que Chris Rock, trabalhando para parecerem alegres, engraçados e extremamente simpáticos. Assim como muitas mulheres Autistas e pessoas trans se adaptam tornando-se inofensivas e pequenas, os Autistas negros quase sempre precisam se autopreservar esboçando um sorriso.

Autistas altamente verbais e extrovertidos

Em 1911, o psiquiatra Eugene Bleuler cunhou o termo *Autismo*.[54] Significa literalmente "eu isolado". A palavra contrasta com o termo para não Autistas, *alístico*, que significa "outro eu" ou "eu conectado".[55] Inúmeras representações do Autismo na TV e no cinema focam no quanto supostamente somos alienados dentro de nossas próprias mentes. Pense no menino Autista no final da série *St. Elsewhere*[56], que teria sonhado toda a história e todos os seus personagens enquanto estava sentado sozinho, olhando para um globo de neve.[57] Um exemplo mais contemporâneo é a personagem principal do extremamente criticado[58] filme *Music*[59], de Sia, uma garota Autista não verbal que mal parece notar quando sua própria avó morre bem em sua frente. No filme, Music não consegue falar e mal consegue usar o dispositivo de comunicação aumentada que lhe foi dado, e apenas se conecta com outros personagens por meio de sequências de sonhos com coreografias complexas.[60] Ela é uma pessoa isolada e antissocial, trancada em um mundo próprio.

Embora a maioria dos Autistas diagnosticados relatem ter traços de personalidade introvertida,[61] muitos são bastante extrovertidos e expansivos.[62] Pesquisas experimentais sugerem que alguns dos déficits de habilidades sociais associados ao Autismo (por exemplo, dificuldade em reconhecer rostos) são reduzidos entre Autistas extrovertidos.[63] Se você busca muito contato social, você adquirirá mais prática na interação com as pessoas, então faz sentido que os Autistas extrovertidos gradualmente aprendam a se misturar com mais facilidade. Os Autistas extrovertidos também tendem a ter emoções maiores e mais expressivas do que seus colegas introvertidos, o que pode torná-los mais fáceis de se relacionar com os neurotípicos.

Os Autistas podem ter personalidades intensas e brilhantes com a mesma facilidade com que podemos parecer gelados e retraídos. Muitos podem fazer contato visual forte, ouvir ativamente e intervir com entusiasmo quando alguém traz à tona um assunto que os interessa. Os Autistas extrovertidos podem se atrapalhar com as sutilezas sociais, interromper com muita frequência, parecer "entusiasmados demais" ou até mesmo serem acusados de histrionismo, mas um alto grau de interesse em se conectar com outras pessoas geralmente os beneficia psicológica e socialmente.[64]

Infelizmente, como o Autismo é retratado de forma tão singular como um distúrbio que torna os Autistas frios e robóticos, os extrovertidos raramente são corretamente identificados e diagnosticados quando crianças. Professores e pais pensam neles como borboletas sociais tagarelas ou palhaços perturbadores. As pessoas podem até considerar "manipulação" ou "carência de atenção" as suas grandes demonstrações de emoção e explosões de energia. Com o tempo, esses rótulos podem se tornar parte da máscara que os Autistas em questão usam para sobreviver. Também pode dificultar que o Autista tenha sua necessidade de passar um tempo sozinho ou outras fronteiras sociais respeitadas. Por exemplo, Timotheus me disse que, como ele pode parecer um tipo afável e "festeiro", pode ser difícil para seus amigos e familiares entenderem que às vezes ele também precisa recarregar as energias sozinho.

"Meus avós vieram originalmente do extremo Sul, então, nesse sentido cultural, era importante que ninguém ficasse de fora", explica ele. "Se você se sente triste, é melhor estar em grupo. Mas, no meu caso, preciso ficar sozinho. Mas, se eu digo aos meus colegas ou mesmo aos familiares, 'Eu preciso do meu tempo sozinho', eles dizem: 'Não, não, não, você não pode ficar sozinho'. Eu me dou mal se fico sozinho, me dou mal se não fico."

De muitas maneiras diferentes, mascarar-se como extrovertido e sociável pode fazer levar as lutas de uma pessoa Autista a serem subestimadas ou apagadas. Minha amiga Bethy é ativa, usa roupas chamativas e coloridas e tem algumas das tatuagens mais legais que já vi. Ela atua nas comunidades de teatro e circo de Chicago há anos e, quando empolgada, pula para cima e para baixo, gritando de alegria. Bethy também adora trabalhar como modelo e é muito sintonizada com o próprio corpo e sua sensualidade. Ela trata seu estilo pessoal e físico como uma extensão completa de sua identidade. Para muitos, seria um pouco surpreendente testemunhar essas qualidades em uma pessoa Autista. Muitos de nós temos pouca coordenação motora, nos sentimos em desacordo com nossos corpos[65] e somos estereotipados como nerds sem graça e sem noção de estilo. Bethy é visivelmente Autista, mas também é muito encantadora. Se eu não soubesse, presumiria que sua personalidade iluminada e graciosa significa que ela tem mais facilidade para se socializar do que as pessoas Autistas mais retraídas e tímidas.

Mas, como a conheço bem, percebo que nada disso é verdade. Embora achasse fácil fazer amizades superficiais no bar onde costumava trabalhar, ela diz que criar um vínculo mais profundo com alguém se revelou muito difícil. Ela se questiona e está constantemente executando um algoritmo mental sobre como suas ações e palavras serão recebidas pelos outros. Ela pensa muito sobre como é vista pelos outros e raramente se sente à vontade em qualquer comunidade. Seu estilo imaculado também é um esforço para que sua personalidade e individualidade sejam reconhecidas por outras pessoas. Ela sempre foi incompreendida, e todos os dias é uma luta para comunicar quem realmente é. Bethy está mascarando e depositando muita energia nisso — assim como eu, com minha inibição e meu silêncio.

Assim como alguns Autistas desejam muito contato social, alguns buscam um alto grau de estimulação e estímulos sensoriais. Ao contrário da crença popular, o Autismo não torna a audição de uma pessoa supersensível ou os olhos super-responsivos à luz. O que o Autismo realmente faz é influenciar a forma como os nossos cérebros filtram as informações captadas pelos nossos sentidos e como combinamos todos esses dados num todo coeso. Isso pode se manifestar em nós sendo *buscadores sensoriais* (às vezes chamados de tipos sensoriais desatentos)[66] ou *evitadores sensoriais* — e a maioria de nós é uma combinação de ambos, dependendo do sentido.

Por vários motivos que descrevi no Capítulo 1, os cérebros neurotípicos tendem a descartar detalhes que possam prejudicar o "quadro geral" que seu cérebro acredita ver.[67] Metaforicamente, quando uma pessoa neurotípica vê uma "floresta", suas mentes começam a encobrir árvores mortas e nuas e aglomerados de sebes que complicam a visão.[68] Em contraste, as pessoas Autistas percebem todas as árvores individuais, tocos e carcaças de animais em decomposição. Os milhares de pequenos recursos não se combinam facilmente em algo maior para nós,[69] por isso precisamos processar tudo isso separadamente. É exaustivo.

Quando entro no meu prédio à noite, sou atingido por uma onda de informações sensoriais discordantes. É particularmente incômodo se eu já tive um dia estressante ou emocionalmente desgastante e minha energia está esgotada. Há a conversa frenética dos meus vizinhos e o barulho caótico de portas batendo por todo o corredor. Posso ouvir o elevador gemendo até o térreo, a música do meu vizinho ecoando abaixo de mim e ambulâncias berrando ao longe. Cada informação sensorial disputa a atenção e não se mistura em um ruído de fundo uniforme. Na verdade, quanto mais tempo preciso suportar isso, mais irritado fico. Uma maneira de lidar com isso é bloqueando o mundo e amortecendo todos os estímulos que me distraem. Mas outra forma igualmente eficaz de lidar com os desafios sensoriais é procurar sensações realmente fortes e ousadas que superem todo aquele ruído branco.

Quando uma pessoa Autista busca os sentidos, ela pode desejar música alta, comida picante, cores vivas ou muita atividade e movimento. Ela não usa fones de ouvido em público para abafar o barulho avassalador de outras pessoas, mas porque uma faixa de *synth-pop* ajuda a mantê-la engajada e com os pés no chão. O objetivo é o mesmo em ambos os casos — dar sentido a uma enxurrada de dados difíceis de processar. Uma personalidade que busca os sentidos e gosta de se divertir é uma máscara Autista muito eficaz;

ninguém a vê como uma pessoa com deficiência "excessivamente sensível" se ela está constantemente viajando pelo mundo e dançando ao som da música na noite de metal do bar local. Pode até ser uma máscara agradável de usar, embora a necessidade de buscar estímulos constantemente possa ser limitante. Em seu ensaio "Autistic People Party, Too" (Autistas também fazem festa), a escritora Jesse Meadows descreve como a persona de uma garota festeira que bebe e se droga a ajudou a se adaptar a outras pessoas e a encontrar um mínimo de conforto sensorial.[70] No final, porém, esse estilo de vida se mostrou insustentável, e ela precisou aprender a buscar novidades e estímulos de maneiras mais saudáveis.

Logan Joiner é um adolescente que compartilha sua paixão por montanhas-russas com o mundo desde os 8 anos de idade. Em seus dois canais do YouTube (KoasterKids e Thrills United), ele tem uma audiência combinada de quase 35 mil inscritos. Ele compartilha vídeos de si mesmo saltando de *bungee-jumping* de pontes, mergulhando na água do alto de penhascos e acumulando visitas a parques de diversões. Logan é Autista e sente-se atraído por montanhas-russas porque elas o ajudam a regular a forma como seu cérebro processa informações sensoriais.

"Não sou um grande fã de surpresas", explicou Logan.[71] "Mas, se a gente pensar bem, as montanhas-russas não são assim... então, elas não são assustadoras justamente porque são previsíveis."

Apesar de serem muito bagunçados e barulhentos, os parques de diversões podem ser bastante reconfortantes para pessoas Autistas. Eles oferecem interações sociais previsíveis e experiências predefinidas que raramente mudam. O *layout* é claramente marcado, a comida é sem graça, mas farta, cada atração termina em questão de minutos, e a sinalização é grande e clara. Depois que você se acostuma com a montanha-russa, ela fornece estímulo consistente nos momentos esperados. Para os Autistas que buscam os sentidos, o vento forte e as vibrações dos trilhos podem fornecer estímulos físicos relaxantes, assim como um cobertor pesado ou um cubo de agitação, só que com mais força. Há estatísticas para memorizar, histórico de desenvolvimento e lançamento para aprender e toda uma comunidade de criadores nerds *online* para compartilhar histórias sobre montanhas-russas e atrações. Além disso, em uma montanha-russa você pode gritar e agitar os braços sem que ninguém olhe para você de um jeito estranho. Como muitos de nós temos dificuldade em regular o volume da fala e adoramos bater os braços, montanhas-russas, grandes shows e outros espaços barulhentos e caóticos podem ser refúgios inesperados do julgamento social.

Conheço Autistas que são DJs, vendedores, gerentes de equipe, arrecadadores de fundos para organizações sem fins lucrativos e trapezistas. Os mais extrovertidos e buscadores de sentidos adoram convenções de anime, festas em casa, campanhas políticas e esportes competitivos. Porém, muitas vezes é muito difícil para esse tipo de Autista fazer sua deficiência ser levada a sério, porque são pessoas capazes de ser bastante falantes e encantadores. Quando têm problemas para socializar ou sofrem atrasos no trabalho, pessoas próximas os acusam de "fingir" que estão passando por momentos difíceis por terem tido facilidade para fazer festa ou ir a um show burlesco na noite anterior. É uma experiência muito comum para pessoas com deficiência ouvirem que suas habilidades em uma área são a prova de que você "não está se esforçando o suficiente" em outra.

Poucos imaginariam que essas pessoas francas e cheias de energia são Autistas, especialmente durante suas infâncias indisciplinadas. Se alguma coisa neles parecia incomum, o TDAH era provavelmente o que as pessoas imaginavam. Aliás, o Autismo e o TDAH ocorrem concomitantemente em taxas muito elevadas e são muito difíceis de desvendar em termos de diagnóstico.[72] Os psicólogos com frequência os chamam de "condições irmãs" porque ambos têm impacto em coisas como a distração, a procura sensorial e a profunda dor causada pela rejeição social. Isto me leva ao próximo grupo de Autistas que muitas vezes são esquecidos: aqueles com comorbidades e condições sobrepostas.

Autistas com outras condições

Quando se trata de transtornos mentais e deficiências, as categorias diagnósticas são realmente falhas. Um transtorno é um conjunto de sintomas e características que tendem a andar juntos, mas nem sempre, e a forma como esses grupos são organizados tende a mudar com o tempo. Os psicólogos vêm debatendo há décadas se a ansiedade e a depressão deveriam ser consideradas elementos do mesmo transtorno, por exemplo, ou encaradas como condições separadas que estão apenas correlacionadas.[73] Os psiquiatras da década de 1940 acreditavam que o Autismo era uma forma de esquizofrenia infantil,[74] mas isso decerto não é visto dessa forma agora. A nossa compreensão desses rótulos está em constante mudança, e quem fica preso a um determinado rótulo varia ao longo do tempo e do contexto cultural.

Com frequência, uma pessoa existe em algum lugar em um espectro entre vários transtornos ou tem uma combinação única de características de múltiplas condições. Se você já teve um único período maníaco em sua vida, pode ser diagnosticado com transtorno bipolar em vez de transtorno depressivo maior, por exemplo, mesmo que os episódios depressivos superem enormemente os maníacos. Por outro lado, se você não atender ao requisito de baixo peso para anorexia, talvez seu distúrbio nunca seja reconhecido, não importa quanta angústia represente em sua vida. Essa dinâmica é particularmente desafiadora para pessoas com características do espectro Autista, porque o nosso neurotipo é muito multifacetado e facilmente confundido com outras condições.

Pessoas com transtorno de estresse pós-traumático, por exemplo, podem ser muito semelhantes a pessoas Autistas. Quem sofre de TEPT tende a ter medo de grandes multidões, fica facilmente abalado por ruídos altos e torna-se mais reservado quando colocado em situações de difícil compreensão. A hipervigilância alimentada pelo TEPT pode ser muito parecida com o mascaramento: você está constantemente examinando o ambiente em busca de ameaças e modulando a forma como se apresenta para poder permanecer em segurança. Para complicar a situação, muitas pessoas Autistas sofrem traumas muito jovens e apresentam sintomas de TEPT por conta disso. É comum sermos maltratados pelos pais e cuidadores, intimidados pelos colegas de escola ou vistos como "presas fáceis" por abusadores. O principal tratamento para o Autismo em crianças, a terapia de análise comportamental aplicada (ou ABA, como é conhecida), tem sido amplamente criticada por pessoas Autistas como sendo traumática de suportar.

Por todas essas razões, nem sempre é possível (ou útil) tentar desvendar quais traços de uma pessoa são Autistas e quais são causados pelo trauma de ser neurodiverso num mundo neurotípico. Daan é um homem de 40 anos de idade que mora na Holanda e, além de ser Autista, sofreu abuso de ambos os pais. Ele me contou que seu diagnóstico de TEPT complexo mascarou efetivamente sua neurodivergência por muitos e muitos anos.

"Eu imagino que todo mundo está sempre falando sobre mim e está a um passo de explodir e me chamar de pessoa horrível", diz ele. "E isso é do Autismo e de não ter uma boa teoria quanto ao pensamento alheio? Ou será por minha mãe me xingar horrivelmente por eu fazer coisas como colocar a esponja no lado errado da pia? Não há resposta."

A primeira terapeuta de trauma de Daan tentou ensiná-lo que seus medos eram irracionais. Sua mãe já havia morrido havia muito tempo, ela lhe disse, e nunca mais poderia atingi-lo. Ela acreditava que poderia ajudá-lo a questionar a "crença ilógica" que tinha de que as pessoas não eram seguras. Mas Daan ainda estava sendo ativamente magoado e rejeitado quase todos os dias de sua vida porque era Autista. Suas percepções do mundo social como ameaçador eram realistas, não ilógicas.

"Eu fazia observações que não passavam de fatos literais, como *ei, você cortou o cabelo*, e as pessoas achavam que eu estava zombando delas", ele me conta. "Meu chefe gritou comigo por isso. Eu saía com garotas e depois elas me repreendiam por não agir da maneira que esperavam que um homem adulto agisse. Era como se minha mãe me atacasse novamente. E então eu ia à terapeuta, e ela dizia que eu estava revivendo meu trauma com minha mãe e vendo ela em outras pessoas. Era realmente horrível, uma coisa maluca."

Estudos clínicos mostram que as experiências de Daan estão longe de ser anormais. A terapia focada em combater "crenças irracionais", como a terapia cognitivo-comportamental (TCC), não funciona tão bem em pessoas Autistas quanto em neurotípicos.[75] Uma razão para isso é que, com frequência, muitos dos medos e inibições dos Autistas são inteiramente razoáveis e estão enraizados em uma vida inteira de experiências dolorosas. Tendemos a ser pessoas bastante racionais, e muitos de nós já estamos inclinados a analisar nossos pensamentos e sentimentos muito de perto (às vezes excessivamente). Nós, os Autistas, não precisamos de treinamento cognitivo-comportamental para nos ajudar a não sermos governados por nossas emoções. Na verdade, a maioria de nós foi intimidada a ignorar demais os nossos sentimentos.

Recentemente, Daan trocou de terapeuta. Sua nova terapeuta havia feito apenas um curso de educação continuada sobre adultos Autistas em toda a carreira, mas, apesar disso, ela era mais bem informada do que a maioria dos profissionais da área. Ela enviou Daan para ser avaliado e começou a ler sobre como alterar sua prática terapêutica para se adequar melhor a ele.

"Minha nova terapeuta admite que não há muitas pesquisas sobre como ajudar pessoas Autistas a superar traumas", explica ele. "Mas ela pelo menos me levou a ser avaliado. E isso abriu um mundo de compreensão para mim, porque me ajudou a conversar com outros Autistas *online*."

O Autismo também pode se parecer muito com um transtorno de ansiedade. Afinal, a maioria de nós fica ansiosa quase sempre que está perto de outras pessoas. Ambientes superestimulantes e imprevisíveis costumam ativar nossa resposta de lutar ou fugir. Os rituais e comportamentos repetitivos que desenvolvemos para lidar com o estresse podem se parecer muito com o transtorno obsessivo-compulsivo. O esgotamento Autista se apresenta de maneira muito semelhante a um episódio depressivo grave. Com muita frequência, essas consequências negativas do mascaramento para a saúde mental são o que o terapeuta reconhece, e não a deficiência não tratada que as causou.

Algumas pessoas Autistas não diagnosticadas (particularmente mulheres) identificam-se como "pessoas altamente sensíveis".[76] Pessoas altamente sensíveis são geralmente descritas como intuitivas, emocionalmente perspicazes e facilmente sobrecarregadas. Até a criadora do termo, Elaine N. Aron, revelou que alguns dos membros da família que ela descreveu como altamente sensíveis descobriram mais tarde que eram Autistas.[77] O estigma que acompanha o Autismo (e suas associações muito masculinas e distantes) pode ser parte do motivo pelo qual tantas mulheres nesse espectro consideram rótulos como ansiosa e altamente sensível muito mais ressonantes.

Em alguns casos, as pessoas Autistas marginalizadas ficam presas a diagnósticos de saúde mental que são ainda mais vilanizados e incompreendidos do que o Autismo. É bastante comum que mulheres adultas Autistas sejam incorretamente rotuladas como tendo transtorno de personalidade *borderline*, por exemplo.[78] Este é um diagnóstico realmente desastroso. O transtorno de personalidade borderline é a condição com a qual muitos terapeutas menos gostam de trabalhar.[79] Como grupo, pessoas que apresentam essa condição são comumente vistas como excessivamente dramáticas, carentes, sempre em busca de atenção, não confiáveis e até mesmo abusivos.[80] Quando dei aula para psicoterapeutas em treinamento, muitos compartilharam comigo que seus supervisores os ensinaram a evitar quem sofre de TPB como uma praga e a nunca fazer amizade com uma pessoa com traços de TPB.

Embora seja chamado de transtorno de "personalidade", o TPB talvez pudesse ser descrito mais corretamente como um transtorno de apego e processamento emocional.[81] Pessoas com TPB temem intensamente a rejeição. Elas têm um senso de identidade instável que depende altamente da aceitação dos outros. São quase sempre descritas por pessoas próximas e terapeutas como tendo emoções extremas que parecem inadequadas ou manipuladoras.[82] Se isso soa estranhamente semelhante aos "traços femininos de Autismo" da tabela anterior neste capítulo, não é uma coincidência. Muitas mulheres (e outras minorias de gênero) que foram repetidamente rejeitadas e traumatizadas por serem Autistas desenvolvem um sentimento inseguro de si mesmas, um medo (razoável) de rejeição e grandes emoções "excessivamente sensíveis" que refletem a angústia que sentem quase constantemente.

Nylah é uma dessas mulheres que foi incorretamente rotulada como TPB antes de finalmente chegar ao diagnóstico de Autismo. Ela tinha todas as características que tendem a se sobrepor: autoestima insegura, medo de ser abandonada, o que provocaria colapsos emocionais, e uma sensação instável de quem era.

"Eu costumava fingir ser quem meus namorados queriam que eu fosse para que eles não me abandonassem. E isso era supostamente muito manipulador e mau da minha parte", diz ela.

Na verdade, Nylah estava tentando desesperadamente não ficar sozinha. Se um parceiro gostava de hóquei, ela enchia o guarda-roupa com camisetas de hóquei. Se um cara gostava de mulheres bem arrumadas, ela começava a fazer manicure semanalmente. Não funcionava muito bem, mas era o que ela sabia fazer.

"Viver de forma tão falsa me fez ter ideações suicidas e, sabe, tentar o suicídio quando se tem *borderline* significa estar manipulando as pessoas para chamar a atenção", diz ela. "Eu estava constantemente me preparando para se aproveitarem de mim, mas com o alvo de *borderline* preso nas minhas costas, eu era uma vilã histérica aos olhos das pessoas."

Nylah só começou a questionar essa narrativa sobre si mesma quando um parente recebeu o diagnóstico de Autismo. Aos 65 anos de idade, sua mãe foi avaliada — depois de muitas décadas com um diagnóstico igualmente estigmatizante de transtorno de personalidade narcisista.

Nylah diz: "Minha mãe é muito egocêntrica, mas isso ocorre porque ela literalmente não consegue entender o que está acontecendo no cérebro dos outros e pode ficar muito presa à sua própria visão. As ações dela podem parecer egoístas porque o Autismo atrapalha sua empatia. Eu tenho uma empatia muito intensa, é quase doloroso, e ela é o oposto. Ela simplesmente não tem empatia. Mas isso é maldade? Ela literalmente não pode evitar."

Nylah conta que, embora sua mãe seja insensível e teimosa, também é uma mulher que se preocupa profundamente com o mundo. Qualquer coisa que atrapalhe seu ativismo é uma ameaça a ser extirpada de sua vida. Reconhecer isso na mãe e admirar seu lado apaixonado e dedicado ajudou Nylah a se sentir mais em paz em relação ao relacionamento das duas.

"Ela se preocupa muito com o feminismo e com a preservação do meio ambiente. Ela tem um coração grande, e ele está ferido. Ela é uma pessoa difícil fazendo o melhor possível, o que, para uma mulher negra em busca de terapia na década de 1970, aparentemente significava ser uma narcisista."

Um artigo dos psiquiatras Meng-Chaun Lai e Simon Baron-Cohen, publicado na revista médica *The Lancet*, propôs que uma geração inteira de pessoas Autistas foi diagnosticada erroneamente como portadora de transtornos de personalidade.[83] Não é de surpreender que eles proponham que a maior parte das pessoas diagnosticadas erroneamente tenha sido de mulheres marginalizadas. Normalmente vejo muitos problemas no trabalho de Baron-Cohen; há muito que ele defende a visão de que o Autismo é melhor compreendido como um "cérebro extremamente masculino".[84] No entanto, nesta investigação, ele parece reconhecer que a razão pela qual muitas mulheres não são diagnosticadas como Autistas é porque são rotuladas como *borderlines*, histriônicas ou narcisistas. Ficar preso a um diagnóstico de transtorno de personalidade também torna muito difícil para o paciente encontrar cuidados de saúde mental afirmativos e compassivos, especialmente se esse estigma estiver entrelaçado com sexismo ou misoginia.[85]

Como mencionei brevemente acima, o Autismo e o TDAH ocorrem concomitantemente e se sobrepõem imensamente. Ambas as deficiências estão relacionadas ao "funcionamento executivo" de uma pessoa, ou seja, sua capacidade de planejar com antecedência, dividir grandes objetivos em etapas menores, sequenciar tarefas em uma ordem lógica e motivar a si mesma para concluí-las. No entanto, mesmo o fato de termos dificuldades com estas atividades é contextual e cultural: num mundo onde o individualismo severo não fosse priorizado, poderia não ser uma deficiência precisar de ajuda para encontrar as chaves do carro. Tanto Autistas quanto portadores de TDAH se distraem facilmente com estímulos, mas também tendem a se hiperfixar em atividades que consideramos agradáveis, ficando absortos por horas sem se lembrar nem sequer de comer. De modo geral, os Autistas tendem a se perceber como tendo mais controle sobre aquilo em que hiperfocam do que os portadores de TDAH. Os portadores de TDAH são mais propensos a descrever o tédio e a falta de estimulação como dolorosos, enquanto alguns Autistas realmente gostam de quietude e sossego. Ambos os neurotipos são subdiagnosticados em mulheres e pessoas não brancas, e aqueles que não são diagnosticados em tenra idade normalmente acabam mascarados durante décadas antes de descobrirem sua identidade.[86]

Embora os profissionais não acreditem que o TDAH afete diretamente o processamento emocional e o desenvolvimento de habilidades sociais, uma experiência proeminente entre os portadores de TDAH é disforia sensível à rejeição e sensação intensa de pânico e angústia ao receber *feedback* social negativo (ou mesmo neutro) de outras pessoas. Como os portadores de TDAH consideram a rejeição tão assustadora e dolorosa, seu comportamento social pode ser tão contido e agradável quanto o dos Autistas mascarados. Os Autistas podem ter dificuldade em adivinhar o que as outras pessoas estão sentindo ou em compreender as normas sociais não ditas, mas os portadores de TDAH também podem ser acusados de serem "alheios", falando longamente sem perceber o tédio dos outros, ou ficando tão absortos em um videogame ou *hobby* favorito que não percebem o colega de quarto, frustrado, fazendo toda a limpeza. Em outras palavras, os mecanismos subjacentes podem ser diferentes, mas muitas das dificuldades são as mesmas.

Embora os portadores de TDAH não pareçam processar informações de forma tão de baixo para cima quanto os Autistas, a alta energia e a ansiedade associadas ao neurotipo podem ser incrivelmente semelhantes à forma como os Autistas reagem a informações sensoriais opressivas.[87] E embora alguns Autistas mascarados possam geralmente serem melhores em permanecerem concentrados nas tarefas, mantendo um cronograma consistente e sendo organizados em comparação com o TDAH médio, muitos de nós estamos tão cronicamente exaustos e esgotados que enfrentamos as mesmas dificuldades diárias que as pessoas com TDAH. Além disso, há muitos Autistas não mascarados que necessitam de assistência diária, por isso não é justo dizer que o Autismo é um neurotipo mais funcional ou organizado — no entanto, o Autismo é quase sempre estereotipado como sendo a "ordem" para o "caos" do TDAH.

Embora tenhamos muitas experiências em comum, existem algumas diferenças entre pessoas com TDAH e Autistas que merecem destaque. Primeiro, um diagnóstico de TDAH é mais fácil de receber na idade adulta, embora venha com suposições muito estigmatizantes de que os cérebros dos pacientes são "prejudicados" e exigem tratamento com drogas estimulantes.[88] Em segundo lugar, as adaptações que muitas pessoas com TDAH exigem podem ser incompatíveis com as que de pessoas Autistas precisam. Sendo um Autista sem TDAH, preciso de um espaço tranquilo, privado e limpo para me sentir calmo e concentrado. Também preciso de silêncio e escuridão para dormir. Muitas pessoas com TDAH, por outro lado, necessitam de estímulos, novidades e informações sensoriais. Eles podem precisar da televisão no volume máximo enquanto estudam, por exemplo, ou podem não conseguir dormir sem música. A desordem e a bagunça deixam muitos Autistas sobrecarregados. Já para muitos portadores de TDAH, o "ruído visual" é fácil de ignorar, tanto que a bagunça pode "desaparecer" de seu campo de visão. Amigos com TDAH muitas vezes pedem minha ajuda para procurar seus telefones e chaves porque não conseguem vasculhar suas pilhas de coisas para encontrá-los. Para eles, tudo não passa de um pântano de ruído branco, mas eu consigo localizar instantaneamente objetos específicos de relance.

Muitos portadores de TDAH que conheço se descrevem como "cegos para o tempo" ou como pessoas que percebem o tempo como se ele se movesse em uma espiral ou uma série de ondas. Eu vivencio o tempo de forma bastante linear e rígida e nunca me atrasei para um compromisso ou perdi um prazo em minha vida. Escritores e criativos com TDAH tendem a trabalhar em grandes explosões de paixão noturna e a organizar seu trabalho de uma forma associativa e abrangente. Já eu trabalho em um cronograma consistente, analisando fontes. Mas também tenho um lado impulsivo e caótico, que poderia ter me garantido o rótulo de TDAH (ou *borderline*, ou qualquer outra coisa) se eu não tivesse sido melhor em esconder isso quando jovem.

Várias pessoas Autistas que entrevistei para este livro também têm TDAH. O mesmo acontece com muitos dos escritores, profissionais de saúde mental e ativistas que cito. Dentro da comunidade de autodefesa Autista, as pessoas com TDAH são geralmente tratadas como membros honorários por padrão. E quanto mais aprendemos sobre os dois neurotipos, menos eles parecem categorias distintas. TDAH e Autismo são, em todos os sentidos, deficiências irmãs, dois grupos altamente semelhantes que pertencem à mesma comunidade.[89]

Além de se sobrepor a muitas deficiências e transtornos mentais, o Autismo também ocorre com frequência em comorbidade com deficiências físicas, como a síndrome de Ehlers-Danlos (SED),[90] distúrbios gastrointestinais[91] e epilepsia.[92] Heather Morgan, que tem deficiências físicas, bem como Autismo, diz que podemos pensar que algumas condições compartilham os marcadores genéticos do Autismo.

"Acho que há mais de nós nessa categoria do que necessariamente imaginamos", ela diz. "Pessoas com uma deficiência que talvez não seja Autismo típico, mas que possuem características Autistas em sua sequência genética."

Quando o Autismo se cruza com outros transtornos ou deficiências, os traços podem assumir novas formas ou ficar totalmente ocultos. Sou amigo íntimo da família de Angel, um adolescente Autista com lesões cerebrais traumáticas e deficiência intelectual. Se Angel não tivesse sido diagnosticado com Autismo antes do acidente de carro que causou sua lesão cerebral, os médicos talvez nunca o tivessem reconhecido como Autista. Eles poderiam ter acreditado, por exemplo, que ele não conseguia falar devido a danos neurais causados pelo acidente de carro. Se fosse esse o caso, Angel não teria adquirido seu dispositivo de comunicação aumentada ou o iPad que usa para conversar com amigos nas redes sociais. Felizmente, a família e a equipe de atendimento de Angel descobriram que sua falta de comunicação verbal não era causada por uma incapacidade de se expressar, mas por uma necessidade Autista de métodos não verbais de autoexpressão.

Angel é um raro exemplo de pessoa Autista mascarada que não é vista pelas pessoas ao redor como "de alto funcionamento" ou com alta inteligência. É claro que a própria ideia de que certas pessoas Autistas funcionam melhor do que outras, ou de que o status de funcionamento é uma qualidade binária, que você pode perceber de relance, é problemática por si só. Esse tipo de pensamento leva muitos de nós a ter nossas deficiências apagadas, e o sofrimento privado que torna possível o "funcionamento" público é ignorado. Também perpetua a ideia de que as únicas vidas com deficiência que valem a pena viver são aquelas que ainda conseguem ser produtivas ou impressionantes de alguma forma convencional.

Autistas "altamente funcionais"

Pessoas neurotípicas são obcecadas pelos níveis de funcionamento. Se você disser a uma pessoa sem deficiência que é Autista, mas conseguir manter uma conversa ou um emprego, ela imediatamente começará a falar sobre como você é funcional. Normalmente, essa observação implica que você realmente não conta como deficiente porque pode fingir um status de não deficiente (mesmo que apenas por um momento). Quando estava divulgando meu primeiro livro, recebi muitos comentários como os seguintes, que foram deixados em uma transmissão ao vivo no YouTube em que apareci:[93]

"Se o Dr. Price é Autista, então eles funcionam extremamente bem. A maioria das pessoas com Autismo passa a vida inteira mal conseguindo manter um emprego porque são incapazes de interagir de forma significativa ou adequada com os outros, nem são capazes de se concentrar em nada intensamente por um longo período de tempo ou, se o fizerem, é algo extremamente trivial e irrelevante."

Há muito o que desvendar nesse comentário. A primeira é a suposição do comentarista de que, porque pareço funcionar "extremamente bem", o fato de eu ser Autista é um tanto duvidoso para ele. Ele diz "se" eu sou Autista, devo ter um alto funcionamento, não que eu seja Autista e seja capaz ou realizado. Ele vê as duas coisas como incompatíveis. Além disso, ele parece pensar que eu realmente não sou Autista, porque consigo fingir normalidade muito bem durante uma conversa de uma hora. Outra coisa que chama a atenção é a maneira como ele compara manter um emprego a ter uma vida de valor. Na opinião desse comentarista, sou um Autista de alto funcionamento porque consigo ter hiperfoco em algo que dá dinheiro. As paixões Autistas que não geram dinheiro são, como ele diz, "triviais" e "irrelevantes". Essa palavra irrelevante também é particularmente impressionante — é como se os próprios sentimentos e o prazer da pessoa Autista não importassem, apenas como sua vida é recebida pelos outros.

Quando as pessoas neurotípicas equiparam "funcionar" a serem menos deficientes, não conseguem reconhecer o imenso e oculto trabalho que é necessário para os Autistas parecerem normais. Também não percebem o quanto é opressivo por si só precisar parecer normal. É uma reminiscência de quando vejo uma pessoa gorda orgulhosamente se identificar como gorda, apenas para ser corrigida por uma pessoa magra com desdém: "Você não é gordo! Você é curvilínea! Você é tão bonita!" Esse tipo de resposta revela desconforto com a gordura e o orgulho de ser gordo e revela uma crença latente de que não se pode ser gordo e bonito ao mesmo tempo. Mas uma pessoa pode ser gorda e bonita, os dois atributos são completamente independentes um do outro. Além disso, é um insulto que a beleza de uma pessoa faça parte de como seu valor é definido. Por outro lado, uma pessoa Autista pode atuar em uma (ou muitas) esferas da vida pública ao mesmo tempo em que fica significativamente incapacitada em outras. Além disso, algumas pessoas não "funcionam" de forma independente em nenhuma área da vida, e isso também não deve diminuir seu valor e o respeito que recebem.

A conta do Instagram @MyAutisticNurse documenta a vida de uma pessoa Autista de "alto funcionamento", uma enfermeira que atende pelo apelido de Boo.[94] Segundo todos os relatos, Boo é uma enfermeira fantástica; sua mente é um repositório de fatos médicos que ela consegue recordar à vontade. Ela é excelente trabalhando com pacientes pediátricos, deixando-os à vontade. Mas também tem dias em que fica completamente incapaz de falar. Depois de um turno especialmente estressante no hospital, ela passa horas sentada no chão, alinhando seus brinquedos favoritos repetidamente. Como qualquer outra pessoa Autista, ela tem colapsos e dias de baixa energia, mas por ser inteligente e capaz, seu Autismo não se enquadra no molde "típico".

Até 2013, o *Manual diagnóstico e estatístico de transtornos mentais* traçava uma distinção entre Autismo e síndrome de Asperger. O Autismo era mais profundamente debilitante e associado a grandes déficits de comunicação e desafios intelectuais. A síndrome de Asperger, por outro lado, ocorria em pessoas com alta inteligência e era associada a gênios matemáticos e nerds de informática eloquentes e emocionalmente frios. A edição de 2013 do *DSM* fundiu os dois rótulos em um: transtorno do espectro Autista ou TEA. Hoje, em vez de falar sobre como o Autismo difere da síndrome de

Asperger, os médicos discutem se alguém tem "alto ou baixo funcionamento" ou qual o nível de suas "necessidades de apoio".

A rede de autodefesa Autista (Autistic Self-Advocacy Network, ASAN) e outras organizações lideradas por pessoas Autistas rejeitam termos como *alto funcionamento* e *baixo funcionamento*. Estas palavras simplificam excessivamente a forma como uma deficiência afeta a vida de uma pessoa e equiparam sua produtividade a seu valor como ser humano.[95] Uma pessoa que consegue falar, socializar e manter um emprego pode parecer aos observadores externos como de "alto funcionamento"; em particular, essa mesma pessoa pode precisar de ajuda para se vestir ou exigir que as pessoas lhe lembrem de quando comer. O marido de Boo, por exemplo, criou um gráfico fácil de ler listando todos os lanches que eles têm disponíveis em casa para ajudar Boo a processar o que fazer quando estiver com fome e cansada. Ele também ajuda a motivá-la a fazer coisas como escovar ou lavar o cabelo, atividades que são, ao mesmo tempo, necessárias e dolorosas para ela.

Por outro lado, uma pessoa Autista aparentemente de "baixo funcionamento" que não consegue falar ou vestir-se pode ser capaz de se destacar na escola ou resolver equações matemáticas complexas, desde que sejam feitas adaptações. O escritor e ativista Ido Kedar passou grande parte da infância incapaz de se comunicar com alguém. Ele não conseguia falar verbalmente e seu controle motor dificultava a escrita. Depois ele aprendeu a digitar em um iPad e nasceu seu *blog* "Ido in Autismland" (Ido na Autismolândia). Ido escreveu dois livros, deu inúmeras entrevistas e continua postando regularmente sobre Autismo e justiça para deficientes em seu *blog*. Ele também se formou no ensino médio com uma boa nota e atualmente está cursando a faculdade. Acadêmica e intelectualmente, Ido funciona a um nível muito elevado, agora que tem o apoio necessário para tornar isso possível. No entanto, como não consegue falar e não teve esse apoio durante muito tempo, ocupou uma posição de "baixo funcionamento" na sociedade por vários anos.

Casos como o de Ido e Boo realmente destacam o quanto rótulos podem ser superficiais. Ainda assim, eles moldam a forma como os psiquiatras, professores e pais pensam sobre o Autismo, e as pessoas consideradas de "alto funcionamento" são as que tendem a conseguir mascarar mais facilmente e, portanto, deixam de ser diagnosticadas. De modo geral, se uma pessoa Autista fosse verbal desde muito pequena e pudesse fingir algumas sutilezas sociais, provavelmente seria considerada "de alto funcionamento" quando criança ou nem sequer seria identificada como Autista. Isso é um pouco irônico, porque aprender a falar muito jovem era um indicador precoce do transtorno de Asperger.⁹⁶ Minha mãe afirma que eu disse minha primeira palavra aos seis meses e já falava frases completas com 1 ano de idade. Eu supostamente choquei um balconista de uma loja de departamentos quando tinha 1 ano de idade, cumprimentando-o e declarando: "Acredito que estou sentindo cheiro de *pot-pourri*". Minha família inteira tem toneladas de histórias como essas. Muitas pessoas que foram rotuladas como tendo Asperger na década de 1990 ou são consideradas "de alto funcionamento" agora têm histórias semelhantes de serem crianças pequenas hiperverbais. Isso muitas vezes nos levou para programas de educação para superdotados em vez de para a educação especial, o que trazia tanto vantagens quanto seu quinhão de experiências mal delimitadas e de objetificação.

Para mim, e para inúmeros Autistas de "alto funcionamento", a comunicação e a inteligência se tornam uma parte essencial das nossas máscaras. Nunca consegui me encaixar com outras crianças, mas conseguia impressionar os professores com minha compreensão de palavras complicadas e minhas opiniões que pareciam sofisticadas. Embora minha linguagem fosse altamente desenvolvida, minha vida social e emocional não era. Eu irritava outras crianças falando demais sobre assuntos que não lhes interessavam. Eu me agarrava a adultos que me achavam "impressionante" e consideravam ser bem-comportado com ser maduro e digno de respeito. Também absorvi a ideia, comum a muitas crianças "superdotadas", de que o potencial intelectual de uma pessoa pertence à sociedade, não a ela mesma, e ela deve grandeza ao mundo para justificar sua estranheza. Na minha adolescência, os professores de inglês adoravam meus trabalhos, e eu me destacava na equipe de debate, mas era frágil e distante dos meus amigos e tomava todo tipo de decisões pessoais imprudentes (como furtar lojas e matar aulas de que não gostava) ao ponto de quase ser preso e expulso. Fiquei tão apegado à minha imagem de inteligente e realizado que também negligenciei minha saúde física na busca pelo sucesso. Até os meus vinte e poucos anos de idade, quando percebi que era Autista, eu era basicamente um adolescente perpétuo, agindo com inteligência para receber elogios, mas administrando mal a vida pessoal e sem me conectar com ninguém de maneira mais profunda.

Nylah teve uma experiência semelhante. "Eu era uma vendedora fantástica quando minha vida estava mais disfuncional", ela me conta. "Eu era capaz de encantar qualquer pessoa se ela não me conhecesse de verdade e visse o quanto eu estava bebendo e mentindo para sustentar aquela vida."

Esconder as características autodestrutivas atrás de uma montanha de conquistas não é ser funcional, não mesmo. O próprio conceito de "status funcional" se baseia na lógica do capitalismo e no legado da ética de trabalho protestante, que nos treinaram para acreditar que a produtividade de uma pessoa determina seu valor.[97] Ninguém é mais prejudicado por essa visão de mundo do que as pessoas com deficiência que não conseguem trabalhar e produzir valor e que, como resultado, têm maior probabilidade de acabar vítimas de abusos, de institucionalização forçada ou desabrigadas. Igualar o valor social de uma pessoa (ou mesmo seu direito de existir) com sua produtividade é, infelizmente, uma perspectiva comum, mas é também profundamente alienante e capacitista. Prejudica as pessoas Autistas que conseguem "jogar o jogo" e se mascaram como produtivas e respeitáveis. Para os Autistas que não conseguem fazer o mesmo, esse jogo pode rapidamente se tornar perigoso e até mortal.

Conhecendo Autistas mascarados e encontrando seu lugar na comunidade

Espaços como a rede de autodefesa Autista (Autistic Self-Advocacy Network, ASAN) e os Autistas contra a cura do Autismo (Autistics Against Curing Autism) abraçam Autistas autopercebidos porque a comunidade reconhece que nem todos terão a oportunidade de obter uma avaliação justa ou acessível. Além disso, muitas pessoas com traços Autistas subclínicos podem compartilhar conosco lutas e objetivos comuns e merecem ser incluídas em nossas fileiras. Isso inclui os pais ou parentes de crianças Autistas diagnosticadas que também percebem que estão no espectro e pessoas com "deficiências irmãs", como TDAH ou TEPT.

Quero que as pessoas Autistas sintam menos vergonha de quem são e aprendam a tirar as máscaras restritivas que nos aprisionaram durante décadas. O primeiro passo para se desmascarar é aceitar quem você é e encontrar outras pessoas com experiências semelhantes. Você não precisa de um pedaço de papel de um avaliador para começar a fazer isso.

Se você suspeita que é Autista, incentivo você começar a ler textos e assistir a vídeos que pessoas Autistas postaram *online*. Aprenda um pouco sobre como nossas experiências e identidades são variadas. Aprendendo mais, você poderá se sentir em casa entre nós. Ou poderá considerar alguma outra comunidade (como a comunidade de TDAH ou o movimento mais amplo Mad Pride) mais adequada. Como for melhor para você. Mesmo que você conclua que não é Autista, sua autoexploração significará que você aprendeu muito sobre um grupo que pode ser aliado.

Quando comecei a explorar uma identidade Autista para mim mesmo, assisti a vídeos de criadores e ativistas Autistas que me mostraram como as pessoas Autistas podem ser variadas, tanto em termos de personalidade quanto de interesses. Quanto mais vozes Autistas eu lia e ouvia, menos o Autismo parecia uma maldição. A vergonha que eu sentia em relação à minha identidade começou a diminuir, e o orgulho de quem eu era gradualmente a substituiu.

Depois que tive confiança suficiente para dizer que me identificava com as experiências Autistas, fiz um esforço para conhecer outros Autistas pessoalmente. Conheci pessoas em um grupo local, o Autistics Against Curing Autism, dirigido por Timotheus Gordon Jr. Também participei de um grupo local de apoio de gênero, em que quase metade dos participantes era neurodivergente. Publiquei em grupos de apoio ao Autismo *online*, como o subredditr/AutismTranslated, e assim conheci outras pessoas como eu. Essas conexões com o mundo da autodefesa do Autismo acabaram fazendo muito mais por mim do que as instituições psicológicas. Estabelecer o reconhecimento oficial da minha deficiência foi desafiador, burocrático e, em última análise, pareceu muito vazio e sem sentido — assim como obter o reconhecimento legal do meu gênero. Eu era Autista muito antes de qualquer profissional reconhecer isso, assim como era trans muito antes de o Estado reconhecer isso. Porém, nada me ajudou mais a me aceitar e a me desmascarar do que encontrar meu "povo" e ver provas positivas de que não havia nada de errado conosco.

Se você suspeita que pode ser Autista, espero que consiga encontrar espaços e recursos semelhantes. A ASAN tem filiais em muitas grandes cidades, e os grupos online de Autismo estão repletos de gente solidária que adora responder a perguntas e compartilhar suas próprias histórias. Na maioria das redes sociais, as hashtags em inglês #ActuallyAutistic e #AdultAutistic estão repletas de postagens úteis. Você também pode procurar ferramentas criadas por Autistas, para Autistas. Por exemplo, cobertores pesados ou brinquedos vendidos em *sites* como o Stimtastic podem ajudar a aliviar sua ansiedade. Ou os kits de ferramentas de habilidades sociais oferecidos em *blogs* como o RealSocialSkills.org podem ajudar você a desenvolver maior confiança na interação com pessoas, tanto deficientes, quanto neurotípicas. Não é apropriação cultural ou "fingir uma deficiência" experimentar estas ferramentas. Se os recursos e adaptações favoráveis ao Autismo forem úteis para você, esse é outro sinal importante de que você pertence aos nossos espaços ou, pelo menos, tem muito em comum conosco.

Em última análise, não posso dizer se você é Autista e não acho necessariamente que seja algo que preciso discutir de forma binária ou categórica. O Autismo é um espectro, um arco-íris de diferentes tons e matizes que prosperam quando ficam lindamente juntos. Por muito tempo escondemos o que nos torna únicos, temendo sermos problemáticos ou indignos de amor. Abraçar o Autismo significa abandonar essa máscara e encontrar formas seguras de partilhar as nossas cores vibrantes com o mundo.

No próximo capítulo, explicarei como o capacitismo, o sexismo e a supremacia branca que se escondem por trás das primeiras pesquisas sobre o Autismo criaram a pressão para que muitos de nós nos "mascarássemos". Vou descrever como é o desenvolvimento gradual da máscara ao longo da infância de um Autista e discutir a ciência sobre o que realmente é o mascaramento e quais processos psicológicos o sustentam. Fornecerei algumas ferramentas e exercícios para você investigar sua própria máscara e de onde ela pode ter vindo. Também vamos refletir sobre os custos psicológicos e emocionais do mascaramento. Nos capítulos a seguir, apresentarei a você pessoas Autistas que estão lentamente desaprendendo o estigma do Autismo e tirando as máscaras e fornecerei alguns truques e dicas desenvolvidos por *coaches*, terapeutas e ativistas Autistas. Também discutiremos algumas mudanças nas políticas públicas que ajudariam Autistas e outros grupos neurodiversos a obterem justiça. Como será descrito na próxima parte do livro, o mascaramento é tão presente quanto o Autismo. É muito mais do que fingir um sorriso, é algo que tem impacto na forma como nos identificamos, como nos vestimos, nas carreiras que escolhemos, nos nossos relacionamentos e até na forma como organizamos as nossas casas. Quando desmascaramos, podemos reexaminar cada escolha que fizemos para "nos encaixar" e começar a construir vidas mais autênticas e afirmativas. Um mundo mais tolerante com as diferenças é um lugar mais seguro e mais substancial para todos. E podemos começar a construir esse mundo hoje, simplesmente questionando a forma como fomos forçados a viver, e escolhendo, em vez disso, existirmos orgulhosamente como nós mesmos.

CAPÍTULO 3

A anatomia da máscara

Sem diagnóstico e sem noção da raiz de seus desafios, Crystal precisou sofrer em silêncio durante toda a infância. Como observou seu avô, ela era uma criança doce e bem-comportada, e a favorita dos professores. No entanto, por trás de sua fachada sorridente e agradável, ela enfrentava constante confusão social e solidão. Nas aulas, nas quais as instruções nem sempre eram claras, como ciências e matemática, ela se atrapalhava. Na escola, ela socializava com outras meninas, mas raramente era convidada para festas do pijama ou idas ao shopping, ou à pista de patinação. Ela mantinha a cabeça baixa perto de outras pessoas. Em casa, reclamava de dores de estômago frequentes e tinha "acessos de raiva" por estresse. Nos anos finais do ensino fundamental, ficou impossível para ela ignorar o quanto considerava difícil a vida normal.

"Quando chegamos aos anos finais do ensino fundamental, temos um horário de aulas muito complicado que precisa ser seguido. Todas as transições, sinais tocando, todo mundo indo de uma sala de aula para outra a cada hora, atividades após as aulas, muita, muita coisa. Não me dou bem com mudanças de engrenagem. Isso me exigia muita energia e, de repente, era algo que eu precisava fazer o dia todo.

Muitos Autistas acham difícil fazer a transição entre as atividades. Cada mudança exige muito do que os psicólogos chamam de funcionamento executivo, uma habilidade ligada ao planejamento e à iniciação do comportamento.[1] A maioria dos Autistas acha relativamente fácil dedicar atenção ininterrupta a uma tarefa de que gosta, mas considera difícil mudar de engrenagem. Crystal conseguia ficar sentada lendo um livro por horas sem interrupção, mas nos anos finais do ensino fundamental as aulas mudavam com tanta frequência que, quando ela se adaptava a uma nova sala e começava a prestar atenção, já estava na hora de mudar novamente. Esse período na escola também era socialmente superestimulante: ela passou de compartilhar uma sala de aula com 15 crianças que conhecia desde sempre e de repente precisou aprender dezenas de novos nomes, rostos e dinâmicas sociais interligadas.

A amizade fica muito mais complicada e trabalhosa durante a pré-adolescência, assim como todas as expectativas depositadas em você. Os adultos não são tão gentis e calmos como costumavam ser. Se você demorar muito tempo para entender alguma coisa, eles partem do princípio de que você está fazendo corpo mole ou sofrendo de apatia adolescente, não enfrentando as diferenças de funcionamento executivo. Se você tem problemas para fazer amigos, é por ser um adolescente temperamental, não porque as regras de conversação neurotípicas sejam incompreensíveis para você. Para Crystal, e para muitos Autistas mascarados, é nos anos finais do ensino médio que muitas dificuldades realmente vêm à tona. Então chega a puberdade, e você precisa se acostumar com um corpo que está mudando e desconhecido, e uma nova série de distúrbios se segue.

Tudo o que Crystal sabia na época era que os sinais da escola a estressavam e que tudo estava acontecendo rápido demais. Ela sentia como se estivesse se movendo em câmera lenta, enquanto todos a seu redor eram um borrão. Era difícil para ela saber quais interesses ela havia fingido ter com quais pessoas e qual personalidade havia adotado para conquistar cada professor. Ela começou a ficar esgotada, de modo que seu funcionamento cognitivo e social piorou ainda mais.[2] Ela passou a não conseguir nem sequer enfrentar direito o dia na escola. Tudo o que queria era encontrar um lugar privado para se deitar e vegetar. Ninguém ainda havia percebido que ela precisava de ajuda. Então, ela começou a implorar à mãe que a deixasse faltar à escola.

"Foi muito difícil convencer minha mãe a me deixar ficar tanto tempo em casa", diz Crystal. "E eu acabei atingindo o limite de dias de licença médica que eu poderia tirar sem ter problemas. Mas, enquanto pude, tive 'dores de estômago' e fiquei em casa, o que realmente me mantinha bem."

Para Crystal, fingir estar doente era uma parte essencial de sua máscara. Isso podia tirá-la da sala de aula superestimulante e dar a ela o descanso necessário. Espelhar as colegas da sala de aula, e fingir que gostava da mesma coisa que elas, também era um ato de mascaramento. E, à medida que a escola se tornava cada vez mais desafiadora, Crystal começou a se mascarar de novas maneiras, como fingir que não gostava de matérias "de meninos", como ciências e matemática.

"Havia garotas ao meu redor que estavam se interessando por maquiagem e moda, fofocas sobre celebridades e namoro com garotos", diz Crystal. "Eu também podia fazer isso... a vibe de garota legal e sem graça era um escudo para a minha confusão com todos os símbolos aleatórios da álgebra que nenhum professor me explicou e apenas era presumido que eu entenderia. Em vez de admitir que não entendia o que diabos estava acontecendo, eu podia jogar o cabelo para o lado e dizer *isso é tão chato, vamos falar sobre algo que importa, como Mariah Carey namorando o Eminem*."

Crystal já havia observado que, se pedisse ajuda com algo que as pessoas neurotípicas considerassem "óbvio", não obteria ajuda. Eles simplesmente a achariam cansativa ou pensariam que estava fazendo perguntas só para perder tempo. Mas Crystal realmente não sabia qual o papel do X em uma equação linear. Ela não entendia o que "demonstre seu trabalho" significava em um contexto matemático, então, escrevia longos parágrafos explicando seu processo de pensamento em palavras e descrevendo exatamente quais botões da calculadora ela havia pressionado. Seu professor interpretou isso como uma espécie de insulto pessoal e puniu Crystal por isso. Ela chorou o tempo todo na sala de detenção, perplexa por sua melhor tentativa de demonstrar seu trabalho e ele ter sido, de alguma forma, considerado uma grosseria.

Também havia regras complexas sobre como os garotos dos anos finais do ensino fundamental deveriam agir, mas Crystal só descobriu essas regras quando quebrou uma delas de forma flagrante. Como a vez em que usou uma camiseta *tie-dye* terrivelmente brega para ir à escola, e as outras meninas não paravam de rir dela.

Crystal diz: "Precisei me tornar quase um desenho animado de feminilidade sem graça para explicar o motivo eu era tão diferente. Eu podia não saber como ser uma pessoa, mas era capaz de ser uma *garota*. E minha feminilidade poderia explicar porque eu tinha tanta dificuldade em matemática."

Timotheus Gordon Jr. me contou que, quando criança, precisou aprender a mascarar sua sensibilidade juvenil e esconder seus interesses mais nerds, apresentando-se como mais durão e descolado do que realmente se sentia por dentro.

"Na minha comunidade, chorar é um sinal de fraqueza, e eu poderia ser um alvo por ser fraco, então desde cedo precisei mascarar minha tristeza com agressividade e aprender a lutar", diz ele. "Quanto a ter interesses como ciências sociais, história e coisas mais *geeks* como Pokémon, eu precisava esconder porque era considerado bobagem e uma fraqueza."

Como aconteceu com Crystal, tanto os papéis de gênero quanto o capacitismo conspiraram e levaram Timotheus a esconder as partes de si mesmo que seus colegas neurotípicos desprezariam e puniriam. Ele podia enfatizar seus interesses mais normativos de gênero, como seu amor pelo futebol americano (com todas as suas estatísticas e curiosidades sobre jogadores para memorizar), mas qualquer coisa que o marcasse como muito sensível, estranho ou não suficientemente masculino era arriscado.

Ao contrário de Crystal, no entanto, as experiências de Timotheus como Autista mascarado também estão inseparavelmente ligadas ao racismo contra negros. Embora agora tenha muitos relacionamentos autênticos enraizados em ideias semelhantes e interesses nerds compartilhados, ele ainda precisa se preocupar em ser visto injustamente no mundo de modo geral. Ele não precisa apenas se preocupar em ser visto como fraco, como quando criança. Entre pessoas brancas e em instituições brancas, ele precisa temer ser visto como agressivo demais.

"Até meus maneirismos, como falar sem rodeios, de maneira direta ou pragmática. Ainda preciso mascarar, porque quero falar a verdade. Só que não se trata do que eu digo, mas do que as pessoas interpretam. E já tive problemas pelo que as pessoas interpretam."

Acho que para a maioria dos Autistas mascarados, há momentos-chave na infância ou adolescência em que aprendemos que somos *constrangedores* ou *errados*. Dizemos a coisa errada, interpretamos mal uma situação ou deixamos de participar de uma piada neurotípica, e nossa diferença é subitamente exposta para todos. Pessoas neurotípicas podem não saber que somos deficientes, mas identificam em nós alguma falha importante associada à deficiência: somos infantis, amargos, egocêntricos ou "zangados" demais, ou talvez sejamos apenas estranhos e deixamos as pessoas aflitas. Evitar ser visto dessa forma torna-se nossa principal motivação na vida, cada dia uma batalha entre a armadura pesada que usamos e as características constrangedoras que a armadura foi projetada para encobrir.

Para mim, mascarar sempre foi uma questão de não parecer infantil. Na infância, sempre era corrigido por agir como um bebê, e isso me deixava muito mal. Quando fiquei com nojo das texturas da comida desconhecida no acampamento e entrei em colapso, com uma crise de choro convulsivo por conta disso, fui repreendido por ser chato para comer e chorão e forçado a sentar à mesa a noite toda até engolir um pouco de ravióli frio. Quando não consegui aprender a andar de bicicleta na idade "correta", porque tinha pouco equilíbrio e controle motor, meu pai me deu uma bronca pela minha atrapalhação imatura (talvez porque lembrasse de sua própria deficiência motora mascarada). Já adulto, eu abraçava bichinhos de pelúcia à noite, com as cortinas fechadas e a porta do quarto trancada, temendo que alguém passasse pela casa ou entrasse no meu quarto e descobrisse o terrível fato de que segurar coisas macias e fofas me trazia conforto.

O medo de parecer infantil me feria profundamente, como acontece com muitos Autistas. Uma das principais formas pelas quais a sociedade desumaniza as pessoas com deficiência é questionando a nossa maturidade. Parte-se do princípio de que "adultos" são independentes, embora, é claro, ninguém realmente o seja. Todos contamos com o trabalho árduo e o apoio socioemocional de dezenas de pessoas todos os dias. Você só é visto como menos adulto, e supostamente menos pessoa,[3] se precisar de ajuda de uma forma que destrua as ilusões de autossuficiência.

A necessidade de ajuda para ir ao banheiro, por exemplo, lembra às pessoas sem deficiência o fato de que também já usaram fraldas e que um dia poderão precisar delas novamente. As pessoas que precisam de ajuda para ir ao banheiro são vulneráveis e dependem de outras pessoas. Esse fato angustia e repele os não deficientes, e eles lidam com seus ressentimentos enquadrando aqueles que usam fraldas como essencialmente diferentes deles. São crianças perpétuas, incompetentes, desumanas e não alguém com quem se possa ter empatia. A minha própria "infantilidade" lembrava às pessoas alísticas de que muito do que chamamos de maturidade é uma pantomima tola de independência e insensibilidade, e não uma qualidade real de força inquebrável. Pessoas sem deficiência detestavam ver minha suavidade estranha e confrontar o fato de que também poderiam ser sensíveis e carentes à sua maneira. Então eles agiam como se eu fosse invisível ou como se meus hábitos infantis fossem perversos. Aprendi que fingir maturidade seria minha única salvação, a única forma de garantir que minha humanidade fosse reconhecida.

À medida que fui crescendo, corrigi demais o fato de ser secretamente "infantil" e "constrangedor" adotando uma fachada de tédio e hiperindependência. Embora isso tenha se manifestado de uma maneira um pouco diferente da de Timotheus, estabeleci como objetivo sempre parecer durão. Eu zombava dos meus amigos, revirava muito os olhos e agia como se fosse descolado demais para me importar com qualquer coisa. Tirava sarro de outras pessoas por gostarem de coisas "infantis", como *boy bands* e desenhos animados. Eu me recusava a chorar na frente de qualquer pessoa e me ressentia de qualquer um que expressasse emoções abertamente. Eu dizia a mim mesmo que nunca mais seria pego agindo como um bebê. Esse compromisso significava nunca pedir ajuda de forma alguma.

Se você é um Autista mascarado, ou suspeita que seja, provavelmente se lembra de experiências como a de Crystal, a de Timotheus e a minha. Acho que examinar as origens de sua máscara pode ajudar você a identificar alguns dos medos arraigados que motivam sua necessidade de usá-la. Você tem medo de parecer burro? Ou infantil? Quando era jovem, as pessoas acusavam você de ser cruel? Você passou a acreditar que era fresco ou egoísta?

Com frequência, pessoas Autistas são estereotipadas como imaturas, pouco inteligentes, frias ou sem noção. E cada uma das nossas máscaras ajuda a encobrir os estereótipos do Autismo aos quais sentimos que mais precisávamos resistir. Por trás de cada máscara existe uma dor profunda e uma série de crenças dolorosas sobre quem você é e o que nunca deve se permitir fazer. Consequentemente, grande parte do desmascaramento significará enfrentar as qualidades que você mais detesta em si mesmo e trabalhar para vê-las como neutras, ou mesmo como pontos fortes.

Aqui está um exercício para você pensar sobre a origem de sua máscara. Muitas das qualidades negativas associadas ao Autismo que exploramos aqui surgirão novamente mais tarde, em exercícios focados em reexaminar seu conceito de si mesmo e praticar o desmascaramento.

Refletindo sobre a necessidade de mascarar:
Do que sua máscara protege você?

1. Tente se lembrar de uma época na vida em que você sentiu intenso constrangimento ou vergonha. Descreva a situação aqui.

2. Quando você se lembra dessa experiência, que emoções sente?

3. Complete a frase marcando quantos adjetivos desejar:

"Naquele momento, todos puderam ver que eu era _____."

____ Egoísta	____ Robótico
____ Estranho	____ Imaturo
____ Infantil	____ Nojento
____ Autocentrado	____ Constrangedor
____ Frio	____ Sem noção
____ Estúpido	____ Cruel
____ Fraco	____ Patético

Outro: _____

4. Das palavras listadas acima, qual é a mais dolorosa de ouvir associada a você?

5. Liste algumas ações ou hábitos que você associa a essa palavra.

6. Complete a frase: "Eu finjo ser _____ para que as pessoas me tolerem, mas, no fundo sei que não sou".

   ____ Independente   ____ Feliz
   ____ Descolado   ____ Confiante
   ____ Generoso   ____ Cuidadoso
   ____ Maduro   ____ Organizado
   ____ Afetuoso   ____ Inteligente
   ____ Impressionante   ____ Poderoso
   ____ Útil   ____ Valioso
   Outro: _____

7. Complete a frase:
   "Se quero que as pessoas gostem de mim, não posso deixá-las descobrir que eu _____."

Agora que exploramos o que realmente é o Autismo, tivemos a oportunidade de conhecer alguns Autistas mascarados e refletimos sobre as forças sociais e estruturais que impulsionam a necessidade de mascarar, vamos mergulhar na ciência por trás do que realmente é o mascaramento.

O que é mascaramento?

Na literatura psicológica sobre o assunto, diz-se que o mascaramento do Autismo consiste em duas classes de comportamento:[4]

Camuflagem: tentativa de esconder ou obscurecer traços Autistas para "se misturar" com os neurotípicos. O principal objetivo da camuflagem é evitar a detecção como deficiente.

Compensação: usar estratégias específicas para "superar" desafios e dificuldades relacionadas à deficiência. O principal objetivo da compensação é manter a aparência de um funcionamento elevado e independente.

Quando Crystal tentou desaparecer no contexto social, tornando-se agradável e passiva, ela estava camuflando o quanto se sentia confusa e oprimida. Quando estudava fofocas sobre celebridades para ter coisas para discutir com as amigas, estava compensando sua relativa falta de habilidade de conversação neurotípica. Alguns dos comportamentos de mascaramento de Crystal eram uma mistura de compensação e camuflagem: fingir estar doente permitia que Crystal escondesse o quanto estava exausta e sobrecarregada (em outras palavras, camuflasse essas necessidades), mas também dava a ela uma desculpa aprovada pelos neurotípicos para conseguir as pausas de que precisava (o que lhe permitia compensar a exaustão). A camuflagem tem tudo a ver com obscurecer as qualidades e lutas únicas de uma pessoa com deficiência; a compensação consiste em criar pequenos truques e ilusões para ajudar você atender às suas necessidades por não poder solicitar as adaptações de que precisa. Demonstrar interesse pelo futebol americano porque era algo socialmente aceitável e conforme o gênero com que era identificado, por exemplo, foi uma estratégia compensatória que serviu bem a Timotheus.

Todos os Autistas mascarados empregamos estratégias compensatórias e de camuflagem para nos ajudar a sobreviver e as aplicamos a uma ampla variedade de tarefas que consideramos desafiadoras. Alguém pode se camuflar verbalmente, obrigando-se a não falar muito sobre seus interesses especiais,[5] por exemplo, e compensar socialmente pesquisando as publicações de um amigo no Facebook antes de se encontrar com ele para ter uma boa ideia sobre o que conversar.[6] Uma pessoa pode camuflar sua sensibilidade auditiva cerrando os dentes em meio à dor e nunca reclamando dela, ou pode compensar isso usando fones de ouvido sutis com cancelamento de ruído que não se destacam como incomuns.

Quando apresento às pessoas neurotípicas o conceito de mascaramento do Autismo, elas geralmente o entendem como um desempenho ou processo social. É verdade que o mascaramento envolve coisas como memorizar regras sociais e fingir simpatia, mas essa é apenas a forma mais óbvia que ele assume. A maioria de nós precisa mascarar tudo, desde o estilo de processamento de informação à falta de coordenação, passando pelas preferências alimentares limitadas e o fato de precisarmos de mais descanso do que se espera das pessoas neurotípicas. O mascaramento molda os campos em que trabalhamos, a forma como nos vestimos e nos comportamos, onde moramos.

Muitos mascarados escolhem carreiras que lhes permitam esconder seus problemas de funcionamento executivo. Ou percebem que não têm escolha a não ser trabalhar como *freelancers* porque não conseguem acompanhar todas as reuniões e a socialização que um trabalho de tempo integral exige. Inicialmente, fui atraído pela academia porque acreditava que fosse um lugar onde eu poderia me vestir como quisesse, manter meu próprio horário e ser excêntrico sem consequências. Eu sabia que jamais teria energia ou paciência para fingir ser profissional segundo os padrões corporativos, então compensei isso desenvolvendo habilidades e credenciais que me permitiriam ser valorizado pela minha mente e não por minha aparência ou postura. Muitos Autistas que trabalham com tecnologia gravitam em torno da área porque os traços do espectro do Autismo são de certa forma normalizados no setor. Várias pessoas neurodiversas que fazem trabalho sexual me relataram que os horários flexíveis e o potencial de ganhar o dinheiro em poucos dias de trabalho tornavam a carreira uma boa opção para elas.

Autistas mascarados tendemos a organizar nossas vidas em torno de nossas limitações e necessidades e sacrificamos qualquer coisa que possa exigir muita energia de nós. Um currículo ou histórico acadêmico impressionante pode esconder o fato de que nossas casas são uma bagunça, nossos cabelos estão despenteados e não socializamos com ninguém de forma recreativa há meses. Em algumas áreas-chave podemos parecer estar funcionando bem, mas essa fachada exige que deixemos todo o restante em nossa vida desmoronar.

Meu amigo Jess certa vez descreveu a compensação dele da seguinte maneira: "É como ir ao supermercado, mas só poder levar para casa o que você consegue enfiar no bolso quando ninguém está olhando. E como todos os outros podem simplesmente passar pelo caixa e comprar o quanto quiserem, eles não entendem por que você acha fazer compras estressante".

Jess tem TDAH, mas a descrição de como é desafiador mentir, enganar e fingir uma vida de aparência neurotípica quando não se tem as adaptações necessárias e tão relevantes na sua vida, quanto é para a vida de um Autista mascarado. A vida normal é mais exigente cognitiva e emocionalmente para pessoas neurodiversas do que para neurotípicos, mas precisamos esconder esse fato de outras pessoas diariamente. Para sustentar a nossa fachada de "alto funcionamento", construímos uma estrutura confusa e instável de mecanismos de enfrentamento falhos. Não é de admirar que relatemos ansiedade[7] e depressão[8] em taxas elevadas. Se a única comida que você come é aquela que você pode "roubar", você se moverá pelo mundo se sentindo desnutrido e hipervigilante.

Embora o mascaramento seja incrivelmente desgastante e nos cause muita turbulência existencial, ele é recompensado e facilitado por pessoas neurotípicas. O mascaramento torna mais fácil "lidar" com pessoas Autistas. Isso nos torna complacentes e quietos. Também nos aprisiona. Depois de você provar que é capaz de sofrer em silêncio, as pessoas neurotípicas tendem a esperar que você será capaz de fazer isso para sempre, não importa o custo. Ser um Autista bem-comportado nos coloca em um verdadeiro dilema e força muitos de nós a continuarmos mascarando por muito mais tempo (e de forma muito mais generalizada) do que gostaríamos.

O duplo vínculo de ser "bem-comportado"

Psiquiatras e psicólogos sempre definiram o Autismo pela forma como a deficiência afeta as pessoas neurotípicas. Um Autista mais "grave" não é necessariamente aquele que vivencia mais sofrimento interior, mas sim alguém que sofre de forma mais perturbadora, irritante ou incômoda. As crianças Autistas que se manifestam de maneira mais incômoda são as que têm maior probabilidade de serem encaminhadas para os serviços, enquanto que aquelas que conseguem esconder suas dificuldades recebem uma aprovação provisória — mas correm o risco de nunca serem compreendidas ou serem tratadas com empatia.

Os pesquisadores Zablotsky, Bramlett e Blumberg decidiram entender como os pais percebem a "gravidade" dos sintomas de seus filhos Autistas.[9] Eles pesquisaram quase mil famílias que criam crianças Autistas e também mediram a gravidade dos sintomas de Autismo das próprias crianças. O que os investigadores descobriram foi que os pais não percebiam com precisão o nível de sofrimento dos filhos. Em vez disso, os pais baseavam suas classificações de "gravidade" do Autismo no quanto o comportamento dos filhos os incomodava e exigia muito de seu tempo e atenção. Muitas crianças descritas pelos pais como "de alto funcionamento" estavam lidando silenciosamente com dores sensoriais debilitantes ou ficando para trás em termos acadêmicos ou sociais de forma significativa. Isso se aplica à forma como os adultos Autistas são percebidos e às expectativas que as instituições neurotípicas colocam sobre nós para parecermos "normais".

Esse desejo de tornar os Autistas complacentes e não perturbadores é uma grande parte da razão pela qual o tratamento predominante para o Autismo em crianças é a terapia de Análise Comportamental Aplicada (ou ABA). A ABA é focada em treinar crianças Autistas para fingir uma personalidade neurotípica. É uma terapia comportamental, não cognitiva ou emocional, desde que as ações externas da criança Autista mudem e se tornem menos "perturbadoras" ou mais "normais", na realidade não importa para o terapeuta de ABA o que está acontecendo no cérebro do paciente.

Os terapeutas de ABA treinam as crianças para camuflarem seus traços Autistas usando um sistema de recompensas e punições. Pacientes de ABA são borrifados no rosto com água (ou na língua com vinagre) por não conseguirem fazer contato visual ou por falarem demais sobre seus interesses especiais. Se uma criança praticar ecolalia (repetição de frases), roer os dedos ou bater as mãos, será punida, mesmo que ache doloroso conter esses impulsos. Os pacientes de ABA também são forçados a ensaiar estratégias de compensação. Eles são obrigados a ficar sentados parados por horas até repetirem corretamente um roteiro de conversação e não têm permissão para se levantar e brincar até que forneçam uma quantidade "adequada" de contato visual.[10] Eles podem ser solicitados a repetir gentilezas de conversação como "por favor" e "obrigado" várias vezes até que encontrem o tom de voz correto ou instruídos a se levantar e sentar repetidamente enquanto o terapeuta estala os dedos para eles como se fossem um cachorro adestrado. Quando crianças Autistas se comportam mal ou exigem atenção, os terapeutas de ABA devem se retirar, saindo da sala ou ignorando sua angústia. Isto ensina a criança Autista a não esperar ajuda do mundo exterior.

Os terapeutas de ABA também punem as crianças eletrocutando-as.[11] Os dispositivos de eletrochoque usados na terapia de ABA foram brevemente banidos pela Food and Drug Administration (FDA) em 2020,[12] antes de serem reintegrados em 2021.[13] Hoje, a Association for Behavior Analysis (Associação para Análise do Comportamento) ainda apoia veementemente o uso de tais "aversivos" para desencorajar o comportamento visivelmente Autista. Em 2012, uma professora de educação especial com formação em ABA foi criticada por cobrir os lápis de cor de seus jovens alunos com molho picante para desencorajar a mastigação.[14] Esse caso não foi um ato de violência aleatório. Ele reflete a filosofia central da ABA. O fundador da ABA, Ole Ivar Lovaas, costumava coagir as crianças a dar abraços e beijos em seus terapeutas, dando-lhes doces.[15]

Dos adultos Autistas que passaram pela terapia ABA quando crianças, 46% relatam ter Transtorno de Estresse Pós-Traumático (TEPT) como resultado da experiência.[16] Muitos sentem profunda vergonha até mesmo de nomear os assuntos pelos quais sentem paixão, porque eram punidos por ter interesses especiais. Alguns são incapazes de apreciar os benefícios emocionais e psicológicos da inquietação ou do *stimming* porque a importância de ter "mãos tranquilas" foi profundamente introjetado neles. Muitos não sabem como recusar uma exigência irracional ou como expressar emoções como raiva ou medo. Uma ex-terapeuta de ABA confessou em um *blog* anônimo que teme ter condicionado seus pacientes a serem fáceis de manipular e abusar.

"Chateado por ser tratado como um animal de circo? Não é problema meu, garoto", ela escreve. "Estou aqui para atrair você com doces e manipulá-lo para que cumpra minhas ordens, sem fazer perguntas. Isso tornará você uma excelente presa para predadores sexuais, professores, cuidadores e parceiros abusivos mais tarde na vida."[17]

Apesar de muito odiada pelas pessoas Autistas, os pais e professores de crianças Autistas tendem a adorar a ABA, e pesquisas a consideram amplamente "eficaz". Isso ocorre porque a eficácia do programa se baseia no olhar neurotípico e não no que a criança Autista sente. A ABA ensina crianças Autistas a se acalmarem e serem menos irritantes e "esquisitas". O problema é que isso é feito treinando-as para se odiarem e obedecerem a todos os adultos. É o mesmo que avaliar o quão "eficaz" é um tratamento para depressão perguntando ao chefe da pessoa deprimida como ele está se saindo, em vez de verificar com a própria pessoa deprimida. Infelizmente, o conforto e a conveniência dos professores e pais neurotípicos são priorizados, por isso a ABA continua a ser o único tratamento "baseado em evidências" para o Autismo que a maioria dos planos de seguro-saúde cobrirá. Tornar-se "bem-comportado" é mais importante do que estar psicologicamente bem.

Para muitas crianças Autistas, aprender a ocultar a dor muitas vezes se torna uma estratégia primária de sobrevivência; para Autistas mascarados, isso não é ensinado na terapia ABA, mas como parte da vida normal. Não fiz ABA, mas pais de amigos gritaram comigo por me contorcer desajeitadamente na cadeira. Ninguém me forçou a ensaiar roteiros de conversação "normais", mas as crianças riam e se afastavam de mim quando eu falava em voz alta inadequadamente ou citava filmes para expressar como me sentia. Minha líder escoteira me deu bronca na frente de toda a tropa durante anos porque eu sempre me sentava com os joelhos pressionados contra o peito. Meu corpo ansiava pela pressão de sentar em uma postura enrolada de "gárgula" (muitos Autistas gostam de sentar assim), mas a líder do grupo achava tão irritante que não podia deixar de me repreender por isso na frente de toda a tropa cada vez que acontecia.

A educadora Autista e consultora de equidade social ChrisTiana Obey-Sumner escreveu sobre uma experiência estranhamente semelhante de ter seus traços Autistas criticados publicamente entre as escoteiras.[18]

"Uma de minhas atividades de *stimming* é chupar o polegar e colocar o antebraço no rosto para sentir meu perfume natural e sentir os pelos macios roçando meu nariz", escreve ela. "Por alguma razão, isso irritava minha líder escoteira quando eu tinha 7 ou 8 anos de idade. Ela chamava todas as outras crianças para andarem em círculo ao meu redor e lançarem insultos contra mim."

Cada pessoa Autista mascarada tem uma ladainha de experiências como esta. A maioria dos mascarados evita a enorme bala psicológica que é a terapia ABA, mas ainda recebemos condicionamentos intermináveis que dizem que nosso "eu" não filtrado é irritante, incomum, estranho, inconformado e frio demais para se encaixar. Também testemunhamos como outros corpos e mentes não conformes são tratados. Quando o mundo inteiro envergonha as pessoas por gostarem de coisas "infantis", terem maneirismos estranhos ou simplesmente serem irritantes, você não precisa da ABA para programá-lo para obedecer. Todos a seu redor já estão fazendo isso.

Ainda me lembro da primeira vez que me comparei conscientemente a uma pessoa mais "tipicamente" Autista e percebi que precisava esconder quem eu era. Eram os anos finais do ensino fundamental, e eu estava sentado na seção de violoncelo, a poucos metros de distância de Chris, um percussionista.[19] Chris e eu estávamos na mesma turma de educação física especial. Eu estava lá porque era descoordenado, tinha tempos de reação anormalmente lentos e meus músculos eram incrivelmente fracos, embora ninguém tenha descoberto que isso era devido ao Autismo. Chris, por outro lado, havia sido diagnosticado quando era muito jovem.

Chris era inteligente e conversador. Ele adorava compartilhar curiosidades sobre a Segunda Guerra Mundial com as pessoas. Ele fazia perguntas nas aulas que pareciam surgir do nada, e às vezes fazia involuntariamente um aceno com os braços rígidos para se estimular, o que, por conta da obsessão pela Segunda Guerra Mundial, as pessoas interpretavam como uma saudação nazista. Os colegas riam dele, os professores o tratavam com condescendência e os administradores escolares o tratavam como um problema a ser contido. Ele foi o primeiro Autista que conheci, e a forma como ele era tratado foi instrutiva para mim.

Naquele dia, na aula de orquestra, eu já estava nervoso e irritado com o barulho que todo mundo fazia. Os percussionistas batiam as baquetas; os tocadores de viola fofocavam e riam; violinistas afinavam os instrumentos, enchendo o ar com repiques estridentes e agudos. Lidei com isso cruzando os braços com força sobre o peito e colocando uma expressão irritada no rosto. A expressão carrancuda e um tanto irritada pela qual a ativista climática Autista Greta Thunberg é agora famosa[20] é muito semelhante à forma como eu costumava reagir ao barulho alto e ao caos social. Eu já tinha começado a cultivar uma personalidade gótica e rabugenta para me proteger de parecer fraco. Em vez de demonstrar que eu estava sobrecarregado, minha máscara dizia às outras pessoas para ficarem longe.

Chris não tinha essa opção. Ele não conseguia disfarçar o quanto estava perturbado com o barulho da sala da orquestra. Ele estava nervoso e visivelmente agitado, batendo o suporte musical para cima e para baixo no chão, tentando se livrar da ansiedade. As pessoas riam de seu desconforto e tentavam provocá-lo fazendo perguntas que sabiam que ele não entenderia.

"Ei, Chris", gritou um garoto mais velho. "Você cospe ou engole?"

Chris continuou batendo o suporte para cima e para baixo enquanto olhava para o espaço e ponderava. "Acho que faço as duas coisas", ele respondeu sinceramente, sem entender a implicação sexual. Ele havia interpretado a pergunta literalmente, sobre se ele cuspia ou engolia qualquer coisa. As pessoas gargalharam e desviaram o olhar. Todo o corpo de Chris ficou tenso. Ele sabia que havia pisado em alguma mina terrestre que os meninos mais velhos haviam plantado.

Então, algum brincalhão acionou o alarme de incêndio, e a sala já barulhenta se encheu de sinos tocando e crianças berrando. Houve risadas e confusão enquanto todos se dirigiam para a porta. Eu estava me sentindo enjoado e furioso, mas fui capaz de me esconder atrás da minha máscara de fúria. Chris, por sua vez, saiu em disparada. Funcionários da escola o encontraram circulando na pista de corrida do lado de fora do prédio, correndo e arfando. Pelas janelas, observamos os adultos tentarem tranquilizá-lo de que não havia fogo, que ele estava seguro. Mas não era o fogo que o estava incomodando. Eram o barulho e as pessoas. Os funcionários levaram uma hora para convencer Chris a voltar para dentro.

Embora todos na escola soubessem que Chris era deficiente, ninguém tinha paciência com as atitudes dele. Os administradores resmungavam enquanto tentavam acalmá-lo; meus colegas e eu fizemos piada enquanto ele continuava circulando desajeitadamente pela pista. Todos nós o víamos como irremediavelmente imaturo e constrangedor. Eu reconhecia em Chris uma parte de mim muito odiada e profundamente escondida, e o odiava por isso. Eu achava que era melhor que Chris. Eu conseguia "manter tudo sob controle". Eu me orgulhava do fato de que ninguém jamais me pegaria agindo de maneira nervosa ou com fraqueza. Lembro-me de me sentir enojado e fascinado em relação a Chris na mesma medida. Depois daquela ocasião, mantive minha atenção voltada para ele durante todas as aulas de orquestra, identificando todas as características dele que eu precisava esconder. Comecei a me envolver ainda mais profundamente numa camuflagem de frieza e raiva.

Mascarando como hipercorreção

Para muitos Autistas mascarados, a melhor maneira de camuflar uma característica socialmente indesejável é se recuperar na direção completamente oposta e corrigir demais qualquer coisa que pessoas e instituições neurotípicas nos ensinaram a odiar sobre nós mesmos. Uma pessoa Autista que tenha sido ridicularizada por ser carente e intensa quando criança pode se camuflar como hiperindependente e emocionalmente esquiva, por exemplo. Por outro lado, uma pessoa Autista que tenha sido repetidamente chamada de egoísta e robótica pode, em vez disso, usar uma máscara de simpatia prestativa e tornar-se alguém com compulsão por agradar as pessoas ou ser o queridinho dos professores. Internalizamos muitos dos valores da sociedade capacitista em que vivemos e projetamos esses valores tanto nas outras pessoas com deficiência como em nós mesmos.[21]

Após o incidente com Chris, fiz um esforço excessivo para esconder tudo em mim que pudesse revelar que eu era deficiente. Evitava demonstrar entusiasmo ou emoções fortes por medo de parecer "esquisitão" e imaturo. Não falava nada sobre meu interesse obsessivo por morcegos frugívoros e videogames. Colocava fones de ouvido e óculos escuros quando saía em público e não olhava ninguém nos olhos. Impressionava os professores com a minha inteligência e acumulei troféus de debate e bolsas de estudo por mérito, o que alimentava a minha sensação de que eu era melhor do que os outros e que a minha inteligência era a verdadeira razão pela qual eu estava sozinho. Eu era tão agressivo socialmente que ninguém era capaz de cogitar de me desafiar. Em vídeos caseiros da época, apareço zombando de meus amigos e os repreendendo por demonstrarem entusiasmo ou inocência. Era uma atuação cruel que só me tornou mais difícil de amar, mas eu a realizava perfeitamente. Até que, como muitos Autistas mascarados, eu finalmente percebi que a máscara estava tirando muito mais de mim do que jamais tinha me dado, e que, se eu quisesse continuar vivo, precisaria deixá-la cair.

Na tabela a seguir, listei alguns dos estereótipos negativos mais comuns relacionados a Autistas e as qualidades opostas frequentemente usadas para camuflá-los e compensá-los. Ao ler a lista, você poderá refletir um pouco sobre as características que foram incentivadas em você quando criança e quais qualidades você fez o possível para evitar. Também listei alguns comportamentos comuns que acompanham cada estratégia de mascaramento e deixei alguns espaços em branco para que você possa preencher com seus próprios exemplos. Talvez seja interessante rever suas respostas ao exercício do início deste capítulo para ajudar você a refletir sobre quais necessidades e medos moldaram sua própria necessidade de mascarar.

Fui ensinado que era ruim ser:	Então, eu precisava fingir ser:	Eu fazia isso me comportando assim: (adicione seu próprio exemplo usando os espaços em branco)
Arrogante	Humilde	• Fingindo que não sabia as respostas para as perguntas. • Ficando em silêncio quando as pessoas diziam coisas que não eram verdade. • Suavizando declarações com frases como "se isso faz algum sentido" ou "talvez" para parecer menos seguro sobre o que eu estava dizendo. • • •
Frio e insensível	Afetuoso e amigável	• Sorrindo o tempo todo, independentemente de como eu estivesse me sentindo. • Perguntando às pessoas sobre seus sentimentos e não falando sobre mim. • Cuidando de outras pessoas sempre que elas estivessem chateadas. • • •

A anatomia da máscara | 105

Fui ensinado que era ruim ser:	Então, eu precisava fingir ser:	Eu fazia isso me comportando assim: (adicione seu próprio exemplo usando os espaços em branco)
Irritante e barulhento	Agradável e quieto	• Experimentando grandes emoções apenas em particular. • Resolvendo problemas sozinho. • Não ficando "empolgado demais" com nada, inclusive com coisas boas. • •
Infantil	Maduro	• Servindo como confidente para adultos e figuras de autoridade. • Tendo um comportamento contido e "correto". • Agindo como o "queridinho do professor" ou "professorzinho" e me distanciando dos meus colegas. • •
Estranho	Descolado	• Abandonando qualquer atividade na qual eu não fosse instantaneamente bom. • Fingindo ser distraído e indiferente. • Ensaiando mentalmente conversas falsas para que conversar com as pessoas parecesse fácil. • •

Fui ensinado que era ruim ser:	Então, eu precisava fingir ser:	Eu fazia isso me comportando assim: (adicione seu próprio exemplo usando os espaços em branco)
Sem noção, patético	Independente	• Balançando a cabeça ou dando risada, mesmo quando não tinha ideia do que estava acontecendo. • Desenvolvendo hábitos e "truques" únicos e particulares que me possibilitassem manter minha vida sob controle. • Garantindo que minha vida parecesse "organizada" no papel, mesmo às custas da minha saúde ou felicidade. • • •
Sensível	Forte	• Não expressando minhas necessidades. • Sentindo vergonha sempre que tinha vontade de chorar ou expressar raiva. • Lutando internamente contra todas as emoções "perturbadoras" que sentia. • • •

Fui ensinado que era ruim ser:	Então, eu precisava fingir ser:	Eu fazia isso me comportando assim: (adicione seu próprio exemplo usando os espaços em branco)
Fraco	Durão	• Zombando ou sendo agressivo com outras pessoas. • Me considerando superior aos outros. • Demonstrando aversão por qualquer coisa que a sociedade considere feminina, suave ou terna. • •
Esquisito	Normal	• Estudando o que outras pessoas gostam de forma sistemática e analítica • Imitando maneirismos, estilo de vestir, tom de voz de pessoas ou personagens etc. • Zombando daqueles que eram mais obviamente "esquisitos" do que eu • •

A adoção de estratégias como essas traz enormes consequências psicológicas que vão muito além da ansiedade, da depressão e do esgotamento que já discutimos. Para manter suas máscaras e compensar os desafios que enfrentam, muitos Autistas recorrem a uma série de mecanismos destrutivos e compulsivos de enfrentamento, incluindo abuso de substâncias, restrição calórica, exercício excessivo, codependência emocional e até adesão a seitas. Acredito que, se quisermos realmente confrontar o papel que a máscara tem desempenhado nas nossas vidas e trabalhar para nos livrarmos dela, é importante encararmos o quanto o mascaramento tem sido insustentável e custoso. Sacrificamos muito do nosso bem-estar e da nossa individualidade para parecermos "normais". No próximo capítulo, revisarei a pesquisa que mostra o quanto isso é prejudicial e compartilharei as histórias de alguns adultos Autistas que começaram a questionar se todo o esforço que vinham fazendo em compensação e camuflagem realmente valeu a pena.

CAPÍTULO 4

O custo do mascaramento

"Tenho certeza de que meu pai era Autista", Thomas me conta. "Acho que o uso de drogas dele era uma forma de aparar as arestas do mundo."

Thomas é programador e foi diagnosticado como Autista há alguns anos. Durante grande parte de sua vida antes disso, ele foi dependente de álcool, assim como seu pai fora dependente das drogas. Ficar bêbado era a única maneira que ele tinha de se mover pelo mundo com algum grau de conforto.

"Quando era adolescente, descobri que botar uma ou duas doses de bebida para dentro me permitia me perceber de maneira diferente. Eu tinha mais confiança e me sentia mais social. Mas o mais importante é que isso embotava os limites nítidos da realidade o suficiente para que eu pudesse ficar em um ambiente lotado e barulhento. Porque eu realmente não conseguiria fazer isso sem álcool."

Para pessoas neurotípicas, Thomas muitas vezes parece uma pessoa de "alto funcionamento". Mas sempre houve uma imensa turbulência fervilhando abaixo da superfície. Na faculdade, ele quase obteve nota máxima na avaliação final, mas abandonou os estudos repentinamente, porque não conseguia lidar com os aspectos sociais da universidade. Alguns anos depois, ele tinha um bom emprego e conseguia manter uma semana de trabalho de sessenta horas, mas bebia escondido e voltava para o trabalho de ressaca. Ele tinha um parceiro, mas eles mal se falavam. Sua vida doméstica era uma bagunça. Apesar de tudo, ele continuava convencido de que o álcool era a única coisa que o mantinha são. Ele não conseguia dormir sem beber, precisava desesperadamente do álcool para sustentar sua vida de outra forma insustentável, disfarçado de pessoa neurotípica. Logo, toda aquela vida começaria a desmoronar, e ele seria forçado a finalmente confrontar por que ele (e seu pai) sempre recorreram a substâncias para tornar a vida suportável.

Pesquisas mostram que os Autistas que usam máscara tendem a sofrer de intensa ansiedade social,[1] e alguns de nós aprendemos a automedicar essa ansiedade com drogas ou álcool. Também podemos recorrer a substâncias para ajudar a atenuar os nossos problemas sensoriais ou para nos ajudar a fingir que somos mais confiantes. Álcool, maconha e outros depressores também são uma forma atraente e socialmente aceitável de relaxar após um dia estressante, fazendo constantemente o jogo de estudar como cada movimento que fizermos será recebido pelos outros.

Autistas mascarados recorrem a uma variedade de estratégias falhas para relaxar, silenciar os comportamentos mais perturbadores ou se conformar aos padrões neurotípicos. Alguns usam exercícios compulsivos ou restrição calórica para fazer seus corpos Autistas nervosos e indisciplinados se acomodarem ou se conformarem em uma forma mais conveniente. Alguns praticam automutilação para regular sua ansiedade ou a sobrecarga sensorial. Outros tornam-se tão solitários que procuram a aprovação de grupos e cultos de alto controle ou ficam presos em relaço

s domésticas abusivas das quais não conseguem escapar. Mesmo muitos profissionais de saúde mental não sabem que esses transtornos e comportamentos autodestrutivos comumente se manifestam junto com o Autismo. O estereótipo de que os Autistas são "perdedores" retraídos que ficam sentados em casa diante do computador o dia todo é muito profundo e impede muitos de nós de nos reconhecermos e compreendermos as raízes das nossas dificuldades. É difícil para Autistas mascarados reconhecer que ser um festeiro que bebe muito e rotineiramente se deixa levar por relacionamentos abusivos pode ser um sinal de que se está lutando contra uma deficiência não reconhecida. Quando compensamos dessa forma, muitas vezes acreditamos que é porque somos simplesmente pessoas tóxicas e sem força de vontade.

A seguir, uma tabela que lista algumas das estratégias de enfrentamento problemáticas onde as pesquisas mostram que os Autistas mascarados recorrem a alguns pontos e explicam as razões pelas quais tendemos a usá-los.

Manutenção da máscara
Estratégias de enfrentamento problemáticas e por qual motivo os Autistas mascarados as utilizam

Problema com consumo de álcool ou uso de outras substâncias depressoras
- Entorpece as sensibilidades sensoriais.
- Fornece "coragem líquida" para situações sociais intimidantes.
- Relaxa inibições e filtros.
- Fornece energia para atravessar um mundo excessivamente exigente.
- Estimula os sentidos.
- Entretém uma mente ansiosa ou preocupada.
- Silencia o crítico interno.

Comportamento de transtorno alimentar
- Baseia a vida em metas e rituais diários.
- Fornece estímulo físico por meio de fome, exercícios físicos, purgação etc.
- Distrai das dificuldades sociais concentrando-se no corpo.
- Define "bondade" e "dignidade" em termos de comportamento ou aparência.
- Dá à pessoa Autista uma sensação de autocontrole ou disciplina.
- Explica sentimentos de disforia de gênero ou dissociação física.

Desapego e dissociação
- Evita a rejeição, desligando-se primeiro.
- Atenua emoções dolorosas, como tristeza, mágoa e arrependimento.
- Permite que o Autista se concentre apenas naquilo em que é naturalmente "bom".
- Remove a pressão para aprender habilidades emocionais ou sociais desafiadoras.
- Silencia necessidades e emoções que os outros consideram incômodas.
- Preserva energia limitada.

Adesão a regras rígidas e sistemas de crenças
- Faz uma realidade confusa parecer mais compreensível e concreta.
- Traduz normas sociais vagas em expectativas específicas.
- Cria um grupo ao qual o Autista pode pertencer.
- Fornece estrutura diária e rituais tranquilizantes.
- Aquieta dúvidas e medos de ser uma "pessoa má".
- Promete salvação do mundo presente e injusto.

"Bajulação" e compulsão por agradar os outros
- Rende elogios à pessoa Autista.
- Oferece uma falsa promessa de aceitação.
- Simplifica dinâmicas complicadas de relacionamento.
- Nivela as interações sociais em uma regra fácil: sempre diga "sim".
- Valida a crença do Autista de que ele deve ignorar seus sentimentos e necessidades.
- Minimiza conflitos e reduz a raiva.

Ao examinar essa lista de comportamentos, tenha em mente que a linha entre o "bom" enfrentamento e o "mau" enfrentamento costuma ser indistinta e não há vergonha em ter usado estratégias imperfeitas para sobreviver. Um método que pode ter funcionado de forma bastante inofensiva por um tempo, como beber uma cerveja antes de sair com os amigos, pode às vezes se transformar em algo mais compulsivo, como beber escondido no trabalho. Ou beber pode se tornar um problema apenas em momentos de grande estresse. Os exercícios físicos excessivos podem ser uma forma útil de se acalmar quando você está à beira de um colapso, um hábito compulsivo que prejudica suas articulações. Não são coisas binárias. Às vezes somos forçados pelas circunstâncias a ignorar a nossa saúde física e mental porque manter o nosso emprego ou local de moradia é o mais urgente. Quando não temos uma compreensão clara da nossa deficiência e ninguém ao nosso redor nos reconhece como deficientes, fazemos o melhor que podemos.

Neste capítulo, conheceremos uma variedade de pessoas Autistas mascaradas que usaram estratégias elaboradas, às vezes falhas, para manter suas máscaras. Elas se exercitaram demais ou se drogaram para serem aceitos socialmente; algumas passaram anos separadas de outras pessoas ou procuraram pertencer a grupos reacionários. Esses indivíduos passaram a reconhecer que, além de protegê-los da rejeição social, o mascaramento os impedia de levar uma vida autêntica e feliz. Também começaram a reexaminar seus mecanismos de sobrevivência, com o objetivo de identificar as necessidades não atendidas que podem satisfazer com adaptações mais adequadas à deficiência, em vez da autodestruição e da negação.

Problema com consumo de álcool e uso de substâncias depressoras

À medida que ficava mais velho e se tornava ainda mais dependente do álcool para "manter a sanidade", a vida de Thomas começou a sair dos trilhos. Ele ficou ressentido com seu parceiro, e os dois estavam pensando em terminar. Na mesma época, Thomas largou o emprego e tentou o suicídio. Depois, ele atravessou o país em busca de outro emprego, mas desistiu logo em seguida. Estava sempre fantasiando sobre a morte, vendo-a como a única saída de uma existência que havia se tornado totalmente incontrolável. Os terapeutas que atendiam Thomas nesse período o diagnosticaram com transtorno bipolar e transtorno de personalidade *borderline*, pois seus relacionamentos eram instáveis e suas emoções às vezes se tornavam explosivas, além de ele passar por longos períodos de depressão. Ele continuava tentando ficar sóbrio, mas não conseguia.

"Levei literalmente seis meses para conseguir minha primeira moeda de trinta dias [no Alcoólicos Anônimos]", conta ele. "Mesmo assim, ainda estava muito infeliz. Durante aquele verão louco de repetidas recaídas e planos sobre minha própria morte, meu ex me colocou em contato com um novo terapeuta."

O ex-parceiro de Thomas era assistente social e havia assistido recentemente a um painel sobre o transtorno do espectro Autista durante uma conferência. Ele ficou impressionado com o quanto a descrição do Autismo feita por um palestrante refletia suas experiências com Thomas. O palestrante era um terapeuta, e o ex de Thomas colocou os dois em contato. Com a ajuda de um terapeuta que realmente entendia a comorbidade entre Autismo e alcoolismo, Thomas finalmente conseguiu progredir no tratamento do vício.

"Entendi que tive enorme ansiedade social e problemas sensoriais durante toda a minha vida e usava o álcool para entorpecê-los", explica Thomas.

Uma das experiências mais comuns e sutilmente debilitantes que os Autistas têm é a sobrecarga sensorial. Já descrevi como a natureza de baixo para cima do processamento sensorial do Autista nos leva a sermos superestimulados e facilmente distraídos por coisas como ruído ambiente e confusão visual. Há uma característica neurológica adicional do Autismo que contribui de forma significativa para os nossos problemas sensoriais e colapsos: a nossa dificuldade de adaptação a um estímulo ao longo do tempo.

Cérebros neurotípicos se envolvem em *adaptação sensorial e habituação*: quanto mais tempo eles ficam na presença de um som, cheiro, textura ou sinal visual, mais seu cérebro aprende a ignorá-lo e permitir que ele desapareça no fundo. Seus neurônios tornam-se menos propensos a serem ativados por um sinal quanto mais tempo passam perto dele. O exato oposto é o que ocorre com pessoas Autistas: quanto mais tempo ficamos perto de um estímulo, mais ele nos incomoda.[2] Como já mencionei, nossos neurônios também são "hiperexcitáveis", o que significa que nossos sentidos são acionados mais facilmente por pequenos estímulos que os neurotípicos nem percebem, como um fio de cabelo caindo em nosso rosto ou uma pilha de correspondência deixada sobre a nossa mesa.[3] Somos melhores em perceber pequenos detalhes e mudanças em nosso ambiente,[4] o que pode ser uma vantagem real para trabalho meticuloso (como programação, a profissão de Thomas), mas também somos mais propensos a nos assustar ou nos distrair.[5]

Quando um Autista é inundado por informações sensoriais perturbadoras por muito tempo, entra em um estado de *sobrecarga sensorial*. A sobrecarga sensorial pode parecer um acesso de raiva ou um ataque de choro, pode assumir a forma de um desligamento ou colapso ou pode se apresentar com o Autista ficando confuso e respondendo a perguntas de maneira rotinizada ou sem sentido. A sobrecarga sensorial torna difícil concluir tarefas complexas, pensar racionalmente ou gerenciar emoções. Quando estamos sobrecarregados, ficamos irritados ou desesperados. Podemos até mesmo começar a nos machucar para obter uma injeção de endorfina ou nos controlar. Nossos corpos ficam visivelmente tensos de ansiedade e é difícil interagir conosco durante esses momentos. O que as pessoas não Autistas muitas vezes não percebem é que as pessoas Autistas experimentam estímulos sensoriais intensos como se fossem dor física.[6]

Infelizmente, quando um Autista reclama da dor sensorial que sente, as pessoas pensam que ele está sendo excessivamente dramático, carente ou até mesmo "louco". Não consigo exprimir totalmente o quanto é frustrante ficar profundamente angustiado por causa de um barulho persistente que meu namorado não consegue nem sequer ouvir. Quando me vejo andando pela casa ansiosamente, batendo no chão com uma vassoura para fazer minha vizinha abaixar o volume da música, sinto que estou sendo "louco". Meu parceiro sabe que não estou inventando essas coisas e faz o possível para ser compreensivo e paciente. Mas durante a maior parte da minha vida, as pessoas não se sensibilizavam com minhas queixas sensoriais. Elas agiam como se eu escolhesse ficar distraído e furioso todos os dias.

Em resposta à sobrecarga sensorial, já gritei, chorei e precisei ser abraçado. Já tentei socar travesseiros, bater nos meus próprios braços e pernas com uma escova de cabelo, fugir das pessoas e bater na cabeça. Como muito poucas dessas reações são socialmente aceitáveis, eu recorria a elas, principalmente em particular. Nos últimos anos, aprendi como evitar esses colapsos antes que eles ocorram, dando a mim mesmo bastante tempo sozinho e me livrando de situações estressantes antes que elas me façam transbordar de ansiedade. No instante em que me percebo reprimindo uma frustração que sinto que não mereço expressar, sei que preciso sair de onde estou. No entanto, quando há um verdadeiro colapso, há muito pouco que eu possa fazer. Eu preciso fugir da situação ou encontrar uma maneira de extravasar toda a minha energia. Beber é, na verdade, a única válvula de escape que as pessoas neurotípicas são capazes de respeitar — desde que você o apresente como um hábito divertido, não como uma compulsão.

Muitos adultos Autistas relatam hábitos de consumo problemáticos ou transtornos por uso de drogas.[7] O entorpecimento das nossas sensibilidades sensoriais é uma das principais razões para esta ligação.[8] Outra razão é que as substâncias nos ajudam na regulação social. Quando se está acostumado a monitorar e modular cuidadosamente as próprias ações o tempo todo, uma bebida forte pode ajudar a baixar a guarda e relaxar momentaneamente.[9] As normas sociais são afrouxadas quando as pessoas bebem. Alísticos bêbados falam por muito tempo e também interrompem umas às outras! Se você disser algo estranho em uma festa, os bêbados podem inclusive esquecer que isso aconteceu. A própria facilidade de estar cercado por outras pessoas bêbadas pode ser inebriante. Infelizmente, depender de substâncias para se sentir à vontade ou conectado pode rapidamente se tornar algo autodestrutivo.

A série da Netflix *O gambito da rainha*, de 2020, retrata a vida de Beth Harmon, um prodígio fictício do xadrez vivendo em meados do Século XX. Beth é fortemente codificada como Autista.[10] Ela é contundente e analítica, com pouco tempo para as emoções de outras pessoas. Ela confronta seus oponentes com um olhar frio, quase reptiliano, e recita fatos de xadrez e conjuntos de movimentos em um tom monótono e obsessivo que muitos espectadores Autistas consideraram instantaneamente reconhecíveis. Ela também é viciada em sedativos e bebe muito. Ao contrário da maioria dos personagens Autistas da TV, Beth não é apenas uma nerd hipercompetente; ela é um espírito indomável e livre que usa drogas, furta lojas e pratica sexo compulsivamente para se manter estimulada. Seus hábitos autodestrutivos também fazem parte de sua máscara: ela desarma seus concorrentes masculinos chauvinistas e colegas superficiais ao parecer fria e arisca.

Nunca me identifiquei tanto com um personagem Autista quanto com Beth. Como ela (e como Thomas), passei a adolescência e o início da idade adulta acumulando realizações e, ao mesmo tempo, destruindo totalmente minha vida pessoal. No colégio, às vezes eu desmaiava bêbado durante o dia, colocava vodca no Gatorade para ganhar a aprovação dos amigos. Faltei aulas, forjei o documento de liberação antecipada para sair da orquestra e, com frequência, furtava lojas. A certa altura, quase fui expulso, mas fui poupado quando um simpático administrador escolar "perdeu" minha papelada de expulsão com um piscar de olhos.

Não tive problemas por causa do mau comportamento, porque tirava sempre nota A e era um competidor da equipe de debate com classificação nacional. A mesma energia despreocupada e inteligente, mas autodestrutiva, me acompanhou até meus vinte e poucos anos de idade. No início da idade adulta, tive muitos relacionamentos confusos e destrutivos e prejudiquei a mim mesmo com nicotina, anorexia e ficadas aleatórias. Tudo fazia parte da máscara entediada e "madura" que comecei a usar nos anos finais do ensino fundamental. Eu acreditava que, se estivesse me destacando no papel e vivendo uma vida descolada e glamorosa, ninguém poderia dizer que eu era "infantil" ou "patético". Ninguém poderia me acusar de ser sensível demais se eu escondesse meus problemas sensoriais colocando Amaretto no café e bebendo durante as aulas de psicologia do desenvolvimento. Nunca tive a tolerância ao álcool que poderia me tornar um viciado (eu vomitava com muita facilidade para isso), mas, se não fosse esse o caso, eu poderia facilmente ter acabado no mesmo caminho de Thomas.

Por fim, o hábito de beber de Beth Harmon passa de glamoroso a sombrio. Ela usa alguns de seus amigos homens mais próximos para fazer sexo e depois os dispensa. Ela aliena toda a sua rede de apoio, perde partidas cruciais de xadrez por estar de ressaca e se resigna a andar bêbada de um lado para o outro em sua casa imunda, pintando os olhos enquanto bebe uma garrafa de vinho. As festas e a autodestruição que costumavam ser sua muleta social a abandonam, assim como aconteceu com Thomas e eu. Ao contrário de nós, porém, a espiral descendente fictícia de Beth não leva à procura de terapia ou à chegada a um diagnóstico de Autismo. Ela é uma mulher linda, realizada e infeliz, que vive na década de 1950. Ninguém ainda sabe como nomear os problemas dela.

Compreender as necessidades físicas, sensoriais, emocionais ou psicológicas que você está tentando satisfazer com o uso de substâncias pode ajudar você a identificar outras estratégias de enfrentamento mais benéficas. Uma pesquisa com mais de 500 adultos Autistas publicada na revista *Autism in Adulthood* (Autismo na idade adulta) descobriu que os motivos mais comumente relatados para o consumo excessivo de álcool eram questões sociais e necessidade de estimular sentimentos positivos.[11] O alcoolismo e o uso de substâncias depressoras podem mascarar o Autismo de uma forma superficaz, porque a maioria das pessoas ainda acredita que os Autistas são *geeks* conservadores que preferem ficar em casa. Se você não tem conhecimento de sua deficiência há muito tempo ou a nega, pode ter usado o hábito de ficar chapado ou bêbado para encobrir seu sofrimento ou ter energia para socializar. Você pode acreditar, por exemplo, que não consegue ser interessante ou divertido sem a ajuda de substâncias. Se tiver um trauma relacionado ao abuso que sofreu como Autista mascarado (ou de outras fontes), poderá usar substâncias para automedicar o estresse pós-traumático.

Quando um transtorno por uso de drogas ocorre concomitantemente com outras condições de saúde mental, como estresse pós-traumático ou depressão, a pesquisa mostra que a maioria dos pacientes prefere (e se beneficia de) uma abordagem de tratamento integrada que trate das múltiplas questões interligadas ao mesmo tempo.[12] O Autismo não é um distúrbio que precisa ser tratado, mas a maioria das pessoas Autistas enfrenta problemas de saúde mental relacionados a viver em um mundo neurotípico que não as aceita. Para Autistas dependentes de substâncias, explorar um programa de tratamento integrado provavelmente será uma boa opção.

Se você suspeita que tem uma relação pouco saudável com drogas ou álcool, será importante identificar um método de tratamento adequado a seu neurotipo ou encontrar um profissional de saúde mental com experiência com Autistas. Como um número crescente de pesquisas sugere que as abordagens da terapia cognitivo-comportamental (TCC) não funcionam tão bem para os Autistas quanto para os neurotípicos,[13] o tratamento da dependência baseado na TCC pode não ser uma boa opção — pelo menos não sem modificações. Um estudo clínico exploratório publicado em 2019 descobriu que quando os profissionais de saúde mental foram ensinados sobre como se comunicar de forma eficaz com pacientes Autistas (um conjunto de habilidades que falta à maioria dos provedores de tratamento), a terapia cognitivo-comportamental que eles ofereceram ajudou adultos Autistas com seus transtornos por uso de drogas.[14]

Infelizmente, a maior parte dos prestadores de cuidados não está bem informada sobre como os Autistas pensam e comunicam, e há pouca investigação publicada sobre quais programas de tratamento de dependência funcionam consistentemente melhor para Autistas adultos. Muitos dos planos de tratamento eficazes que ajudam adultos Autistas envolvem garantir que nossos cuidados de saúde, habitação e outras necessidades materiais também sejam satisfeitos, além de garantir que estejamos conectados a uma rede de pessoas que nos apoiem. Com frequência, os medos dos terapeutas de TCC quando treinam os pacientes para se enxergarem como irracionais (se eu disser a coisa errada, vou perder meu emprego e acabar na rua!), na verdade, para os Autistas, isso é completamente racional, pois estão enraizados em uma experiência genuína.

No caso de Thomas, reduzir o consumo de álcool expôs as sensibilidades sensoriais e a ansiedade que permaneciam por baixo. Também rapidamente ficou claro que ele não conseguiria manter um trabalho estressante e estimulante, que aumentaria a probabilidade de fazê-lo beber. Hoje ele gerencia seus problemas sensoriais usando fones de ouvido com cancelamento de ruído e se obriga a fazer pausas regulares longe de ambientes movimentados e barulhentos. Ele está trabalhando em casa e aprendendo a reconhecer quando está sobrecarregado por ansiedade ou barulho. Como tem menos necessidade de camuflar seus traços Autistas, ele sente menos vontade de beber. Está completamente sóbrio há vários anos.

Para muitos Autistas, controlar um relacionamento tenso com substâncias pode exigir que você se sinta confortável em ser mais visivelmente Autista, o que pode ser um processo muito lento. Em seu ensaio "Alcohol: An Autistic Masking Tool?" (Álcool: uma ferramenta de mascaramento Autista?),[15] Jesse Meadows descreve assim sua relação com o desmascaramento e a sobriedade: "Eu fazia amizades quando bebia. O álcool me proporcionou namoros, aventuras e sexo. Sem ele, todas essas coisas são muito mais difíceis, algumas, impossíveis. Já não saio mais muito de casa. De muitas maneiras, tornei-me uma pessoa mais Autista quando fiquei sóbrio".

O outro lado disso às vezes pode ser verdade. Para ficar sóbrio, às vezes você precisa estar disposto a ser mais Autista.

Comportamento de transtorno alimentar

Dorian Bridges é um escritor trans não-bináde terror e YouTuber cujo canal, Of Herbs and Altars, apresenta discussões sobre moda e cultura alternativas do início dos anos 2000, transtornos alimentares e recuperação do vício em drogas, além de questões das comunidades de Autismo e Asperger. No início dos anos 2000, Dorian era um adolescente Aspie[16] não diagnosticado que enfrentava dificuldades sociais e na escola. Em um vídeo especialmente comovente, Dorian descreve como crescer sem um diagnóstico mudou fundamentalmente o curso de sua vida.[17]

"Eu sabia naturalmente desde muito jovem que achava a vida mais difícil do que as outras pessoas", diz ele, "mas nunca havia qualquer razão. Era sempre apenas *você é preguiçoso; você está sendo preguiçoso.*"

Dorian diz que tinha muitos traços claros da síndrome de Asperger. Ele cheirava livros e ficava sentado sozinho em um canto nos encontros de família. Ele falava "como um dicionário de sinônimos" e se saía bem em testes de QI, mas achava difícil acompanhar as aulas diárias. Como tantos outros Autistas mascarados, era visto como uma "garota" e considerado talentoso e um pouco estranho, em vez de deficiente.

Diziam aos meus pais que não havia nada de errado comigo: "Ela vai longe! Ela não tem nada que possa atrapalhar."

Muitos Autistas mascarados são enviados para educação de superdotados quando crianças, em vez de serem encaminhados para serviços de deficientes.[18] Nossa aparente alta inteligência nos coloca em um duplo dilema: espera-se que realizemos grandes coisas para justificar nossa estranheza e, como possuímos uma capacidade invejável, uma qualidade socialmente valorizada, presume-se que precisamos de menos ajuda do que os outros, e não de mais ajuda. Dorian não conseguia lidar com a pressão de expectativas tão elevadas ou com a falta de compaixão. Então começou a praticar automutilação. Aos 13 anos de idade, encontrou um artigo de revista sobre uma garota com anorexia e sentiu uma inveja incrível. Aquela menina visivelmente doente estava sendo coberta de carinho e cuidado. Não se esperava que ela se destacasse em nada além de continuar viva.

"O que aprendi com aquele artigo foi que a garota ficou tão perto da morte que a família ficou com medo de perdê-la, e agora ela tem um monte de amor e apoio a seu redor. E ela não precisa realizar nada, porque quase morreu", conta Dorian.

Dorian guardou esse artigo durante anos, relendo o texto até quase memorizá-lo. E começou a passar fome, esperando que, se parecesse que ele estava morrendo, as pessoas finalmente pegariam leve. Também passou a frequentar fóruns pró-anorexia (ou "pró-Ana"), onde fez amizade com outros adolescentes com transtorno alimentar que trocavam estratégias de perda de peso e fotos de "inspiração". Por fim, começaram a se encontrar pessoalmente e a fazer festas de expurgo. Dorian conta que esta comunidade estava cheia de pessoas autodestrutivas que muitas vezes exerciam uma má influência umas sobre as outras, mas também que era o único lugar sem julgamento a que ele tinha acesso, o único espaço onde podia realmente deixar transparecer sua dor.[19]

Meu próprio transtorno alimentar tinha motivações diferentes das de Dorian, mas não estava menos ligado ao meu Autismo. Dos 15 aos 25 anos de idade eu me negava a comer porque queria parecer "andrógino" e acreditava que isso significava ser magro. Eu me exercitava demais porque acreditava que isso provava que eu era forte. A dor do estômago vazio era fisicamente satisfatória para mim; a pulsação em minhas pernas depois de duas horas jogando Dance Dance Revolution no modo contador de calorias fazia eu me sentir como se finalmente tivesse controlado um corpo fora de controle. Ao contrário de Dorian, eu não queria que as pessoas soubessem que eu estava passando por momentos difíceis. Nunca. Eu queria ser uma criatura de outro mundo, livre de necessidades humanas tolas. Passei muitas noites pensando que ficar acordado até tarde me exercitando era um uso melhor do meu tempo do que descansar. Quando um amigo da equipe de debate me disse que eu parecia um "robô" porque parecia nunca dormir, comer ou gostar de pessoas, tive uma imensa sensação de triunfo. Minha máscara era de aço sólido.

O Autismo e os transtornos alimentares estão altamente correlacionados, especialmente entre mulheres,[20] pessoas trans[21] e mascarados diagnosticados tardiamente na vida. Muitos fatores explicam isso. Alguns mascarados acreditam que ser convencionalmente bonito e magro os ajudará a se integrar. Outros negligenciam suas necessidades físicas porque se desligaram mentalmente de seus corpos. A purgação pode ser usada para automutilação ou para regular um sistema sensorial perturbado. Ela inunda o corpo com endorfinas, que podem ser calmantes e viciantes. Em um vídeo, Dorian descreve como uma amiga dos fóruns pró-Ana costumava andar de um lado para o outro no corredor a noite toda, todas as noites, em uma tentativa desesperada de queimar calorias. Isso se parece muito com um comportamento autoestimulante repetitivo,[22] além de um expurgo. Eu ficar jogando Dance Dance Revolution compulsivamente era uma forma absolutamente sorrateira de autoestimulação, além de uma tentativa de perder peso.

Alguns Autistas mascarados são atraídos pela estrutura e pela sensação de controle que um transtorno alimentar pode proporcionar. Muitas vezes procuramos por "regras" claras para o bom comportamento, às quais aderimos rigidamente, na esperança de que elas nos mantenham socialmente seguros e finalmente nos tornem dignos.[23] Quando eu era um adolescente Autista não diagnosticado, meu cérebro zumbia constantemente com uma vaga ansiedade. Contar calorias, conferir meu corpo no espelho e me pesar eram coisas concretas nas quais eu podia me concentrar no lugar do medo incipiente. A sociedade gordofóbica em que eu vivia me ensinou que ser magro era superior a ser gordo, e tentei seguir essa regra com fervor. Ficar exausto de exercícios significava que eu acabaria conseguindo adormecer. A comunidade *online* sobre transtornos alimentares me dava rotinas em torno das quais organizar meu dia.

Era tudo quase religioso. Eu não acreditava em Deus, mas podia ter meu momento de adoração todas as noites no altar do Dance Dance Revolution, transpirando e bebendo água gelada enquanto meu cérebro flutuava acima de mim em uma névoa desprovida de nutrientes. A bulimia por exercícios físicos também me dava uma maneira de me conectar com as garotas ao meu redor. Querer ser magro era uma das poucas características em conformidade com o gênero que eu tinha.

Pesquisas clínicas descobriram que algo entre 20% e 37% dos portadores de anorexia nervosa diagnosticada são Autistas.[24] Como o Autismo é subdiagnosticado nas populações com maior probabilidade de serem diagnosticados com transtornos alimentares (mulheres, pessoas trans e gays), a real taxa de comorbidade pode ser muito maior. No tratamento convencional de transtornos alimentares, os pacientes Autistas apresentam resultados piores: necessitam de internações hospitalares mais longas, são menos propensos a reduzir seus comportamentos de transtorno alimentar e experimentam mais depressão e isolamento social em grupos de recuperação.[25] No entanto, clínicas de transtornos alimentares e programas de internação começaram a tomar medidas para acomodar seus pacientes Autistas, com alguns resultados promissores. Veja como Tchanturia e colegas (2020)[26] descreveram sua nova enfermaria de transtornos alimentares amigável ao Autismo:

> Investimos em materiais necessários para criar um ambiente de enfermaria mais amigável ao Autismo, incluindo a redecoração da enfermaria para criar um esquema de cores neutras, desenvolvendo uma "caixa sensorial" para pacientes com itens como cobertores pesados e brinquedos sensoriais, e começamos a promover grupos de bem-estar para pacientes Autistas juntamente com membros da equipe multidisciplinar para apoiar dificuldades sensoriais e melhorar a comunicação social (por exemplo, introduzindo passaportes de comunicação e outras estratégias).

Tchanturia e colegas descobriram que, nessa enfermaria acessível, os pacientes Autistas tiveram estadas significativamente mais curtas, e pesquisas de acompanhamento sugerem que o tratamento de transtorno alimentar favorável ao Autismo obtém melhores resultados.[27] Uma vez que o comportamento de transtorno alimentar é motivado ao menos parcialmente por questões sociais para muitos Autistas, também pode ser benéfico procurar pertencimento e estrutura social de novas formas que pareçam menos performáticas e mais autênticas. Em seus vídeos, Dorian diz que sua saúde piorou quando ele tentou parecer uma "mulher normal, alegre e bem vestida".[28] Apresentar-se como um gótico trans masculino com roupas chamativas e maquiagem intensa o ajuda a se sentir muito mais à vontade em seu corpo, e conviver com outros tipos alternativos "esquisitos" dá a sensação de pertencimento que antes ele buscava em grupos pró-Ana. Agora que sabe que é Autista, ele também é capaz de ficar mais vulnerável em relação ao motivo que está tendo dificuldades, para que não precise usar uma compulsão compartilhada para se relacionar com outras pessoas.

Desapego e dissociação

Para lidar com a pressão do mascaramento, muitos Autistas desaparecem em suas próprias cabeças. Não sei dizer quantas vezes ouvi uma pessoa Autista dizer que gostaria de ser apenas um cérebro flutuante em uma jarra ou uma névoa escura e senciente sem forma física. É uma fantasia neurodivergente comum, porque os nossos corpos podem parecer muito em desacordo com o que o mundo quer que eles sejam. A dissociação é também um meio de controlar os dados sociais e sensoriais que absorvemos, ignorando informações que tenham se tornado intensas demais. Por exemplo, meu amigo Angel diz que quando há muitas pessoas ao seu redor, ele entra no "Mundo Imaginário de Angel", e todos em seu redor ficam embaçados. Ele tem alguns parentes dos quais nunca viu o rosto, porque só os encontrou em grandes reuniões familiares, onde todos se misturam em um mar de formas turvas e vagas. Quando está dissociando, ele ainda consegue realizar os movimentos de comer, tomar banho e caminhar, mas, mentalmente, não está presente de fato.

A única coisa que traz Angel de volta é ter bastante tempo para descansar e se desligar. Para outras pessoas Autistas que conheço, inclusive eu, ter de mascarar e socializar por um período prolongado aumenta as chances de começarmos a dissociar ou desligar. As pessoas não ficam literalmente "embaçadas" para mim quando estou sobrecarregado, mas paro de olhar para o rosto dos outros e muitas vezes não consigo reconhecer pessoas que conheço ou ouvir suas vozes, a menos que elas parem bem na minha frente e acenem com as mãos. Colocar menos esforço cognitivo no mascaramento pode ajudar, assim como escapar da situação de sobrecarga que estava me levando ao distanciamento em primeiro lugar.

Em curto prazo, o distanciamento mental funciona muito bem. É algo que libera muita energia e atenção, para que possamos nos concentrar nas atividades nas quais somos bons ou pensar apenas nas ideias que despertam nosso interesse. Mas, em longo prazo, recuar para dentro nos aliena ainda mais das nossas necessidades. Algumas pesquisas sugerem que as pessoas Autistas têm um senso de capacidade de ação diminuído; em outras palavras, nos sentimos menos no controle de nós mesmos e de nossos corpos do que os não Autistas.[29] Uma vida inteira sendo corrigidos por incompetência e infantilidade afeta o conceito de nós mesmos e dificulta o desenvolvimento de habilidades básicas de autodefesa ou assertividade.

Em um estudo sobre a capacidade de ação Autista, foi pedido que pessoas Autistas e não Autistas manipulassem um cursor em uma tela como parte de um jogo de computador.[30] Lapsos de tempo aleatórios e falhas de movimento foram adicionados ao jogo, para que os jogadores nem sempre tivessem controle total sobre o que o mouse estava fazendo. Os jogadores foram instruídos a tentar vencer o jogo e também a relatar quando achavam que tinham o controle do mouse e quando não tinham. Pessoas neurotípicas eram bastante precisas ao julgar quando controlavam o mouse. Elas sabiam quando o movimento do mouse era causado por um atraso ou falha, não por suas próprias mãos. Os jogadores Autistas, por sua vez, tinham dificuldade para perceber a diferença. Eles tendiam a acreditar que tinham mais controle do jogo quando estavam ganhando e que não tinham controle quando estavam perdendo, mesmo quando as duas coisas não estavam relacionadas. Em particular, esse resultado pareceu ser motivado pelo fato de os Autistas confiarem menos em seus sinais internos. Eles não confiavam nos próprios sentimentos sobre se estavam ou não no controle tanto quanto nas referências externas de sucesso no jogo.

Este pode ser um exemplo artificial de um ambiente de laboratório, mas aponta para uma tendência que muitos temos de nos vermos como impotentes e fundamentalmente desconectados dos nossos corpos e do mundo em geral. Nós confiamos em sinais externos de sucesso (ganhar um jogo, ser elogiado por outra pessoa) para nos guiar, em vez de confiar nas nossas percepções e em nosso poder de discernimento.

Infelizmente, quando nos desligamos do nosso corpo, perdemos muitos sinais físicos valiosos de autoproteção. Pesquisas demonstram que a maioria das pessoas Autistas tem uma percepção reduzida dos sinais de alerta do corpo, ou *interocepção*.[31] A maioria de nós tende a sentir que nossos corpos não são realmente nossos e luta para estabelecer conexões entre o mundo externo e como nos sentimos por dentro.[32] Por exemplo, uma pessoa neurotípica pode perceber que seus colegas de trabalho estão saindo para almoçar e, em seguida, verificar o próprio corpo e reconhecer que também está com fome. Em vez disso, um Autista pode estar perdido em sua própria cabeça e não conseguir estabelecer uma conexão entre a saída dos colegas de trabalho e a necessidade de verificar se está sentindo fome. Não está claro até que ponto isso é causado por uma característica neurológica do Autismo e até que ponto é um subproduto do mascaramento e da pressão social. Afinal, os Autistas mascarados são socialmente condicionados a silenciar as necessidades físicas percebidas. Se eu preciso suprimir meu desejo de andar de um lado para outro na sala e cantarolar para mim mesmo, porque isso me faz parecer uma "aberração", como vou saber que reconhecer fome ou cansaço é algo bom?

Embora os Autistas tendam a ser hipersensíveis aos estímulos sensoriais, a maioria é relativamente insensível à dor física.[33] Pode parecer paradoxal, mas faz sentido quando nos lembramos da investigação que mostra que os cérebros dos Autistas são geralmente orientados para os detalhes e hiperexcitáveis. Quando minha camisa fica para fora da calça, não suporto a pequena rajada de ar frio que sinto na barriga. É um estímulo pequeno e persistente que é incômodo demais para ser ignorado. Mesmo assim, já caminhei quilômetros com fissuras sangrando nos calcanhares e quase não senti nada. O mascaramento também costuma envolver engolir a própria angústia para manter felizes os neurotípicos que estão ao redor. Reclamar de um desconforto que ninguém mais sente pode fazer você parecer "louco" ou "exigente". Muitos de nós nos tornamos hábeis em ignorar a dor, assim como negligenciamos a nossa própria fome ou sede.

Infelizmente, isso não se aplica apenas à dor física. Isso se estende à dor emocional também. Uma pesquisa do psicólogo Geoff Bird indica que cerca de metade de todos os Autistas sofrem de *alexitimia*,[34] ou a incapacidade de reconhecer e nomear emoções.[35] Quem apresenta alexitimia pode saber de uma forma vaga que está angustiado, mas não ser capaz de nomear um sentimento específico como ciúme ou ressentimento. Também temos dificuldade para descobrir *por que* estamos sentindo emoções. Essa característica é mais uma razão pela qual os neurotípicos nos estereotipam como insensíveis e desconectados.

A alexitimia pode surgir, em parte, porque os Autistas não recebem as ferramentas para compreender como as emoções se sentem em nossos corpos e porque somos ensinados a priorizar os sentimentos dos outros acima dos nossos. Quando estamos crescendo, nos ensinam como são sentidas e se parecem as emoções neurotípicas. Somos incentivados a monitorar outras pessoas em busca de sinais de desconforto ou desaprovação, para que possamos mudar nossas ações e nos tornarmos mais agradáveis ou complacentes. Nossos próprios sinais não verbais, expressões faciais e percepções de nossos corpos e do ambiente são diferentes, e os neurotípicos quase sempre os ignoram. Então, quando estamos chateados ou desconfortáveis, muitas vezes deixamos de reconhecer isso até estarmos quase à beira de um colapso total. À medida que começamos a nos desmascarar, deixamos de monitorar tão de perto e com tanta hipervigilância as reações das outras pessoas. Isso nos permite verificar mais nossos próprios corpos. Nossa autocensura reflexiva pode começar a diminuir, permitindo-nos perceber nosso desconforto e honrá-lo. No entanto, muitos Autistas (inclusive eu) ainda precisam de um tempo sozinhos para refletir sobre como estamos nos sentindo, porque a informação social transmitida por outras pessoas distrai muito. Hoje, às vezes consigo perceber, no calor do momento, que estou desconfortável com o assunto da conversa, por exemplo, ou com a maneira como alguém está me pressionando para fazer algo que não desejo e consigo dizer que parem. Em outros dias, simplesmente me sinto em pânico e agitado, e só consigo descobrir o que há de errado horas ou dias depois.

Como os Autistas muitas vezes temos dificuldade de cuidar do próprio corpo ou reconhecer e defender nossas necessidades, o trabalho, a escola e outros ambientes sociais podem ser extremamente dolorosos para nós. Uma estatística citada com frequência afirma que 85% dos adultos Autistas estão desempregados,[36] embora pesquisas transversais de maior qualidade coloquem o número mais próximo de 40%.[37] Algumas pesquisas sugerem que os Autistas que revelam a deficiência no trabalho muitas vezes se arrependem de tê-lo feito, porque não recebem muitas adaptações úteis e podem ser subestimados ou prejudicados.[38] Por essas e muitas outras razões, os Autistas muitas vezes não têm escolha a não ser trabalhar em casa e, como população, trabalhamos digitalmente por conta própria com taxas elevadas.[39] Os cargos de trabalho feito de casa e de consultoria costumam ter remunerações mais baixas e nos sobrecarregar, mas oferecem um nível de flexibilidade e privacidade que falta aos empregos mais estáveis.

Além de compensar trabalhando em casa ou buscando trabalho digital, um percentual significativo de pessoas que mascaram o Autismo se desliga da realidade por meio da Internet e dos jogos.[40] O trabalho digital e os jogos são incrivelmente atraentes para os cérebros das pessoas Autistas, e tem efeitos mais claros do que na vida "real".[41] É fácil ignorar o subtexto ou pistas não verbais e concentrar-se apenas em tarefas compartilhadas e em resultados claros e mensuráveis. Na comunicação digital, as pessoas Autistas têm o tempo necessário para processar cuidadosamente uma mensagem, pesquisar no Google quaisquer termos que não sejam familiares e refletir cuidadosamente sobre como podem querer responder.

Não há nada de errado em usar a Internet para ajudar a atender às suas necessidades de contato e estrutura social. Pessoas com deficiência vêm encontrando comunidades e compartilhando recursos na Internet há décadas. No entanto, o uso excessivo e compulsivo da Internet e dos jogos pode ser prejudicial para as pessoas Autistas e inibir as nossas conexões sociais e o nosso desenvolvimento.[42] Passar muito tempo *online* pode limitar a quantidade de prática que obtemos interagindo e nos comunicando no mundo, o que contribui para sentimentos de solidão e depressão e aumenta ainda mais a desconexão que muitos sentimos de nossos corpos. Esconder as nossas lutas do mundo não é uma maneira produtiva de obter aceitação, e há uma diferença entre usar a Internet como forma de desenvolver um sentido de fluência e competência e se entregar para ela por sentirmos que não temos outra escolha.

Thomas me disse que, à medida que passou a entender seu próprio Autismo e a trabalhar para desmascará-lo, ficou melhor em perceber como se sente e em descobrir como cuidar de si mesmo. Durante muitos anos, especialmente antes do diagnóstico, ele simplesmente afastava suas emoções e seus desejos.

"Esta semana percebi que minha reposição de energia estava paralisada", diz ele. "Eu não conseguia me concentrar no trabalho com dados, que normalmente é uma das minhas paixões. Escrevi um pouco no meu diário a respeito, e percebi que minha namorada vinha ficando mais tempo em casa do que o normal ultimamente. Eu a amo, mas ficar perto dela o dia todo estava me estimulando demais. No dia seguinte o tempo estava lindo e tudo que fiz foi sentar ao ar livre e ler. Foi maravilhoso, sem todos aqueles estímulos me hiperativando."

Thomas ainda carrega a bagagem de estar totalmente mascarado e não diagnosticado e de acreditar que era simplesmente uma pessoa difícil ou irritada. Ao longo dos anos, porém, aprendeu a superar essa programação cultural e realmente construir uma vida que seja autêntica para ele. Construir esse tipo de autoconhecimento e aceitação tem sido vital para sua felicidade e sobriedade.

"Gosto de passear por estações de trem e aprender quantidades ridículas de conhecimentos inúteis e prefiro fazer quebra-cabeças a ver TV. Como minha vida está de acordo com quem sou agora, tenho muito menos necessidade de beber. A recuperação se baseia em alinhar nossa vida com nossos valores, e não somos capazes de alinhar nada até sabermos quem somos."

Isso também se aplica aos Autistas que se distanciam reflexivamente da realidade por estarem acostumados a camuflar todos os seus sentimentos e necessidades. Ninguém pode criar uma vida confortável e que valha a pena se não souber quem realmente é ou se tiver uma autoimagem inteiramente moldada por regras impostas por outras pessoas. Felizmente, é possível deixar de se definir pela aprovação dos outros e pela adesão às regras da sociedade. Nos capítulos seguintes, vamos ver sobre como pode ser esse processo e ler relatos de diversas pessoas que se afastaram de uma vida definida pela busca de aprovação e pelo mascaramento.

Adesão a regras rígidas e sistemas de crenças

Os Autistas mascarados às vezes encontram estrutura e pertencimento em grupos de "alto controle", como organizações políticas radicalizadas, comunidades religiosas com crenças muito restritivas e cultos. Grupos de alto controle são famosos por mirar em pessoas solitárias e que buscam desesperadamente um senso de propósito. Os rituais repetitivos, os laços sociais aparentemente fechados e as regras rígidas sobre quem é "bom" e quem é "mau" atraem pessoas isoladas que anseiam por conexão e estrutura.

Falei com diversos adultos Autistas mascarados e mais de uma dúzia compartilhou comigo histórias de pertencimento a comunidades religiosas marginais, grupos de teoria da conspiração, esquemas de marketing multinível e outras organizações de alto controle. Não consegui encontrar nenhuma pesquisa empírica documentando a prevalência disso para a nossa população. No entanto, uma pesquisa recente de Griffiths e colegas (2019) descreve adultos Autistas como tendo uma vulnerabilidade elevada a exploração financeira, violência doméstica, relacionamentos abusivos e manipulação emocional.[43] São exatamente essas as qualidades que definem os cultos — e fazem parte do que torna esses espaços atraentes para nós.

Somos suscetíveis à manipulação por vários motivos. Adultos Autistas tendem a ocupar posições socioeconomicamente precárias, o que pode dificultar a fuga de pessoas que os maltratam. Pessoas desempregadas ou em subempregos ficam mais dispostas a morarem com um parceiro romântico, ou a se tornarem dependentes de um grupo religioso extremista rapidamente, por uma questão de necessidade. Nosso desejo de sermos aceitos e nossa tendência de minimizar nossos próprios sentimentos também nos deixam propensos a maus-tratos. A terapia ABA e o mascaramento social nos instruem a sermos complacentes e conformistas. A ortodoxia e as regras sobre como devemos agir podem parecer fundamentadas e "racionais".

Crescendo como Autista na zona rural do oeste dos Estados Unidos, Andrew se viu atraído por uma comunidade religiosa controladora. Ele diz que os membros da igreja rapidamente o identificaram como um alvo em potencial.

"Eu morava sozinho, claramente uma das únicas pessoas não brancas em uma cidade pequena e muito branca, deprimido, ansioso o tempo todo, tomando café o dia todo na lanchonete, e eles começaram a conversar comigo, dizendo que só queriam me conhecer."

Ele estava sendo "bombardeado de amor", uma técnica comum em cultos onde novos membros recebem afeto excessivo e atenção especial.⁴⁴ O bombardeio de amor treina uma pessoa para baixar a guarda e relaxar seus limites em torno do novo grupo. Para um Autista que esteve à margem da sociedade durante toda a vida pode ser estimulante ser repentina e inexplicavelmente adorado.

Depois que Andrew decidiu entrar para a igreja, as coisas começaram a mudar. Os membros o mantinham ao telefone até tarde da noite, fazendo perguntas intensas sobre sua família, de quem ele estava afastado. Um dos líderes da igreja o questionou sobre sua bissexualidade e como ele poderia conciliar isso com os ensinamentos de sua fé. Andrew parou de sair com homens, porque, assim, os interrogatórios cessariam. As expectativas continuaram aumentando: o voluntariado para ajudar os membros da igreja a cuidar de crianças uma vez por semana transformou-se num compromisso de todas as noites.

"Ainda me culpo por ter caído nessas táticas, porque não é como se eles tivessem uma arma apontada para minha cabeça", diz ele. Mas, ele explica, ainda assim era um comportamento controlador. "Eles estão nos abraçando e brincando conosco um dia e nem sequer olham para nós no dia seguinte. Com o tempo isso molda a forma como pensamos e agimos."

Grupos controladores e dogmáticos prometem às pessoas uma vida cheia de significado e uma nova família que nunca as abandonará. Na realidade, eles as aprisionam numa teia complexa de expectativas por vezes incompatíveis, com a rejeição sempre iminente. Uma vez que muitas destas organizações dependem da devoção, do trabalho gratuito e de doações de seus membros para funcionarem, existe o interesse em fazer as pessoas sentirem que seus esforços nunca são suficientes.

Andrew diz que levou uns dois anos para descobrir que estava sendo enganado. O estresse de estar na igreja começou a lhe causar ataques de pânico, mas os membros viam como uma traição à "família" ele procurar terapia de grupo. Isso o fez começar a questionar suas crenças. Foi também quando descobriu que era Autista.

Algumas das pessoas Autistas com quem conversei tiveram experiências menos dramáticas que ainda assim foram prejudiciais. Coisas como se tornar doentiamente apegado a orientadores de pós-graduação ou dedicar anos a organizações sem fins lucrativos ou grupos ativistas em cujos objetivos eles realmente acreditavam, mas que tinham limites realmente prejudiciais à saúde ou uma cultura tóxica e viciada em trabalho. Outros Autistas que entrevistei tornaram-se adeptos de sistemas de crenças rígidos criados por eles próprios, sem a influência de mais ninguém. Eles queriam tornar seus próprios mundos previsíveis, fáceis de entender e pequenos. Começava como uma forma de assumir o controle de suas vidas, até que o número de regras autoimpostas que eles seguiam saía do controle.

Algumas pessoas Autistas acabam por ser radicalizadas por comunidades *online* de extrema-direita, que se adaptam para atrair homens solitários e frustrados.[45] Grupos como QAnon, Proud Boys e Men Going Their Own Way proporcionam um sentimento de pertencimento a todos os indivíduos que persistem em ser alienados. Eles oferecem amizade e um lugar onde é seguro fazer perguntas tabus e dizer coisas ofensivas sem medo de consequências sociais. Estas comunidades também se aproveitam da tendência Autista de se fixar num conjunto restrito de tópicos. Elas bombardeiam os membros com propaganda, ensinam uma linguagem obscura que ninguém fora do grupo entenderá e os insensibilizam ao preconceito usando piadas e memes. Uma vez profundamente enraizado nessas subculturas, é muito difícil para um Autista conseguir sair. As crenças extremas e a forma hiperespecífica de comunicação tornam mais difícil do que nunca conseguir um emprego ou fazer amigos.

Mulheres neurodiversas e pessoas sem conformidade de gênero são igualmente vítimas de comunidades transfóbicas "críticas ao gênero" que usam muitas das mesmas táticas de controle do pensamento. Um ex-membro de um desses grupos, o escritor Ky Schevers, diz que foi basicamente submetido à terapia de conversão antitrans por outros membros do grupo.[46] Ele foi ensinado a censurar seus próprios sentimentos de disforia de gênero e a ver o desejo de transição como uma traição ao grupo e à feminilidade em geral. Eu li extensivamente sobre esses grupos e acompanhei muitos relatos anônimos "críticos de gênero" durante anos, e é chocante para mim quantos de seus membros são Autistas. Esse fato tornou-se inclusive parte da ideologia: eles afirmam estarem protegendo mulheres Autistas de serem atraídas para o "culto trans". Na verdade, são eles os cultistas, procurando pessoas vulneráveis e com disforia de gênero e trabalhando para isolá-las da comunidade trans mais ampla.

A seguir, listei alguns atributos comuns a grupos de alto controle, que foram originalmente observados pelo psiquiatra Robert Lifton em seu texto clássico, *Thought Reform and the Psychology of Totalism*[47] (Reforma do pensamento e a psicologia do totalitarismo).[48] A investigação de Lifton concentrou-se em técnicas de manipulação impostas a prisioneiros políticos e prisioneiros de guerra, mas trabalhos subsequentes revelaram processos semelhantes invocados por grupos extremistas americanos,[49] bem como por grupos que podem não se qualificar plenamente como seitas, mas que ainda assim exercem uma forte influência sobre seus membros, como muitas comunidades religiosas evangélicas.[50] Dinâmicas abusivas e manipuladoras aparecem em menor escala em esquemas de marketing multinível,[51] em ambientes de trabalho exploradores e até mesmo em comunidades que se orgulham de serem bastiões progressistas do pensamento livre, como a academia.[52] É importante que as pessoas Autistas estejam conscientes dos sinais de alerta da manipulação psicológica, porque corremos um risco elevado de sermos alvo de organizações (e mesmo de grupos sociais informais) que empregam tais métodos.

Sinais de alerta de um grupo de alto controle

1. O grupo promove uma visão antagônica do mundo exterior e dos membros que não são do grupo: "Somos nós contra o mundo".
2. Os membros se sentem constantemente inseguros quanto à sua posição dentro do grupo; eles podem ser punidos por qualquer pequeno erro ou falha.
3. Limites pessoais são desencorajados; espera-se que as pessoas vejam o grupo como uma "família" e sacrifiquem o máximo que puderem por isso.
4. Qualquer perspectiva que desafie a ortodoxia do grupo é indizível. Os membros sentem vergonha de pensar ou sentir coisas "erradas".
5. Linguagem repetitiva e jargão de grupo são usados para rejeitar críticas. Os membros do grupo repetem clichês vazios para silenciar conversas difíceis.

É claro que a maioria das pessoas Autistas nunca se radicaliza por grupos de ódio e seria tanto capacitista quanto eticamente preocupante alegar que a deficiência de alguém justifica a adoção de uma ideologia racista, sexista e transfóbica. No entanto, é importante que cada um de nós reconheça como o conjunto de exclusão social, hiperfoco e cumprimento de regras do Autista pode se misturar a uma programação semelhante a um culto para prejudicar a maneira de pensar de uma pessoa vulnerável. Quem nunca foi capaz de se movimentar confortavelmente pelo mundo buscará alívio e significado onde puder. Para um subconjunto de pessoas Autistas, isso significa cair em comunidades abusivas e semelhantes a cultos. Para outros, assume a forma de racionalização ou desculpa de abusos em relacionamentos privados. Muitos de nós mascaramos por meio da submissão e da compulsão por agradar os outros.

Bajulação e necessidade compulsiva de agradar os outros

The Big Bang Theory é uma das comédias mais populares da história da TV, o que provavelmente torna Sheldon o com código Autista mais famoso que existe. Ele é notoriamente rude e socialmente desconectado, um idiota que se safa de suas grosserias por ser um sabe-tudo. Lisbeth Salander, da série de livros *Os homens que não amavam as mulheres*[53], é outro exemplo clássico do tropo do gênio idiota Autista. Ela usa a percepção e a racionalidade quase robóticas para repreender e insultar as pessoas, bem como para solucionar crimes. Rick, de *Rick e Morty*, é outro exemplo notável. Ele age de maneira ativamente abusiva com os netos e é um desleixado total que quase sempre destrói a casa da filha adulta, mas toda a família (e a maior parte dos fãs do programa) o admira porque sua mente analítica brilhante e prática inventou a tecnologia de portal.

Como pessoas da vida real, os Autistas estão sempre fugindo do tropo do "gênio idiota". Em uma pesquisa de 2016 sobre as atitudes de estudantes universitários em relação aos Autistas, os psicólogos descobriram que as pessoas associavam o neurotipo à introversão, ao retraimento social e a ter uma personalidade "difícil".[54] Esses estereótipos de Autismo existiam antes de programas como *The Big Bang Theory* e *Rick e Morty*, mas essas representações decerto reforçaram preconceitos que já existiam. Na mente da pessoa comum, existe uma imagem singular de como o Autismo se apresenta nos adultos: um gênio, quase sempre um homem, que é contundente e direto ao ponto da crueldade.

Para evitar incorporar esse tropo, os Autistas se desdobram em todos os tipos de formas agradáveis. Fazemos o possível para não parecermos difíceis, cruéis ou egocêntricos. Internalizamos a mensagem de que falar sobre nós mesmos e sobre nossos interesses entedia as outras pessoas, que somos socialmente ineptos e ruins em ler emoções e que nossas necessidades sensoriais nos tornam bebezões que estão sempre reclamando. Por medo de nos tornarmos um Sherlock, nos transformamos em Watsons: agradáveis, dóceis, extremamente passivos, sempre presumindo que as personalidades maiores ao nosso redor sabem o que é melhor.

Autistas mascarados costumam ter a necessidade compulsiva de agradar os outros. Apresentamo-nos como alegres e amigáveis, ou não ameaçadores e pequenos. Os Autistas mascarados também são particularmente propensos a se envolverem na resposta ao trauma que o terapeuta Pete Walker descreve como "bajulação".[55] Lidar com o estresse nem sempre se resume a lutar ou fugir, a bajulação é uma resposta destinada a pacificar qualquer pessoa que represente uma ameaça. E para os Autistas mascarados a ameaça social está em toda parte.

"Para evitar o investimento emocional e a potencial decepção, os tipos bajuladores evitam serem vistos", escreve Walker, "escondendo-se atrás de suas personas prestativas, ouvindo demais, sendo entusiasmados demais ou servindo o outro em excesso."[56]

Walker observa que, ao nunca revelarem suas próprias necessidades ou desconfortos a outras pessoas, os bajuladores se poupam do risco de rejeição. Mas eles também não conseguem se conectar com as pessoas de maneira significativa. É um jeito solitário de se viver. Também é profundamente desgastante. Muitos adultos Autistas mascarados têm dificuldades para equilibrar o trabalho em tempo integral com a vida social ou *hobbies*, porque manter uma máscara conciliatória durante oito horas por dia é muito trabalhoso para se ter energia para qualquer outra coisa.[57] As conexões que formamos podem nunca parecer satisfatórias ou autênticas em relação a quem realmente somos, porque se baseiam em atendermos às necessidades das pessoas de forma reflexiva e sempre dizer a elas o que acreditamos que elas queiram ouvir.

O *coach* de bem-estar Autista Samuel Dylan Finch escreveu muito sobre por que os Autistas bajulam e como a bajulação desgasta nossos relacionamentos. Ele próprio é um bajulador, embora tenha levado algum tempo para reconhecer isso.

"Sou do tipo que agrada as pessoas", escreve ele em seu *blog*.[58] "Mas levei muito tempo para perceber isso. Porque sou teimoso! E falo o que penso!"

Finch escreve que quando realmente deseja se conectar com alguém, seu instinto é censurar seu verdadeiro "eu" e "espelhar" o outro: "Quanto mais eu investia em uma conexão emocional, menor era a probabilidade de criticar aquela pessoa, expressar quando meus limites fossem ultrapassados, expor insatisfação quanto ao comportamento dela ou compartilhar qualquer coisa que eu achasse que poderia prejudicar o relacionamento".

A seguir, alguns dos sinais de uma resposta "bajuladora" ao estresse e às ameaças sociais inspirados de perto no trabalho e na escrita de Finch.

Ferramenta de reflexão sobre bajulação e necessidade de agradar os outros[59]

Considere as afirmações e reflita sobre o quanto cada uma é verdadeira para você.

1. Não parece que alguém conhece meu "verdadeiro eu".
2. Não sei dizer não às pessoas.
3. Eu me sinto responsável por administrar os sentimentos e as reações das outras pessoas, mesmo quando não me dizem respeito.
4. Às vezes sinto que estou traindo a mim mesmo ao concordar com coisas com que não concordo.
5. Monitoro de perto as situações sociais para ver quando o conflito está se formando e tento interrompê-lo antes que comece.

O impulso bajulador que Finch descreve é muito familiar para mim. Acho fácil corrigir um colega de trabalho se ele fizer uma afirmação factual errada, mas quando me vi preso a um relacionamento abusivo com uma pessoa a quem amava profundamente, contradizê-lo me aterrorizava. A simples ideia de lhe dizer que ele havia me tratado de maneira injusta me dava vontade de gaguejar e fugir da sala. Anos depois, ainda tenho dificuldade em criticar as pessoas, inclusive aquelas que me fazem sentir seguro e aceito. Meu cérebro já sabe, mas meu corpo espera uma explosão de raiva mesmo assim. As pessoas Autistas correm um risco maior de violência doméstica, em parte porque tendemos a ser um pouco ingênuos ou confiarmos demais e somos rápidos em nos modificar para tranquilizar os outros.[60] Quando se está preso sob a máscara, todo amor parece condicional. É difícil saber quais necessidades são aceitáveis para serem expressas. Também é fácil nos sentirmos responsáveis por servir como intermediários ou mantenedores da paz quando surge qualquer tensão entre outras pessoas, porque, para nós, o conflito pode ser muito perigoso.

Algumas pesquisas psicológicas sugerem que há pesados custos emocionais e relacionais em tentar constantemente agradar os outros e projetar de volta neles as emoções e respostas que eles desejam ver. Uma tática de bajulação comum entre os Autistas é o espelhamento: imitar levemente as ações e emoções de outra pessoa, tentando corresponder à energia que ela está emitindo para que nos vejam como normais e semelhantes a eles. No entanto, prestar muita atenção às ações e aos sentimentos de alguém e depois imitá-lo da melhor maneira possível é um esforço muito desgastante e perturbador do ponto de vista cognitivo. Um estudo realizado por Kulesza e colegas (2015) descobriu que quando os participantes de um estudo experimental receberam a solicitação de imitarem sutilmente o comportamento de um interlocutor, o imitador, na verdade teve mais dificuldade em reconhecer as emoções da pessoa que estava imitando.[61] Mesmo que os participantes (neurotípicos) do estudo imitassem com sucesso as demonstrações emocionais dos interlocutores, eles estavam tão concentrados no desempenho que na realidade pararam de pensar no significado das demonstrações emocionais. O estudo não foi replicado em uma amostra Autista ou neurodiversa, mas, se espelhar outras pessoas exige tanto trabalho mental que reduz a empatia dos neurotípicos, isso provavelmente também é verdade para pessoas Autistas. Na realidade, esses resultados sugerem que toda a atenção que dedicamos a mascarar as nossas próprias emoções e a espelhar as de outras pessoas contribui, em primeiro lugar, para as nossas dificuldades com a empatia.

Como os Autistas muitas vezes também têm dificuldade em identificar as próprias emoções (particularmente no calor de uma interação social estressante), frequentemente não são capazes de reconhecer corretamente quando as ações de alguém os magoaram ou deixaram desconfortáveis. Eu levo algum tempo para refletir sobre como as ações de alguém podem ter me magoado. O educador sexual e escritor Autista Stevie Lang observou que os Autistas às vezes também acham difícil negociar o consentimento sexual, porque nem sempre sabem a diferença entre desejar algo e querer desejar para fazer outra pessoa feliz:

"A nossa aversão à rejeição e o desejo de sermos aceitos podem tornar difícil saber quando estamos de fato consentindo", escreve ele, "e quando estamos tentando nos conformar às expectativas sociais para que gostem de nós ou para evitar a rejeição".[62]

Em última análise, todo mascaramento consiste em deixar nossos sentimentos de lado para podermos nos concentrar em agradar os outros ou em nos conformar às normas sociais. Este sempre será um sistema de valores autodestrutivo para se viver, independentemente dos mecanismos de enfrentamento que usamos para sustentá-lo. Quer utilizemos álcool, exercícios físicos em excesso, trabalhar demais, isolamento social, codependência ou alguma outra estratégia autodestrutiva para ajudar a nos misturarmos, será sempre prejudicial colocar a aprovação social e "parecermos" neurotípicos acima das nossas necessidades reais.

Na verdade, não precisamos viver assim. Nós, os Autistas, podemos aprender a nos escutarmos novamente, desafiar a vergonha que a sociedade nos impôs e nos tornarmos radicalmente visíveis e francos sobre as adaptações de que precisamos e merecemos. Pode ser desafiador e assustador nos desligarmos de anos de máscaras reflexivas e de autoproteção, mas é possível termos uma vida livre de seus limites. Nos próximos capítulos, vamos revisar a pesquisa sobre como os Autistas podem acomodar seu neurotipo em todas as facetas da vida, ouvir *coaches* e especialistas que estão ajudando colegas Autistas a aprender a desmascarar e conhecer várias pessoas Autistas mascaradas que começaram a abraçar quem são e questionarem as forças que as ensinaram a se esconder.

CAPÍTULO 5

Repensando o Autismo

Vamos começar do início: o primeiro passo do processo de desmascaramento é perceber que você é Autista. Pode não parecer um passo ativo em direção à autoaceitação ou autenticidade, mas compreender-se como deficiente é uma reformulação bastante dramática de sua vida. Quase todas as pessoas neurodiversas com quem conversei para escrever este livro compartilharam que descobrir que eram Autistas foi um momento de percepção poderoso, que os levou a repensar cada narrativa em que acreditavam sobre quem eram. Rótulos dolorosos que carregaram durante anos de repente não pareciam tão relevantes: não era que fossem burras, sem noção ou preguiçosas, eram apenas deficientes. Não era que seus esforços nunca bastavam ou que elas fossem fundamentalmente erradas ou ruins. Elas simplesmente não haviam sido tratadas com a compaixão que mereciam nem receberam as ferramentas que lhes teria permitido florescer. Nomear sua posição na sociedade como pessoas com deficiência ajudou-as a externalizarem aquilo que há muito estava internalizado. Provou que nenhum de seus sofrimentos era culpa delas.

É claro que adotar uma identidade Autista não desfaz instantaneamente a camuflagem e a compensação habituais que muitos de nós tivemos que adotar. Muito parecido com a hipervigilância comum aos sobreviventes de traumas com TEPT, o mascaramento é um reflexo que surge mais intensamente quando vivenciamos incerteza ou ameaça social. E reconhecer-se como pessoa com deficiência certamente não faz o mundo parecer menos confuso ou ameaçador. No entanto, aceitarmo-nos como Autistas libera muitos de nós (talvez pela primeira vez) para questionar se é justo que se espere que vivamos de uma forma tão dissimulada e apologética.

O processo de desmascaramento consiste em repensar as crenças e os comportamentos que pareciam normais antes de descobrirmos que éramos Autistas. Significa reexaminar os estereótipos sobre Autistas (e outras pessoas com deficiência) a que fomos expostos por meio dos meios de comunicação, da educação formal e de experiências formativas na nossa juventude. Exige que questionemos os valores mais profundamente acalentados pela sociedade e percebamos onde existem lacunas entre o que nos foi dito que *deve* ser e como realmente desejamos viver. Finalmente, desmascarar exige que olhemos para o nosso passado com um espírito de graça, aprendendo gradualmente a ver que não há nada de errado com nós, que nos disseram ser barulhentos demais, afetados demais, esquisitos demais ou exagerados demais, que, na verdade, eles são até mesmo maravilhosos e absolutamente merecedores de amor.

Reformulando os estereótipos do Autismo

Há alguns anos, Trevor estava acampando com seus amigos nas montanhas Ozark. Todo mundo estava ficando um pouco bêbado, batendo uns nos outros com camisetas e brincando. Alguém sugeriu que o grupo realizasse um concurso improvisado de "antebraço mais bonito". Todos riram e olharam para Trevor. Um silêncio tomou conta do grupo.

Trevor fingiu timidez e então caminhou lentamente até o centro do grupo. Ele arregaçou as mangas lentamente, de forma quase sedutora, e então fez uma pose dramática, como algo saído de uma história em quadrinhos, exibindo seus antebraços desproporcionalmente grandes e musculosos para que todos vissem. A visão arrancou interjeições de espanto, e o colega de quarto de Trevor se abanou como se fosse desmaiar.

"É uma piada interna no nosso grupo de amigos", explica. "Eu tenho antebraços muito enormes. Como o Popeye, devido a bater as mãos o tempo todo."

Trevor sempre regulou e expressou suas emoções batendo e agitando as mãos. Bater as mãos é um dos estímulos Autistas mais comuns. É um sinal tão conhecido e visível do Autismo que treinar as crianças para terem "mãos tranquilas" é um dos principais objetivos da terapia ABA.[1] Embora bater as mãos seja inofensivo e não perturbador, as pessoas neurotípicas reconhecem o gesto instantaneamente como um sinal de deficiência — que, portanto, deve ser severamente punido. As pessoas imitam o bater das mãos dos Autistas quando querem insinuar que uma pessoa com deficiência é estúpida, irritante ou está fora de controle. Donald Trump fez uma famosa imitação cruel de bater as mãos durante sua campanha de 2016, enquanto criticava um repórter com deficiência física. Mas, nos últimos anos, apesar de toda a bagagem social, Trevor aprendeu a assumir seus gestos.

Trevor se revelou como Autista para seus amigos há alguns anos. Ele tem 45 anos de idade, mas sabe da deficiência desde os 12. Quando foi diagnosticado, a mãe de Trevor disse que isso deveria permanecer em segredo pelo resto da vida. Ela acreditava que as pessoas iriam subestimá-lo e excluí-lo se soubessem que ele "não tinha" muitas das habilidades que as pessoas neurotípicas tinham. Durante décadas, Trevor escondeu obedientemente seus estímulos e a tendência a pensar demais nas coisas. Na faculdade, ele teve aulas de improvisação para parecer mais extrovertido. Ele lia livros sobre boas maneiras e saía mais cedo dos encontros para que os amigos com quem estava não percebessem que ele tinha dificuldade para falar quando estava cansado.

Por fim, à medida que o movimento de aceitação do Autismo se tornou mais visível, Trevor começou a questionar o antigo conselho de sua mãe. Ele vasculhou fóruns como o r/AutismTranslated do reddit e leu histórias de pessoas que se revelaram neurodiversas. No *site* Stimtastic, encontrou objetos de borracha mastigáveis projetados para *stimming* e secretamente encomendou alguns para si.

Contar aos amigos sobre seu Autismo acabou sendo meio anticlimático.

"Eles não ficaram surpresos", disse ele, rindo. "Nem um pouco. Eles realmente me conhecem."

Antes de se assumir, Trevor não conseguia explicar às pessoas o motivo que seus antebraços eram tão musculosos. Era apenas mais uma coisa estranha sobre si mesmo que o deixava constrangido. Ele não era um cara musculoso. Como muitos Autistas,[2] Trevor tinha um tônus muscular reduzido em relação à maioria dos neurotípicos que conhecia. Ele andava com uma postura curvada e tinha braços finos. Grandes camisas sociais ajudaram a esconder seu corpo caracteristicamente Autista.

Mas depois que "se assumiu", Trevor podia deixar os outros admirarem e fazerem brincadeiras sobre seus braços musculosos. Ele ficou chocado ao ver que as pessoas realmente os achavam atraentes. Ele não tem mais vergonha do próprio corpo ou de seu *stimming*. Toda a energia mental que costumava investir em ocultar sua deficiência está liberada para se concentrar em outras coisas. E o medo de ser descoberto que a mãe imbuiu nele se mostrou totalmente equivocado.

Nos capítulos anteriores, refletimos sobre as reações comuns que as pessoas neurotípicas têm quando encontram pela primeira vez traços visíveis de deficiência em uma criança e contemplamos os muitos estereótipos negativos sobre o Autismo que nos envergonham e nos levam a mascarar. Aqui vamos reexaminar essas experiências iniciais e os traços estereotipados do Autismo e considerar se eles podem ser vistos de uma forma mais neutra ou mesmo positiva.

No livro *Raising Your Spirited Child*[3] (Criando seu filho espirituoso), a autora e educadora de pais Mary Sheedy Kurcinka incentiva cuidadores frustrados e exaustos a repensarem as impressões negativas que têm dos filhos.[4] Kurcinka não estava falando especificamente sobre Autistas quando cunhou o termo *criança espirituosa* no início da década de 1990, mas está bem claro que seu filho espirituoso tem muito em comum com crianças Autistas. Muito parecido com o termo criança índigo (que é popular entre os pais da Nova Era há décadas),[5] criança espirituosa refere-se a uma constelação um tanto vaga de comportamentos e características que se sobrepõem bastante ao Autismo e ao TDAH. Os pais de crianças com traços do espectro Autista muitas vezes tentam encontrar (ou inventar) um eufemismo suavizador para as diferenças de seus filhos. É evitação de rótulos, com uma pitada de lustro espiritual. No caso de Kurcinka, rotular o filho como espirituoso foi uma tentativa de resistir às atitudes estigmatizantes que os médicos e psiquiatras tinham em relação a ele e a seu futuro.

Os profissionais consideravam o filho espirituoso de Kurcinka como teimoso, difícil e obstinado; ele era propenso a gritos altos e reações intensas a estímulos e desafiador diante de instruções que não queria seguir. Kurcinka fez algumas pesquisas por conta própria e descobriu que todos os textos disponíveis para pais sobre crianças como seu filho se concentravam no quanto era desafiador criá-los e no custo que isso representava para os cuidadores. O início da década de 1990 foi uma época em que as pessoas geralmente acreditavam que o Autismo de uma criança acabava com a vida da família. Uma estatística desse período citada com frequência (e totalmente incorreta)[6] afirmava que os pais de crianças Autistas tinham uma taxa de divórcio de 80%.[7] A neurodivergência era um horror que assolava as famílias e as fazia ressentir as crianças que a traziam para casa. Consternada com a má qualidade da informação disponível, Kurcinka decidiu criar recursos que fossem mais compassivos e olhassem para o comportamento das crianças espirituosas com curiosidade em vez de condenação.

Kurcinka pediu que os pais tentassem reformular os traços "problemáticos" de seus filhos como positivos. Muitos dos comportamentos mais perturbadores de uma criança eram sinais de sua independência e vontade. Como escreve o defensor de deficientes rabino Ruti Regan no *blog* Real Social Skills (Habilidades sociais reais), "a desobediência é uma habilidade social".[8] Só é "ruim" se você olhar de fora, da perspectiva de alguém que pretende controlar ou restringir. Embora os Autistas sejam estereotipados como carentes de empatia, são quase sempre os professores não Autistas e os cuidadores de crianças Autistas que não conseguem refletir sobre a experiência interior deles e sobre os motivos e sentimentos que dão sentido a seus comportamentos. Pode ser estressante criar uma criança desobediente, mas, se você deseja que seu filho se torne uma pessoa forte e saudável, com o poder de se defender, é fundamental que ele saiba como se impor e dizer "não".

Aqui estão alguns dos rótulos antigos e estigmatizantes de crianças "espirituosas" que Kurcinka se propôs a desafiar, e as alternativas mais positivas que ela recomendou:

Rótulo antigo	Novo rótulo
Teimoso	Assertivo, persistente
Indomável	Ativo
Distraído	Perspicaz
Chato	Seletivo
Exigente	Sabe claramente o que quer
Inflexível	Tradicional; não gosta de mudanças
Manipular	Sabe como atender às necessidades, carismático
Ansioso	Cauteloso
Explosivo	Dramático
Enxerido	Curioso, inquisitivo

Rótulo antigo	Novo rótulo
Barulhento	Entusiasmado, empolgado
Desafiador	Opinativo, comprometido

Você deve ter notado que algumas das características listadas na tabela de Kurcinka também estavam entre os estereótipos negativos do Autismo listados anteriormente neste livro. Desenvolvi as tabelas do Capítulo 3 muito antes de ler o livro de Kurcinka, com base no *feedback* de um grande grupo de adultos Autistas. Acontece que as qualidades pessoais menos apreciadas por muitos adultos Autistas são exatamente as mesmas características das quais os cuidadores reclamavam em seus filhos há trinta anos, na época em que Kurcinka estava escrevendo. Essas tabelas podem ter sido desenvolvidas independentemente umas das outras, mas claramente conversam entre si. Quando muitos de nós estávamos crescendo, os adultos nos viam como barulhentos, teimosos, indiferentes, excessivamente reativos e pesados. Crescemos acreditando que realmente somos difíceis de conviver e de amar.

Quando uma pessoa de um grupo altamente estigmatizado absorve e acredita em alguns dos estereótipos negativos aplicados a seu grupo, ela sofre daquilo que os pesquisadores chamam de autoestigma. Isso é pesado. Pessoas com alto nível de *autoestigma* experimentam autoestima reduzida e se consideram menos capazes do que outras pessoas e muitas vezes têm medo de procurar ajuda.[9] Psicólogos estudam como reduzir o autoestigma em pessoas com transtornos mentais como depressão, ansiedade e esquizofrenia há décadas; no entanto, não há basicamente nenhuma pesquisa sobre como reduzir o autoestigma em Autistas. Os poucos dados que existem são sobre como ajudar os familiares sem deficiência de crianças Autistas a sentirem menos vergonha de terem *parentesco* com alguém deficiente.[10]

Como há uma escassez de pesquisas que examinem a redução do autoestigma em Autistas, precisamos olhar para os dados sobre o tratamento de estereótipos internalizados em outras populações. Uma revisão realizada por Corrigan, Kosyluk e Rush (2013) concluiu que, para diversas pessoas com transtornos mentais, assumir com orgulho sua deficiência e apresentá-la como parte valiosa de sua identidade ajudou a reduzir o impacto do autoestigma.[11] Um estudo experimental mais recente de Martinez-Hidalgo e colegas (2018) combinou pessoas com transtornos mentais estigmatizadas com parceiros de conversa neurotípicos para uma série de *workshops* em que discutiram saúde mental e outros assuntos, como criatividade.[12] No final da intervenção, os participantes portadores de transtornos mentais relataram sentir menos vergonha de suas condições, e os preconceitos de seus parceiros neurotípicos contra pessoas com transtornoss mentais também diminuíram um pouco. Esse estudo incluiu alguns participantes Autistas, embora a amostra também fosse um conjunto muito diversificado de pessoas de outros neurotipos, mas os resultados são promissores. Em geral, a maioria das pesquisas mostra que assumir orgulhosamente a própria deficiência pode ter um grande impacto na forma como as pessoas se sentem — e pode mudar as atitudes dos indivíduos neurotípicos que as rodeiam.

É encorajador testemunhar como outros Autistas mascarados assumem com orgulho características por que antes sentiam profundo desprezo e haviam sido ensinados a odiar: infantilidade, egoísmo, teimosia, ser um robótico. Vista de outro ângulo, a infantilidade é alegria e curiosidade aberta. O egoísmo é uma habilidade protetora vital. Um entrevistado me disse que foram sua teimosia e clareza moral que lhe permitiram fazer uma denúncia quando descobriu que sua empresa estava violando as proteções de privacidade dos clientes. Algumas pesquisas que sugerem que as pessoas que estão acostumadas a serem odiadas e a irem contra a corrente social têm maior probabilidade de falar abertamente e denunciar injustiças.[13]

Bobbi, que falei no Capítulo 1, conta que aprendeu a ver sua combinação única de imprudência e sensibilidade como um verdadeiro superpoder. Bobbi é terapeuta ocupacional e trabalha com crianças pequenas. Ela diz que se conectar com crianças frustradas é algo natural para ela por conta de seu passado e de seu Autismo.

"Quando dizem às crianças que elas são sensíveis demais, que suas reações às coisas são erradas, isso realmente as incomoda. Mas ser sensível não é ruim. Se estivéssemos falando de um detector de metais, ser sensível seria bom. Ou de um cachorro farejador de bombas. Um bom instrumento deve ser sensível. Por que é ruim ser muito hábil em farejar as bombas emocionais no ambiente?"

Na tabela a seguir estão todos os traços "negativos" do Autismo que exploramos no Capítulo 2 reformulados para se centrarem na perspectiva da pessoa Autista. Você pode tentar acrescentar suas próprias reformulações ou seus próprios exemplos de como suas "piores" características serviram a seus melhores interesses.

Disseram que eu era:	Mas na verdade eu sou:	Eu valorizo essa qualidade em mim porque:
Arrogante	Confiante Íntegro Independente	• Isso me ajuda a defender o que é certo. • Muitas vezes sou a primeira pessoa a falar sobre um problema. • Posso dar um exemplo positivo para ou outros. • •
Frio e insensível	Analítico Racional Cuidadoso	• Eu percebo coisas que outras pessoas não percebem. • Não me deixo levar pela emoção do momento como os outros fazem. • Sou bom em perceber conexões e sistemas que outras pessoas não conseguem ver. • • •
Irritante e barulhento	Entusiasmado Vivo Franco	• Eu sou meu melhor defensor. • Eu elevo os níveis de energia das outras pessoas. • Sinto felicidade intensa e reconheço a beleza. • • •

Disseram que eu era:	Mas na verdade eu sou:	Eu valorizo essa qualidade em mim porque:
Infantil	Curioso Mente aberta Alegre	• Sou ótimo em aprender e crescer. • Eu experimento toda a gama de emoções humanas. • Tiro prazer das pequenas coisas da vida. • • •
Estranho	Autêntico Exclusivo Não me confundo com a multidão	• Se algo for difícil para mim, provavelmente também será para outras pessoas. • Minha maneira de me mover pelo mundo é inteiramente própria. • Eu não me conformo a padrões injustos. • • •
Sem noção, patético	Reflexivo Despretensioso Aberto sobre a vulnerabilidade	• Eu reconheço que todos precisamos uns dos outros. • Sei como pedir a ajuda de que preciso. • Valorizo minhas conexões com outras pessoas. • •

Disseram que eu era:	Mas na verdade eu sou:	Eu valorizo essa qualidade em mim porque:
Sensível	Perspicaz Emocionalmente Sintonizado Compassivo	• Sei reconhecer maus-tratos. • Sou bom em medir a temperatura emocional de um ambiente. • Estou em contato com meus sentimentos e com os sentimentos dos outros. • • •
Esquisito	Único Pioneiro Não convencional	• Eu faço do mundo um lugar maior e mais amplo. • Desafio antigas convenções e regras injustas. • Sou a autoridade máxima sobre como minha vida deveria ser. • • •

Muitas vezes, as características que incomodam ou causam estranhamento nas pessoas neurotípicas são as mesmas que definem quem somos e ajudam a nos manter seguros. Quando deixamos de ter uma perspectiva externa sobre a nossa própria deficiência e, em vez disso, nos centramos em nossas próprias perspectivas e necessidades, isso se torna claro. Na verdade, não é ruim sermos espirituosos, barulhentos, intensos, íntegros ou estranhos. Essas características são inconvenientes meramente para sistemas projetados por pessoas sem deficiência que não levam em consideração nosso modo único de ser. Mas quanto mais trabalharmos para normalizar o nosso neurotipo, e quanto mais orgulhosamente assumirmos a responsabilidade pelas nossas identidades Autistas, mais as instituições serão forçadas a mudar para acomodar a nós e a outros que vêm sendo constantemente excluídos.

Outro passo poderoso no processo de desmascaramento é aprender a reivindicar as nossas paixões e interesses especiais. A maioria de nós vem sufocando todos os nossos grandes sentimentos há anos — não apenas a angústia e o desconforto, mas também a alegria. Ao mergulharmos alegremente nos nossos interesses especiais e nos deleitarmos com a nossa capacidade Autista de hiperfocar, podemos ajudar a treinar novamente os nossos cérebros para ver o nosso neurotipo como uma fonte de beleza em vez de uma marca de vergonha.

Celebrando interesses especiais

Clara é obcecada por músicos *new wave* e pop da década de 1980. O quarto dela é cheio de discos antigos que vão do chão ao teto. Suas paredes estão cobertas de pôsteres de shows realizados muito antes dela nascer, em 1993. Clara tem cabelo cor de maçã do amor e usa botas de couro grossas com salto plataforma, jeans rasgados, batom rosa-forte e camisas pretas assimétricas andróginas e esvoaçantes. O músico favorito de Clara é o falecido Pete Burns da banda Dead or Alive, mais famoso pela música *You Spin Me Round (Like a Record)*. Ela conheceu Pete e conseguiu seu autógrafo várias vezes e assistiu a todas as gravações de shows, entrevistas e reality shows em que ele apareceu.

Clara tem um interesse especial Autista por Pete Burns, e envolver-se com esse interesse lhe traz imenso prazer. Quando realmente gosta de alguém, ela se abre contando fatos sobre as muitas cirurgias estéticas de Pete Burns e suas controvérsias na mídia. Quando gesticula com os braços, uma tatuagem do rosto de Pete Burns aparece por baixo da manga da camiseta.

Quando foi para a faculdade, há alguns anos, Clara decidiu esconder sua obsessão por Pete Burns dos novos colegas de aula. Ela queria começar com o pé "direito" e não assustar ninguém por se mostrar fixada demais no cantor e astro de *reality shows*. Por isso, não levou nenhum de seus discos ou pôsteres para a universidade. Ela cobria a tatuagem com blusas de mangas compridas. Toda abotoada e mascarada, ela teve muita dificuldade em fazer amigos.

"Todos os dias eram meio vazios", diz ela. "Eu apenas seguia a rotina, sem nada para fazer."

Depois de um ano assim, Clara estava dolorosamente deprimida e apática. Suas notas eram péssimas, e ela não tinha apetite. Com o incentivo dos pais, Clara foi transferida para uma faculdade mais próxima da casa de sua infância, para poder voltar a morar em seu quarto, com acesso a todas as suas coisas de Pete Burns. Ela se reconectou com amigos *online* que eram tão apaixonados por música e moda alternativa quanto ela e, gradualmente, sua vida começou a melhorar.

"Foi como voltar à vida", diz ela, "como uma plantinha que se levanta sob o sol."

Quando se trata de interesses especiais, os cérebros Autistas são esponjas absolutas, absorvendo fatos e números a uma velocidade que parece desumana para pessoas neurotípicas. Pessoas Autistas podem desenvolver um interesse especial por quase qualquer coisa. Algumas aprendem a falar Klingon fluentemente; outras memorizam algoritmos para resolver cubos de Rubik. O cérebro da minha irmã é um compêndio de curiosidades e diálogos de filmes. Meus interesses especiais incluem de tudo: da biologia dos morcegos à história da dinastia Tudor, passando por finanças pessoais e comunidades específicas, administradas pelos chamados ativistas dos direitos dos homens.

Embora o Manual diagnóstico e estatístico de transtornos mentais afirme que o Autismo é definido por ter uma gama "restrita" de interesses, algumas pessoas Autistas percorrem novos interesses especiais a cada dois meses e tornam-se polímatas em uma variedade de assuntos. Outros se dedicam firmemente a um tópico durante toda a vida. Não temos controle sobre quais são os nossos interesses especiais ou quando eles aparecem ou desaparecem em nossas vidas. Ser obcecado por uma pessoa ou tópico não é uma escolha e não reflete necessariamente nossos valores ou crenças, daí a experiência do meu ex-colega Chris de sofrer *bullying* por ser obcecado pela Segunda Guerra Mundial. Muitas vezes descubro que meus interesses especiais são uma fascinação perversa por uma pessoa ou movimento que considero moralmente abominável. Embora outros possam achar perturbador ler (por exemplo) *blogs* transfóbicos por horas a fio, descobri que estudar esses assuntos é fortalecedor e informativo.

Os Autistas acham revigorante e estimulante dedicar tempo a aprender sobre nossos interesses especiais. Em estudos que examinam a vida de adultos Autistas, o envolvimento com interesses especiais está positivamente associado ao bem-estar subjetivo.[14] Quando conseguimos apreciar as nossas hiperfixações, nós nos sentimos mais felizes e satisfeitos com a vida. Mas, durante muito tempo, pesquisadores neurotípicos consideraram os interesses especiais como um impedimento para ter uma vida "normal".

Os terapeutas da ABA penalizam as crianças Autistas por falarem sobre eles,[15] retirando atenção e carinho quando os assuntos surgem. Isso treina crianças Autistas para esconder suas alegrias mais profundas e evitar cultivar suas paixões.

Punir crianças Autistas por falarem sobre seus interesses especiais é talvez o elemento mais arbitrariamente cruel da terapia ABA. A maioria das crianças tem interesses fanáticos em um momento ou outro e, em um adulto, ter uma paixão intensa pode trazer muito significado e prazer à vida, bem como uma oportunidade de se conectar com pessoas que pensam de maneira semelhante. No entanto, a terapia ABA é enraizada no reforço dos padrões sociais mais restritos e em sua imposição às crianças Autistas, na esperança de que um elevado grau de conformidade as mantenha "seguras". Ser muito apaixonado por videogames, histórias em quadrinhos ou espécies de animais selvagens é quase sempre visto na sociedade como infantil ou limitante e, portanto, espera-se que as crianças Autistas escondam seu entusiasmo.

Curiosamente, os adultos só ficam envergonhados por terem um interesse obsessivo se for um interesse um pouco "estranho" e não vier com a oportunidade de acumular muitas realizações ou ganhar muito dinheiro. Pessoas que completam rotineiramente semanas de trabalho de oitenta horas não são penalizadas por serem obsessivas ou hiperfixadas — elas são celebradas por sua dedicação. Se um adulto passa as noites depois do trabalho aprendendo a programar ou criando objetos que vende no Etsy, é visto como empreendedor. Porém, se alguém dedicar o tempo livre a algo que lhe dá prazer, mas que não beneficia ninguém financeiramente, é visto como frívolo ou constrangedor, até mesmo egoísta. Neste caso, está claro que as regras de punição impostas às crianças Autistas refletem uma questão social muito mais ampla: o prazer e o tempo não produtivo e lúdico não são valorizados, e quando alguém é apaixonado pelas coisas "erradas", essa paixão é desencorajada porque apresenta uma distração do trabalho e de outras responsabilidades "respeitáveis".

Os custos de saúde mental para evitar que as crianças Autistas desfrutem de seus interesses especiais são imensos. Ter a liberdade de desenvolver e expressar interesses especiais está ligado a um melhor desenvolvimento social, emocional e até mesmo motor fino.[16] Uma pesquisa com jovens adultos Autistas realizada por Teti e colegas (2016) descobriu que muitos usam seus interesses especiais para desenvolver habilidades de consciência emocional e estratégias de sobrevivência.[17] Isso acontece com frequência em *fandoms* e comunidades nerds onde pessoas neurodiversas com interesses especiais mútuos se encontram, socializam e, por vezes, começam a se desmascarar. Num estudo sobre hábitos na Internet, os investigadores Johnson e Caldwell-Harris (2012) descobriram que os adultos Autistas tinham, na verdade, uma maior variedade de interesses e interesses mais numerosos do que seus pares não Autistas e faziam muito mais publicações nas redes sociais sobre seus interesses destinadas a conversas, em comparação com pessoas neurotípicas.[18] Os Autistas também são uma parte fundamental da maioria dos *fandoms* e convenções centradas em *hobbies* compartilhados. Nós dedicamos muita energia a encontrar e criar espaços onde possamos interagir com pessoas que compartilham dos nossos interesses e, dentro dos espaços de fãs nerds, as normas sociais tendem a ser mais indulgentes e descontraídas. Acontece que interesses especiais nos ajudam a nos tornarmos indivíduos mais extrovertidos e completos.

Em 2020, o autodefensor Autista Jersey Noah desenvolveu a Semana do Interesse Especial, uma série de sugestões de reflexão de uma semana postadas nas redes sociais, que foram projetadas para ajudar as pessoas Autistas a refletir e compartilhar sobre as coisas que lhes trazem alegria. Grande parte dos escritos que Autistas publicam *online* concentra-se em frustrações e experiências de exclusão e incompreensão. Espera-se que adultos Autistas eduquem pessoas não Autistas sobre como realmente é o neurotipo e desmascarem toda a desinformação que os alísticos absorveram passivamente (e projetaram sobre nós) durante toda a nossa vida. Jersey criou a Semana do Interesse Especial para dar às pessoas Autistas um pouco de descanso após tanto trabalho educacional e emocional. Basicamente, ele criou uma espécie de terapia antiABA, incentivando pessoas neurodiversas a despejarem informações sobre suas obsessões fazendo o barulho que quisessem, sem se preocuparem com as expectativas ou necessidades das pessoas neurotípicas.

Conversei com Jersey quando ele estava desenvolvendo as propostas para a Semana do Interesse Especial, assim como com vários outros criadores Autistas, incluindo Matt e Brandy Haberer, que apresentam o podcast sobre deficiência *The Chronic Couple*. Em outubro de 2020, a primeira Semana do Interesse Especial foi realizada no Instagram, com a hashtag #AutieJoy. Centenas de Autistas participaram, postando fotos de suas coleções de chapéus, planilhas de conquistas em videogames e trabalhos manuais. Foi catártico ler aquelas histórias e compartilhar como minhas hiperfixações também moldaram minha vida para melhor.

Abaixo está uma versão adaptada das instruções da Semana do Interesse Especial de Jersey Noah, que você pode usar em particular, em um *blog* ou uma plataforma de mídia social para refletir sobre suas próprias paixões e o que elas significam para você.

Semana do Interesse Especial:[19]
Sete dicas para ajudar você a refletir sobre a alegria Autista

Instruções: todos os dias, durante uma semana, reserve algum tempo para refletir sobre uma das instruções abaixo. Nos campos disponibilizados, você pode rabiscar, escrever sobre o tema ou até mesmo colar fotos relevantes a seu interesse especial. Você também pode buscar lembretes físicos desses interesses especiais. Experimente ouvir um uma música que você adorava, por exemplo, ou vasculhar uma gaveta velha de itens colecionáveis. Tudo o que ajudar você a se conectar com uma poderosa sensação de alegria Autista!

DIA 1
Seu interesse especial mais antigo:

DIA 2
Seu interesse especial mais recente:

DIA 3
Um interesse especial que mudou ou cresceu com o passar do tempo:

DIA 4
Um interesse especial que é colecionado/coleção:

DIA 5
O interesse especial que mais moldou sua vida:

DIA 6
Um interesse especial que você compartilha com alguém:

DIA 7
Um dia para abraçar e celebrar interesses especiais. O que de positivo seus interesses especiais trouxeram para sua vida?

Refletir sobre seus interesses especiais pode deixar você animado, fortalecido ou esperançoso, assim como o exercício sobre momentos-chave de Heather Morgan (fornecido na introdução deste livro, na página 20) também foi projetado para fazer. Mascarar é uma prática de nos silenciarmos e deixarmos que as expectativas neurotípicas dominem as nossas ações, em vez de sermos guiados pelos nossos valores pessoais fundamentais. Mas quando nos aprofundamos no que nos faz sentir felizes, estimulados e plenamente vivos, podemos identificar quem realmente somos e como deveriam ser as nossas vidas. Na próxima seção, vamos revisitar nossos momentos-chave do exercício anterior e ver o que esses momentos têm a dizer sobre quem somos e o que mais valorizamos.

Redescobrindo seus valores

"Pessoas Autistas absorvem muitas mensagens que nos dizem, *ah, isso não é permitido, nunca poderei ser bom o suficiente, as regras são diferentes para mim e para qualquer outra pessoa*", diz Heather Morgan. "E nós podemos desconstruir essas mensagens perguntando: 'bem, e o que meus valores têm a dizer sobre isso?'"

Por muito tempo, Heather acreditou que as regras que se esperava que outras pessoas seguissem eram fundamentalmente diferentes das regras que se aplicavam a ela. Ela estava tentando se enquadrar nos limites que as pessoas neurotípicas traçaram para ela, mas todos os seus esforços pareciam fracassar. As instruções que ela recebera não correspondiam às expectativas reais (não expressas) das pessoas. Era paralisante. Por fim, ela decidiu parar de se concentrar no que os outros desejavam dela e deixar sua vida ser guiada por seus valores reais. Foi quando ela desenvolveu pela primeira vez seu exercício de integração baseada em valores, que aplicou a muitos clientes Autistas.

Na introdução deste livro, incentivei você a completar a primeira etapa do processo de integração baseada em valores, evocando a memória de cinco "momentos-chave" de sua vida em que você realmente se sentiu vivo. Um dos objetivos deste exercício é ajudar você a nutrir um sentimento de confiança em seus instintos e desejos. As qualidades e os sentimentos únicos associados a cada um de seus momentos-chave também podem ajudar a descobrir o que você mais valoriza na vida. Para nomear quais são seus valores, você pode relembrar essas memórias e tentar articular exatamente por que cada uma delas foi tão especial.

"Depois de terminar de contar cada uma de suas cinco histórias", escreve Heather Morgan,[20] "volte e procure as palavras-chave que descrevem cada história. A maioria das histórias terá pelo menos duas ou três palavras-chave, e algumas palavras-chave se repetirão nas histórias."

Suponha, por exemplo, que um dos momentos-chave que lhe veio à mente foi o dia de seu casamento. O que foi especialmente tocante naquele dia? Foi estar cercado por todas as pessoas importantes para você? Foi a conexão que você sentiu com seu parceiro? Você gostou da atenção? Da celebração? Tente identificar o que fez aquele momento realmente se destacar e faça isso sem emitir qualquer julgamento. Observe todas as palavras que aparecem várias vezes, em várias memórias. Tente ir um pouco mais fundo e use palavras baseadas em valores (como conexão, família, criatividade ou generosidade) para descrever essas experiências especiais.

Integração baseada em valores:[21]
Identificando seus valores

Instruções: Para completar esta atividade, você precisará consultar o exercício de momentos-chave que você completou na introdução deste livro (página 20). Revise aquelas memórias e tente listar palavras-chave que descrevam cada momento e por qual motivo ele foi especial para você. A maioria das histórias terá pelo menos duas ou três palavras-chave, e algumas palavras-chave se repetirão nas histórias. Sinta-se à vontade para listar quantas palavras quiser, até identificar aquelas que realmente captam seus sentimentos.

Momento 1:	Palavras-chave que descrevem por que esse momento foi especial:
Momento 2:	Palavras-chave que descrevem por que esse momento foi especial:
Momento 3:	Palavras-chave que descrevem por que esse momento foi especial:
Momento 4:	Palavras-chave que descrevem por que esse momento foi especial:

Momento 5:	Palavras-chave que descrevem por que esse momento foi especial:
Tente identificar quais das palavras listadas acima são as mais importantes ou com que você mais se identifica. Veja se algumas palavras podem ser agrupadas ou se há uma única palavra que resuma uma ideia para você. Você pode listar palavras-chave e tentar agrupá-las aqui:	

Nossas principais memórias e as palavras que usamos para descrevê-las podem nos ajudar a compreender o que é mais importante para nós e oferecer um contraste valioso entre o modo como vivemos atualmente e a vida que gostaríamos de construir.

Para ajudar a ilustrar esse processo e algumas das conclusões que dele podem advir, deixe-me apresentar um dos meus momentos-chave. No verão de 2019, eu estava voltando para casa por Wrigleyville, o bairro repleto de bares esportivos no entorno do estádio Wrigley Field, do time de beisebol Chicago Cubs. Como havia uma peregrinação pelos *pubs*, tinha várias pessoas bêbadas andando de bar em bar. Ao passar por uma rua lateral tranquila, vi uma mulher se afastando de um homem visivelmente bêbado e cambaleante. Ela continuava balançando a cabeça e sorrindo, mas tentando se afastar, e parecia profundamente desconfortável. O homem continuou tropeçando em sua direção e gritando por sua atenção. Decidi parar o que estava fazendo e seguir a dupla rua abaixo.

Observei por um tempo enquanto a mulher tentava colocar alguma distância entre ela e o homem, que ficava se elevando sobre ela e fazendo perguntas. Os gestos dela eram apaziguadores e conciliadores. O homem continuava colocando os braços em volta dos ombros dela, e ela continuava escorregando para longe dele. Depois de alguns momentos, vi o homem colocar a mão na parte inferior das costas da mulher. Ela ficou tensa. A mão dele desceu até o traseiro da calça jeans dela. Meus instintos entraram em ação.

"Deixe ela em paz, cara!", gritei, correndo para encontrá-los. O homem enrijeceu. "Deixe ela ir."

Ele olhou para mim com os olhos turvos e disse lentamente: "Está tudo bem".

"Você precisa parar de tocar nela", eu disse em voz baixa e autoritária. Coloquei meu corpo entre os dois. "Você apenas fica aqui comigo até ela seguir seu caminho."

Ele fez uma careta para mim e disse arrastadamente as palavras: "Deixe a gente em paz".

"Não, cara. Você vai deixá-la em paz. Você vai ficar aqui, comigo, até ela ir embora."

Ele estava visivelmente irritado e por um momento pensei que ia levar um soco. No entanto, não senti medo. Eu me senti totalmente no controle da situação. Continuei dizendo a ele para ficar parado, a voz agora no volume máximo para que outras pessoas na vizinhança pudessem ouvir. O cara estava definitivamente furioso, mas ficou lá comigo, olhando para mim, balançando-se ameaçadoramente, até que a mulher chegou ao prédio dela, a cerca de meio quarteirão de distância, fechou a porta e se trancou lá dentro.

"Saia daqui", eu disse ao cara quando tudo acabou. "Ande para o outro lado." Fiquei parado até que ele se foi.

Durante a maior parte da minha vida, faltou-me coragem e clareza de propósito. Eu hesitava, me questionava, tinha medo de constranger alguém. Muitas vezes digo a mim mesmo que estou interpretando mal a situação em que me encontro ou que não tenho o poder de consertar as injustiças que vejo ao meu redor. Também tenho tendência a colocar o meu próprio bem-estar antes do dos outros, porque não confio que alguém algum dia vá me valorizar. Naquele caso, eu não me senti sobrecarregado com qualquer dúvida ou covardia. Defendi o que era certo, embora fazer aquilo tenha sido "esquisito" e eu também pudesse ter me machucado. Eu fiz um julgamento e usei minha maravilhosa arrogância Autista para assumir o controle.

Quando comparo aquela minha versão forte e confiante com a pessoa nervosa, sorridente e contida que muitas vezes sou quando estou mascarando, posso ver exatamente onde estão meus valores e como minha máscara me impede de ser meu "eu" autêntico. Quando deixo o medo de parecer "estranho" ou "grosseiro" me guiar, falho com os outros e também comigo mesmo. Quando me concentro apenas em me proteger, esqueço o quanto sou forte e como é maravilhoso cuidar de outras pessoas. Essa experiência me ensinou que valorizo mais a proteção dos outros e o fato de ter princípios e coragem do que a adaptação ou a invisibilidade — mas que, de qualquer forma, a todo momento sou tentado a sucumbir a esses desejos. Quando escuto meus valores, minha vida é mais gratificante e significativa. Eu me sinto mais poderoso e menos empacado. Essa lembrança também ilustra para mim que é o meu Autismo, e não a minha máscara, que me ajuda a viver de acordo com as minhas crenças. Eu consegui intervir e ajudar aquela mulher porque estava disposto a tornar a situação estranha e fui teimoso e forte o suficiente para me manter firme diante da agressão e da intimidação. Essas qualidades às vezes podem me tornar inconveniente para pessoas neurotípicas, mas, às vezes, atrapalhar é exatamente a coisa certa a fazer.

Sentindo gratidão por seu Autismo e por seu passado

Até agora, neste capítulo, trabalhamos para repensar as crenças injustas que internalizamos sobre o Autismo e sobre nós mesmos. Este pode ser um processo fortalecedor, mas também traz alguma melancolia. Você pode se pegar relembrando todos os anos que "desperdiçou" mascarando e se arrependendo de como deixou a vergonha e o julgamento social moldarem você. Para ajudar a superar esses sentimentos desafiadores, é útil estender um pouco de autogratidão a si mesmo e fazer um balanço do impacto positivo que o Autismo já teve em sua vida. Ser Autista em um mundo neurotípico é muitas vezes traumatizante,[22] e ser forçado a mascarar é essencialmente uma experiência de abuso provocada pela sociedade. Embora às vezes você possa desejar que a vida tivesse sido diferente ou que não tivesse sofrido, sua deficiência não é culpada pelo que aconteceu, e você também não. Foi um sistema de injustiça secular e de longo alcance que deixou você em uma situação tão difícil. Mesmo sabendo disso, você pode sentir um imenso arrependimento pela maneira como a vida tem sido até agora. No entanto, pesquisas psicológicas mostram que estender a gratidão a seu "eu" passado, que sobreviveu ao trauma, é um meio poderoso de cura.[23]

Muitas vezes, pessoas que lidaram com o trauma de maneira imperfeita experimentam uma *fragmentação* da individualidade. Elas veem diferentes sentimentos e comportamentos como partes quase distintas de si mesmos, em vez de um todo integrado que possam compreender e sobre o qual possam ter controle. A pessoa que eles eram na escola pode não estar alinhada com quem eles fingiam ser em casa. Eles podem ter precisado criar uma complexa trama de ficções sociais para manter suas vidas unidas. É fácil sentir vergonha por lidar dessa forma. Mas estender a gratidão a seu passado e avaliar como o Autismo moldou sua vida (mesmo quando você estava tentando escondê-lo) pode ajudar você a se sentir mais unificado, além de aceitar melhor a forma como as coisas eram.

Meu amigo James Finn é romancista, ex-ativista do Act Up e analista de defesa aposentado da Força Aérea dos EUA. Ele desempenhou muitas funções em seus 58 anos de vida, e todas elas foram adequadas à sua natureza Autista, focada e observadora. Como ele só foi diagnosticado há dez anos, durante a maior parte de sua vida ele não sabia por que era tão hábil em examinar fatos e desenvolver sistemas que ajudassem a organizá-los, ou por que conseguia absorver novos idiomas como uma esponja. Ele naturalmente gravitou na direção de um trabalho que lhe dava tempo suficiente para ficar sentado sozinho, processando informações.

"A Força Aérea provavelmente está recrutando analistas Autistas", ele me diz. "Quer dizer, se não está, deveria. Eu podia ficar estudando conjuntos de dados, fazendo conexões e simplesmente morar no meu escritório, era maravilhoso. Se não fosse o FBI ter feito polígrafos aleatórios por um ano e eu precisar mentir sobre ser gay, eu provavelmente teria permanecido nas forças armadas."

Depois de deixar a Força Aérea na década de 1980, James conseguiu um emprego como tradutor nas Nações Unidas. À medida que a crise da Aids começou a se intensificar, ele se envolveu com uma agência de serviços de HIV/Aids, onde ajudou pessoas *queer* e usuários de drogas intravenosas. Ele morou em Nova York e permaneceu altamente engajado no ativismo Act Up até o final da década de 1990, quando a luta contra a Aids finalmente começou a parecer menos sombria. Então, James se mudou para Montreal para morar com um namorado e começou a trabalhar com vendas. Ele passava seu tempo livre aprendendo francês, escrevendo e reescrevendo obsessivamente traduções em um caderno.

"E essa foi, na verdade, uma das coisas que alertou meu terapeuta de que eu poderia ser Autista", diz James. "Eu tinha cinco cadernos cheios de frases em francês de um lado e traduzidas de três maneiras diferentes para o inglês do outro. Quando contei isso ao meu terapeuta, ele olhou para mim e ergueu as sobrancelhas dizendo: *Desculpe, o quê?*"

James foi avaliado rapidamente depois disso e descobriu que, na verdade, era Autista. Os quarenta e oito anos anteriores de sua vida fizeram sentido instantaneamente. Em seu trabalho de vendas, James costumava passar horas digitando transcrições de diálogos hipotéticos, imaginando todos os rumos possíveis das conversas. Assim, não importava o que alguém dissesse, ele teria preparado uma forma de responder. Hoje, seus leitores de ficção dizem que ele é fantástico em escrever diálogos e realmente entende como as outras pessoas falam e sentem. Mas não é porque essas coisas sejam naturais para ele. Ele dedicou milhares de horas separando conversas para entendê-las.

"O Autismo me causou muitos desafios ao longo da vida, e muitas vezes eu não gosto disso", diz James. "Mas sem isso eu não teria sido gestor de uma organização de serviços de HIV. Eu não teria escrito romances. Eu não teria aprendido francês. Então, mesmo que às vezes eu me sinta solitário e às vezes sinta que as pessoas me julgam mal, também vale a pena."

Eu ouço muito esse tipo de pensamento expresso por pessoas Autistas, especialmente aquelas que encontraram uma comunidade ao lado de outras pessoas neurodiversas e tiveram tempo para fazer as pazes com quem realmente são. Após o choque inicial de perceber que você tem uma deficiência oculta, muitas vezes há ondas de aceitação e alívio.

Nos círculos de autodefesa Autista, muitas vezes surge a questão de saber se tomaríamos uma pílula que "cura" magicamente o Autismo. A grande maioria das pessoas na nossa comunidade rejeita essa ideia imediatamente, porque o Autismo é uma parte central de quem somos, impossível de separar de nossos talentos, personalidades, preferências e perspectivas gerais. Não seríamos as mesmas pessoas sem ele. Ser Autista moldou fundamentalmente a vida de James Finn, sua carreira, onde ele viveu, seus relacionamentos e suas paixões, assim como ser um homem gay. Não é realmente possível imaginar um James Finn que não tenha essas características e ainda seja reconhecivelmente ele.

Da minha parte, sei que sem o Autismo eu não teria concluído meu doutorado aos 25 anos de idade, não teria memorizado milhares de letras de músicas, feito amizade com dezenas de esquisitões de gênero com interesses nerds ou escrito tantas palavras quanto escrevi. Se o Autismo não tivesse afetado minha capacidade de aprender a dirigir, talvez eu não tivesse me mudado para Chicago. Eu poderia ter escolhido morar em uma cidade sem transporte público e não teria conhecido meu parceiro de mais de uma década. Cada aspecto de quem sou está intimamente ligado ao resto, e nos dias bons eu me amo o suficiente para ser grato por quase todos eles.

Para encerrar este capítulo, quero pedir que você reflita sobre as coisas significativas que o Autismo já trouxe para sua vida. Esses aspectos positivos não precisam ser respeitáveis de acordo com os padrões neurotípicos. A maioria de nós não é de *savants*, e o nosso valor não deve ser medido por nossa capacidade (ou incapacidade) de atingir padrões convencionais de sucesso. O que é realmente importante aqui é focar em como a neurodiversidade trouxe prazer, conexão e significado à sua vida. O Autismo não pode ser "curado", e a maioria das pessoas na comunidade de autodefesa do Autismo acaba por ver esse fato como uma bênção, pelo Autismo ser tão fundamental para sua existência e essencial para que se tornem as pessoas maravilhosas que são.

Graças ao hiperfoco Autista, desenvolvi as seguintes habilidades:	
Graças aos meus interesses especiais, aprendi muito sobre os seguintes assuntos:	
Se eu não fosse Autista, nunca teria conhecido as seguintes pessoas que são importantes para mim:	
Se eu não fosse Autista, nunca teria tido as seguintes experiências:	
Se eu não fosse Autista, não teria os seguintes traços incríveis de personalidade:	
Ser Autista é difícil, mas me tornou resiliente das seguintes maneiras:	

O autoestigma mente; você não é mesquinho, "exagerado", um bebê chorão ou um esquisito de sangue-frio. Você é uma pessoa marginalizada com muitas qualidades lindas e únicas. Suas necessidades são neutras em termos de valor e suas emoções são sinais úteis para serem respondidas que não merecem vergonha alguma. O Autismo sempre foi uma força motriz poderosa em sua vida, muitas vezes para melhor, mesmo quando você não sabia que ele existia. Agora que sabe que ele existe, você pode trabalhar para aceitar e amar a pessoa que sempre foi sob sua máscara e praticar o compartilhamento dessa versão sua com o mundo. O desmascaramento não ocorre numa grande explosão de confiança; é um processo gradual de relaxar suas inibições, confiar em seus sentimentos e abandonar estratégias compensatórias que não lhe convêm mais. No próximo capítulo, veremos maneiras de reduzir a camuflagem e a compensação que você faz, rejeitar as expectativas neurotípicas e construir um estilo de vida que centralize seu neurotipo em vez de minimizá-lo.

CAPÍTULO 6

Construindo uma vida Autista

"No último ano, perdi mais de 10 mil seguidores. E acho que foi porque deixei de ser uma versão aspiracional de mim mesma e agora estou apenas fazendo o que quero."

Moorea Seal é uma autora e empreendedora que mora em Seattle e, por muitos anos, também foi curadora e influenciadora digital. Ela é mais conhecida como autora da série de diários de grande sucesso *52 listas*, que fornece sugestões semanais de textos para um ano sobre um tópico ou tema específico. Existe o *52 listas para a felicidade*, o *52 listas para a coragem* e o *52 listas para a união* e ainda agendas, cartões postais e listas de tarefas da marca. Cada livro tem um belo design, ao mesmo tempo, suave e estimulante aos olhos, com gráficos dispostos sobre cenários de tons terrosos e fotos de plantas. As dicas são amplamente úteis, mas também refletem as jornadas de saúde mental e autoexploração que Moorea tem feito ao longo dos anos.

A loja que Moorea possuía em Seattle era muito parecida: um espaço convidativo e cuidadosamente organizado, cheio de vestidos e joias elegantes, bolsas e sapatos de salto alto e cactos plantados em pratos geométricos brancos e brilhantes. Moorea se tornou famosa no Pinterest por ter um talento sobrenatural para reunir elementos visuais. Seu olhar e bom gosto também levaram ao sucesso no Instagram. A marca digital de Moorea se tornou tão reconhecível que os fãs começaram a procurar por sua loja, que ela batizou com o próprio nome para ter uma marca reconhecível. Ao longo dos anos, Moorea se tornou escritora, proprietária de pequena empresa e influenciadora de enorme sucesso. Ela participou de conferências e teve reuniões de negócios com grandes marcas. Assinou contratos com a Gap e a Nordstrom e foi entrevistada por veículos como o Amy Poehler's *Smart Girls*. Ela fez tudo isso como uma pessoa Autista não diagnosticada, usando uma máscara de beleza feminina e elegante. Quanto maior se tornava sua marca, mais restritiva ela parecia.

"Sofri muita pressão para ser só um rosto, usar certas coisas, fazer uma *performance* de Moorea", ela me diz. "Eu quero ser a Moorea. Eu quero ser eu. Eu não quero precisar vestir isso o tempo todo."

No auge de seu sucesso, Moorea vivia um casamento insatisfatório e começava a questionar sua orientação sexual. A rotina constante de administrar um negócio e representar sua empresa a estava desgastando. Ela começou a ter ataques de pânico. Seu cérebro, desesperado para protegê-la da sobrecarga que estava enfrentando, desligava durante reuniões e situações de alto estresse.

"Durante reuniões, teve vezes em que parceiros de negócios gritaram comigo dizendo coisas como *Moorea, preste atenção! Faça isso, você está atrasada.* Eu simplesmente começava a chorar, e então eles diziam que eu estava sendo emocionalmente manipuladora. E era só que eu não tinha mais palavras."

Moorea sempre sentiu uma tensão entre seu "eu" internamente "esquisito" e a mulher atraente e organizada que as pessoas esperavam que ela fosse. Ela era uma aliada declarada das pessoas LGBTQIA+, mas não reconhecia sua própria característica *queer*. Profissionalmente, as pessoas valorizavam sua mente e as imagens únicas que ela conseguia criar, mas não queriam que ela ultrapassasse os limites postando sobre suas opiniões políticas. Ela seguiu as regras, tentou encontrar o equilíbrio certo entre ser ela mesma e ser uma influenciadora, mas isso a deixou presa em uma posição terrivelmente pouco autêntica e exaustiva.

Então, Moorea começou a abrir mão das coisas. Ela fechou sua loja e reduziu as parcerias a apenas alguns colaboradores importantes. Ela e o marido se separaram, e ela se assumiu *queer*. Começou a lutar boxe, ficar mais musculosa e a vestir roupas largas e masculinas com mais frequência. No Instagram, sua contagem de seguidores caiu. Ela começou a postar sobre o movimento Black Lives Matter (Vidas Negras Importam), sua luta contra a depressão e sua orientação sexual, e mais seguidores desapareceram. Muitas das mulheres brancas e heterossexuais que amavam sua antiga marca ficaram incomodadas com a verdadeira Moorea.

Quanto mais Moorea abraçava seu verdadeiro "eu", mais ela perdia. Mas não parecia exatamente uma perda. Ela ganhou uma compreensão maior de quem realmente era. Vários meses após o início da pandemia de Covid-19, um amigo de Moorea sugeriu que ela fosse avaliada para Autismo. Ela recebeu um diagnóstico muito rapidamente depois disso.

"Naquele momento, eu fiquei simplesmente feliz", ela conta. "Só pensava: *ahhh, isso faz sentido.*"

A história de Moorea é um pouco diferente do que ouvimos até agora. Ela começou a se desmascarar meses antes de descobrir de onde viera aquela máscara. A dissonância na vida de Moorea era tão grande, que ela não precisou de um diagnóstico de Autismo para saber que as coisas estavam intoleráveis e precisavam mudar. Ser uma influenciadora *queer* e andrógina em uma indústria hiperfeminina e conformista era obviamente insustentável. Assim que ela reconheceu isso e começou a se afastar de tudo, todas as facetas ocultas de Moorea começaram a brilhar. E quando descobriu que era Autista, Moorea não ficou chocada nem envergonhada. Ela sempre teve amigos Autistas, bem como amigos com deficiência intelectual, então, em muitos aspectos, a revelação foi como voltar para casa. No momento em que Moorea se revelou Autista em seu Instagram, basicamente qualquer pessoa que viria a ser alienada por ela já havia ido embora.

"Vou continuar sendo brutalmente aberta sobre mim mesma", diz ela. "As pessoas vão reagir a isso como quiserem."

Moorea passou por muitas mudanças nos últimos anos e, às vezes, isso a deixou emocionalmente abalada. Mas ela abordou essas mudanças com aceitação radical e confiança em si mesma. Ela sabe que ser Autista tem sido uma força positiva em sua vida, e escutar a si mesma permitiu que ela se concentrasse nos tipos de vida que são gratificantes e sustentáveis para ela. Acredito que, em última análise, é isso que todo Autista mascarado deve almejar. Confiar e aceitar a nós mesmos incondicionalmente o bastante para podermos aceitar as rejeições e perdas que às vezes resultam de vivermos como realmente somos. Não podemos agradar a todos. Desmascarar-se significa parar de tentar ser uma "marca" atraente.

Moorea camuflou e compensou lindamente seu Autismo por muitos anos. Mas ela aprendeu, a certa altura, que era melhor viver em seus próprios termos do que apelar às massas. Na época em que a entrevistei, ela morava numa casa de hóspedes na propriedade da irmã e trabalhava fazendo seu próprio horário. Encontrava muito tempo durante o dia para brincar com o filho pequeno da irmã, fazer caminhadas e tomar banhos revigorantes. Alguns meses depois, ela se mudou para um microestúdio barato, mas confortável, e tornou sua vida ainda mais básica. Ela ainda faz trabalhos criativos de curadoria, mas aprendeu a deixar muitas coisas de lado. A vida atual não é tão acelerada e orientada para realizações como era a antiga vida de Moorea. Mas é mais ela.

Neste capítulo, daremos uma olhada em algumas maneiras baseadas em evidências pelas quais pessoas Autistas podem construir suas vidas em torno de seus pontos fortes, valores e necessidades. Também saberemos de vários *coaches*, ativistas e profissionais de saúde mental Autistas, que desenvolveram maneiras de acomodar corpos e mentes neurodiversos e aprenderemos um pouco mais sobre pessoas como Moorea, que pararam de seguir roteiros neurotípicos sobre como "deveria" ser um lar, uma carreira ou a vida. Lembre-se de que o mascaramento consiste tanto em camuflagem quanto em compensação. É um sistema complexo de comportamentos, performances e até decisões de vida. O que significa que desmascarar o Autismo vai muito além do que apenas diminuir as nossas inibições. Significa repensar toda a forma de nossas vidas. Quando confiamos em nós mesmos e entramos em contato com nossos valores, tudo pode mudar — da forma como nos vestimos à maneira como organizamos nossas casas, passando pela forma como concebemos o próprio tempo.

Design divergente

Marta Rose é educadora e conselheira de pares Autistas e escreve regularmente *online* como @divergent_design_studios. Alguns de seus trabalhos mais inovadores giram em torno do conceito de design divergente — a ideia de que os espaços físicos que habitamos como Autistas devem priorizar a nossa saúde sensorial e trabalhar com os padrões reais das nossas vidas.

"Ao fazer o projeto de um espaço", escreve Marta,[1] "pense em um design para como você realmente vive, não como deseja viver… seu espaço deve ser projetado para acomodar a realidade de sua vida, sem vergonha ou julgamento."

Antes de seguir esse princípio (e oferecer treinamento a outros Autistas sobre ele), Marta costumava se punir por coisas como, no final do dia, deixar as roupas empilhadas no chão. Ela colocou um cesto perto do armário para facilitar a organização, mas ao fim de cada dia estava sempre exausta demais para separar as roupas que estavam limpas o bastante para serem guardadas das que precisavam ser lavadas. Ela tinha uma mesa de jantar coberta de tralhas e repreendia a si mesma por nunca usá-la para fazer refeições em família. O projeto de sua casa era ambicioso, mas nada prático.

"Meu novo plano é colocar alguns ganchos na parede ao lado da cama, para não precisar dar nem um passo a mais para pendurar roupas que ainda não estão sujas", explica ela. A roupa suja pode ir para o cesto ou simplesmente ser jogada no chão e recolhida mais tarde. Essa abordagem mantém o quarto de Marta razoavelmente organizado, mas ela não se estressa por não manter as coisas perfeitamente organizadas e limpas.

Mariah, uma designer de interiores que descobriu recentemente que é Autista, diz que refazer o projeto da própria casa e de seu espaço de trabalho foi uma parte fundamental de seu desmascaramento.

"Como designer profissional, aprendi muitas 'regras de design', mas quebrei uma porção delas ao considerar a configuração da minha mesa de trabalho", diz ela. "Trabalhar em casa me ajuda a me desmascarar de várias maneiras que muitas pessoas não percebem. Mas estou me desmascarando para mim mesma, e isso parece extraordinariamente libertador."

Mariah mantém ferramentas sensoriais e de autocuidado em uma caixa perto de sua mesa, para que possa pegá-las sempre que precisar. Um rolo de massagem fica embaixo da mesa, para que ela possa se estimular usando os pés. Ela usa fones de ouvido com cancelamento de ruído de potência industrial (do tipo usado por paisagistas) e mantém varinhas de brinquedo de plástico cheias de glitter ao alcance da mão para manusear. O *layout* de sua mesa não se parece com o que lhe ensinaram que um espaço bem projetado "deveria" ser. Viver de acordo com as próprias regras teve um efeito positivo enorme sobre ela. Mariah está constantemente fazendo ajustes, encontrando novas maneiras de ficar mais confortável.

"Tudo parece diferente, isso realmente impacta tudo. Como se meu corpo estivesse mascarado!", ela diz. Agora que seu ambiente diário trabalha com seu corpo e não contra ele, ela se sente física e mentalmente livre.

Marta Rose escreve que o design divergente deve honrar as relações únicas que as pessoas Autistas têm com os objetos. Alguns Autistas ficam muito estressados com a desordem visual, porque ela cria "ruído" sensorial, e isso torna a decoração e a organização da casa muito desafiadoras. Se alguma coisa nova entra no meu apartamento, eu percebo instantaneamente, e isso me incomoda muito. Às vezes, jogo fora coisas necessárias por impulso, porque olhar para elas me deixa muito estressada. Um dia, uma universidade me enviou pelo correio um enorme *kit* de gravação em preparação para um evento virtual. Ele me deixou tão desconfortável que quase devolvi a caixa à UPS e menti que ela havia se extraviado. Eis o quanto eu queria que aquilo saísse da minha casa. Precisei contornar esse gatilho; quando ajudei a organizar uma troca de roupas trans, por exemplo, pedi a um amigo que ficasse com todas as arrecadações de roupas usadas. Eu sabia que, se tivesse um monte de sacos de lixo com roupas no meu apartamento, poderia jogá-los fora uma noite impulsivamente.

Pesquisas experimentais mostram que muitos Autistas têm dificuldade em ignorar o "ruído" visual, a ponto de realmente perturbar seu processamento.[2] A desordem pode corroer a nossa concentração, tornando difícil pensar com clareza ou regular as emoções. Um estudo com crianças Autistas descobriu que muitas tinham dificuldade em prestar atenção em salas de aula com paredes cobertas de cartazes coloridos chamando a atenção e prateleiras cheias de livros e brinquedos.[3] A maioria dos espaços infantis é muito movimentado e iluminado, apesar do impacto negativo que isso tem no processamento de crianças Autistas. Não é de admirar que Moorea Seal tenha se tornado conhecida por sua estética minimalista e elegante. Muitas pessoas neurodiversas anseiam por um ambiente livre. É menos coisas para controlar, menos coisas para limpar toda semana e menos coisas para arrumar quando chegar a hora de se mudar. Isso também está na moda: design minimalista, guarda-roupas cápsula e descartar itens que causem desordem e não "despertem alegria" (*à la* Marie Kondo) se tornaram imensamente populares nos últimos anos por serem visualmente tranquilizantes e práticos.[4]

Dito isto, nem todos os Autistas se adaptam bem ao minimalismo. Marta Rose observa que os objetos têm um significado muito forte para as pessoas Autistas, por isso pode ser muito difícil arrumar os nossos espaços e jogar coisas fora.[5] Identificamos com os itens que amamos e até sentimos uma certa empatia por eles, como se eles tivessem vida. Os psicólogos chamam esse fenômeno de personificação dos objetos, e os Autistas o apresentam em uma taxa elevada em comparação com a população neurotípica.[6] Também tendemos a nos conectarmos emocionalmente com mais facilidade aos animais do que às pessoas, o que também pode influenciar a forma como os nossos ambientes domésticos devem ser organizados.

Pessoas Autistas quase sempre contam com objetos amados para fornecer constância, familiaridade e base emocional.[7] Limpar e livrar-se de coisas desnecessárias causa fadiga de decisão para muitos de nós,[8] porque precisamos pensar com muito esforço sobre por que podemos querer nos agarrar a algo e analisar todos os cenários possíveis nos quais o item possa ser útil. Também precisamos lutar contra a programação social no processo: será que eu realmente quero jogar fora minha coleção de bonecos colecionáveis ou apenas acho que isso me fará parecer mais adulto? Eu nunca uso essas botas porque fazem barulho e não são práticas ou porque estão enterradas sob uma pilha de camisetas e esqueço que elas existem?

Para gerir estas necessidades concorrentes, Marta Rose tem algumas sugestões. Primeiro, você pode exibir um item que represente uma coleção maior que se tornou difícil de manejar. Se você tem dezenas de brinquedos colecionáveis, por exemplo, pode montar uma única prateleira com seus favoritos atuais e guardar o resto. Selecionar quais brinquedos "apresentar" a cada semana ou mês pode ser uma maneira divertida de ver toda a sua coleção e se expressar. Você também pode tirar fotos dos objetos para catalogá-los e jogar fora alguns itens físicos. Às vezes, objetos velhos podem ser reaproveitados: maquiagem e joias antigas podem ser usadas para fazer artes visuais; camisetas furadas podem ser costuradas em uma colcha. Isso geralmente torna a dor de jogar fora um amigo inanimado querido um pouco menos dolorosa, porque ele se torna parte de outra coisa que você usará e valorizará.

Se você deseja manter uma coleção inteira, mas acha que é uma distração olhar para ela todos os dias, pode pendurar uma cortina em frente às prateleiras ou colocar as coisas em caixas fechadas. Marta também recomenda que pessoas Autistas considerem contratar alguém para ajudá-los a arrumar e manter seus espaços limpos. Contratar uma faxineira ou arrumadeira é buscar a acomodação de que você precisa, embora Marta observe que muitos Autistas (principalmente mulheres) sentem vergonha de pedir essa ajuda no início. Além disso, algumas pessoas Autistas podem se sentir agitadas ou desreguladas por terem um estranho em casa reorganizando, ou limpando suas coisas, ou podem precisar que as tarefas de limpeza sejam feitas de uma maneira muito particular, e administrar isso pode ser frustrante para todos os envolvidos. Para muitos Autistas, pagar por limpezas domésticas regulares pode estar fora do alcance. Alguns encontram uma solução alternativa, contando com a ajuda de amigos ou parceiros românticos, ou negociando habilidades em locais de trocas e grupos *online*. Conheço uma Autista que adora organizar casas e acha fazer limpeza algo calmante, por isso, ela arruma as casas de outras pessoas com deficiência de graça, ou em troca de suprimentos de que precisa ou de refeições caseiras.

A Álgebra Interior Design é uma empresa de design de interiores com sede em Dubai que consultou pessoas e famílias Autistas para desenvolver uma porção de práticas recomendadas de design divergente.[9] À luz de todas as pesquisas que analisamos até agora, suas dicas não são surpreendentes: prefira linhas limpas e cores suaves, como pastéis e tons terrosos; evite padrões com muitas informações, luzes brilhantes ou detalhes ornamentados. Se você se autoestimula de maneira que possa causar danos físicos (por exemplo, balançando os braços), evite móveis com cantos afiados. Se seu corpo deseja movimento, você pode colocar um tapete macio para se sentar.

A Algedra também recomenda o uso de isolamento, tapetes e painéis decorativos à prova de som para amortecer o ruído de forma discreta.

É claro que esses princípios não se aplicam a todos. As necessidades e preferências das pessoas Autistas são incrivelmente variadas, como já discutimos ao longo deste livro. Desmascarar-se no ambiente de vida significa, antes de mais nada, desapegar-se das expectativas sobre como alguém "deveria" viver. Alguns Autistas são buscadores sensoriais e sentem necessidade de luzes intensas e brilhantes ou muito som, e suas casas refletem isso. Honrar a necessidade de estimulação e excitação é tão importante quanto proporcionar silêncio e quietude e, portanto, para alguns Autistas, desmascarar a casa pode significar simplesmente dar-se permissão para manter o espaço tão desordenado quanto desejar. Clara, a superfã de Pete Burns, sabe que se sente melhor quando está cercada por todos os seus discos favoritos, pôsteres de shows, maquiagem e acessórios coloridos.

"Preciso de cores e de coisas, e de um lugar para tocar minha música no volume que eu quiser", diz ela.

Aqui estão algumas perguntas para você refletir sobre o que precisa em sua casa e em seu espaço de trabalho e como você pode tornar seu próprio ambiente um pouco mais afirmativo:

Perguntas sobre design divergente

- Quais são texturas que passam segurança a você ou a seus sentidos?
- Você prefere um espaço minimalista e despojado ou um espaço aconchegante repleto de objetos familiares?
- Quais adores você acha relaxantes? Quais odores revigoram você?
- Você gosta de luz fraca, luzes coloridas ou luzes brancas e brilhantes?
- Quais objetos você gosta de segurar ou ter por perto?
- Você precisa de ruído de fundo para focar? Há ruído ambiente ao seu redor que você precisa bloquear?
- Você mantém algum objeto ou móvel com a sensação de que "deveria" gostar dele? Se conseguir abandonar esses itens, o que gostaria de colocar no lugar deles?

Um dos elementos centrais da abordagem de design divergente de Marta Rose é olhar para a experiência vivida como dados. O melhor indicador de como você usará um espaço (e o que você precisa de um espaço para poder fazer) é como você já o utiliza. Se você nunca janta na sala de jantar, talvez esse espaço possa se tornar uma sala de jogos. Se esticar um lençol com elástico é algo tão frustrante que você nunca arruma a cama, basta colocar uma capa protetora fixa diretamente sobre o colchão. Na verdade, é assim que a maioria dos humanos lidou com a roupa de cama ao longo da história![10] Você não precisa viver como um adulto "apresentável". Você pode fazer o que quiser de uma maneira única — e isso significa que você pode reexaminar seus hábitos, seu espaço de vida e até mesmo sua abordagem do tempo.

Reimagine o sucesso e o tempo

"Não entendo por que a jornada de trabalho é de oito horas", Sue me diz. "Consigo terminar tudo em cerca de três."

Sue tem cinquenta e poucos anos e trabalha com tecnologia. Ela só descobriu que era Autista há alguns anos, quando seu filho adolescente foi avaliado. Ao contrário de muitos Autistas anteriormente mascarados com quem conversei, Sue não viu isso como uma grande revelação. O diagnóstico apenas deu a ela um novo vocabulário sobre por que ela acha as outras pessoas tão confusas.

"Compreendi que os neurotípicos precisam de tempo para conversar, organizar papéis, abrir e fechar e-mails sem parar e não fazer muita coisa", diz ela, encolhendo os ombros. "Acredito que alguns deles realmente gostam de ficar no escritório o dia todo e preferem passar o dia inteiro trabalhando em algo do que abaixar a cabeça e terminar."

Sue conseguiu moldar sua vida em torno do fato de ser muito eficiente e ter pouca paciência para atividades que considera perda de tempo.

"Eu geralmente termino as tarefas [de trabalho] do dia por volta da hora do almoço, depois, faço algumas tarefas de rua e me exercito. No meio da noite, estou pronta para trabalhar novamente, então resolvo uma porção de e-mails ou faço qualquer outra coisa. Meus colegas de trabalho sempre acordam com uma tonelada de mensagens minhas no Slack (plataforma de produtividade) sobre o que precisa ser resolvido."

Anos atrás, o gerente de Sue aprendeu que, ao dar flexibilidade a ela, a organização se beneficia de sua produtividade e seu rigor naturais. Como discutimos várias vezes neste livro, pesquisas mostram que os Autistas prestam muito mais atenção aos detalhes do que as pessoas neurotípicas, especialmente quando têm energia cognitiva para fazê-lo, e no local de trabalho isso pode trazer benefícios reais.[11] Muitas empresas de tecnologia recrutam ativamente funcionários Autistas porque temos a reputação de realizar um trabalho minucioso.[12] No entanto, isto pode criar uma cultura de exploração no local de trabalho, onde as nossas deficiências só são valorizadas na medida em que geram lucro para alguém. É uma forma de aceitação altamente condicional, reservada apenas aos aparentemente "de alto funcionamento" e àqueles dispostos a definirem suas vidas pela produtividade. No entanto, o setor de tecnologia tende a ser um lugar onde ser direto ou socialmente desajeitado é um pouco mais aceito e, no caso de Sue, tem sido uma boa opção. Ela gosta do fato de que pode ser autêntica e brusca no trabalho.

"Não tenho muita paciência com ineficiência ou desleixo", diz ela, "ou com o fato de ser solicitada a fazer um trabalho que seja uma burocracia sem sentido. O resultado disso é que quem trabalha comigo sabe que estou elevando o padrão."

Os horários e hábitos de trabalho das pessoas Autistas desafiam a concepção de tempo predominante neurotípica e unificada. Como Sue, muitos de nós somos capazes de concluir uma grande quantidade de trabalho em uma única explosão hiperfocada, embora normalmente precisemos de muito mais descanso e recuperação para sustentar tais esforços. Os ciclos de sono-vigília dos adultos Autistas também diferem, em média, dos ritmos circadianos dos neurotípicos,[13] e muitos de nós experimentamos distúrbios do sono.[14] Uma razão pela qual podemos precisar de mais sono do que outros é o quanto é cansativo para nós estar no mundo. A sobrecarga sensorial, a sobrecarga social e as pressões do mascaramento esgotam significativamente as nossas baterias. Isso quer dizer que muitos de nós não estamos preparados para um trabalho das nove da manhã às cinco da tarde e, em vez disso, fazemos outros horários.

É claro que pesquisas organizacionais-industriais sugerem que, na verdade, pouca gente prospera num ambiente de trabalho com expedientes de oito horas rigidamente estruturados, independentemente do status de deficiência. A maioria dos trabalhadores só é capaz de se concentrar verdadeiramente e ser "produtivo" durante cerca de quatro horas por dia.[15] Longos dias de trabalho e longos deslocamentos corroem a satisfação de uma pessoa com a vida,[16] a satisfação no trabalho[17] e sua saúde física e mental.[18] Além disso, muitas das características do local de trabalho neurotípico distraem e provocam ansiedade tanto para alísticos quanto para Autistas. Os alísticos tendem a ter mais facilidade para superar o desconforto das luzes fluorescentes brilhantes ou da colônia pungente de um colega de trabalho. Assim, reconhecer as necessidades dos trabalhadores Autistas é ouvir os canários na mina de carvão: as nossas sensibilidades e necessidades ajudam a revelar o quanto são injustas muitas expectativas de trabalho, mesmo para pessoas neurotípicas.

Vários dos Autistas que entrevistei para este livro são profissionais autônomos, *freelancers* ou trabalham em uma área que permite horários flexíveis. A autora e *stripper* Autista Reese Piper me contou que seu horário de trabalho no clube varia de acordo com seus níveis de energia. Algumas semanas, ela consegue trabalhar três turnos de dez horas; outras, só tem energia para um. Quando os negócios vão bem, Reese pode ganhar dinheiro suficiente para pagar suas contas mensais depois de apenas alguns dias dançando, e pode tirar dias ou semanas de folga em um prazo relativamente curto. Conheço pessoalmente várias outras trabalhadoras do sexo Autistas que começaram a trabalhar com isso por conta da flexibilidade que isso lhes permite. Além disso, o trabalho emocional e o mascaramento como uma pessoa amigável e interessada são reconhecidos como parte do trabalho sexual. Os clientes, muitas vezes, estão dispostos a pagar um preço alto por uma experiência social e emocional autêntica. Para as pessoas Autistas que foram obrigadas a usar máscaras durante toda a vida, pode ser realmente fortalecedor serem pagas por essa habilidade — e poder ter tempo de inatividade suficiente para se recuperarem de precisar fazê-lo.

Às vezes, mudar as abordagens neurotípicas do tempo significa investir mais energia em nossas paixões, em vez de menos. O educador sexual e pesquisador Autista Stevie Lang descreve como o foco intenso em um interesse especial pode ser restaurador:[19]

"Quando estou trabalhando ativamente em algo, volto toda a minha atenção para isso", escreve ele. "Depois desse tipo de foco, preciso descansar. Descansar nem sempre é sinônimo de banhos relaxantes ou cochilos. Pode ser mergulhar no trabalho em torno de um interesse especial ou me distrair diante de uma tela."

Pessoas Autistas não prosperam necessariamente em dias criteriosamente equilibrados, onde descanso, trabalho e diversão são divididos em quantidades iguais. Alguns Autistas funcionam melhor em ciclos de alta e baixa, com períodos de intenso hiperfoco seguidos de tempo de recuperação. Houve períodos da minha vida em que passei mais de 30 horas por semana escrevendo e "blogando", além do meu trabalho diário, e achei esse ritmo incrivelmente empolgante. Outras vezes, passei todos os momentos livres lendo profundamente *subreddits* e *blogs* aleatórios até que meus olhos pareciam prestes a derreter para fora do crânio. Eu adorava cada minuto daquilo e ansiava por fazer tudo novamente. Quando sou atraído por um interesse especial, sinto-me vivo. Os conceitos de equilíbrio entre "trabalho e vida pessoal" e "esgotamento" nem sempre se traduzem nas agendas dos Autistas da forma como os neurotípicos poderiam esperar. Sofri um esgotamento intenso em períodos da minha vida em que trabalhei relativamente pouco, mas socializei muito, por exemplo.

Envolver os interesses especiais é uma parte importante da manutenção da saúde mental dos Autistas. Um estudo da psicóloga clínica Melis Aday descobriu que a participação de adultos Autistas em interesses especiais estava associada ao gerenciamento do estresse e a baixos níveis de depressão.[20] Uma interpretação desses dados é que quando uma pessoa Autista tem energia para desfrutar de seus interesses especiais, fazer isso é uma técnica valiosa de redução da ansiedade. É igualmente importante reservar tempo para comportamentos repetitivos e autoestimulantes, já que pesquisas têm mostrado repetidamente que isso melhora a saúde mental e a forma de lidar com a realidade.[21] Os padrões neurotípicos não levam em conta a necessidade que os Autistas têm de tempo para recarregar energias, inquietar-se e hiperconcentrar-se em suas atividades favoritas. Isso pode significar não ter energia ou tempo para realizar outras tarefas no ritmo de uma pessoa sem deficiência.

Como o nível de motivação, os interesses e as exigências sociais e sensoriais dos Autistas mudam, Marta Rose sugere que podemos pensar no tempo como uma espiral em vez de uma linha reta.[22] Em vez de o dividirmos em pedaços separados com propósitos predeterminados (horário de almoço, horário de trabalho, horário de dormir), podemos ver o tempo fluindo e até se dobrando sobre si mesmo, uma série de ciclos sobrepostos, períodos de dormência que se cruzam com o crescimento. Ela escreve:

"Quase todas as medidas padrão de tempo que agora temos como certas — a forma como horas, dias e semanas são estruturados — baseiam-se num modelo de trabalho fabril. Chamo isso de tempo industrial... Existem outras maneiras de pensar sobre o tempo. Maneiras sazonais. Maneiras cíclicas. Maneiras antigas."

Ao longo de grande parte da história humana, o tempo foi um conceito relativamente intuitivo; as estações e a luz do dia influenciavam as atividades das pessoas e suas expectativas. Tudo mudou com a invenção da eletricidade e o trabalho industrializado realizado em armazéns e escritórios iluminados por lâmpadas. À medida que as ferramentas de trabalho digitais se expandiram, a possibilidade de trabalho perpétuo tomou conta das nossas vidas. Não há períodos de dormência, nem noites escuras, nem dias de neve. Não há como escapar do trabalho (e dos aplicativos e ferramentas de produtividade), mesmo quando estamos em casa.

Sob uma estrutura capitalista do tempo industrial, qualquer projeto que seja abandonado ou deixado inacabado é visto como um "fracasso" — tempo desperdiçado por não ter resultado num produto final claro. Mas quando olhamos para o tempo como uma série de ciclos ou espirais com objetivos que mudam constantemente, podemos reconhecer que a aprendizagem e a reflexão que dedicamos a um projeto abortado (ou mesmo no mascaramento) muitas vezes compensa, mas não da maneira que esperávamos. Cada decepção ou fracasso nos ensina algo sobre o que queremos e o que é melhor para nós.

"Reformule o fracasso como dados", escreve Marta, "e tudo muda."

Marta incentiva as pessoas neurodiversas a pensarem no progresso não como a aproximação a um ponto fixo à nossa frente, mas como movimento e adaptação, desacelerando e acelerando conforme a nossa situação exige. Como as mentes Autistas se preocupam em compreender detalhes e analisar sistemas complexos de informação, faz sentido pensar em nossas vidas como fractais, expandindo-se sempre para novos assuntos e, ao mesmo tempo, estreitando-se em um foco preciso. Não somos Marios obstinados, percorrendo um nível de rolagem lateral para resgatar a Princesa Peach. Somos mais como o protagonista do videogame Katamari Damacy, um semideus estranho e colorido que rola uma bola cada vez maior de objetos ao redor, cada passo à frente atraindo mais itens aleatórios para o campo gravitacional em expansão de sua bola até engolir o universo. Nós não concluímos projetos discretos. Nós construímos mundos.

Num nível prático, como um Autista pode aprender a abraçar o tempo em espiral? Marta Rose diz que tudo se resume a dois pontos:

1. Expandir o período de tempo que você usa para avaliar a produtividade e o sucesso. Ter uma "visão de longo prazo" da vida. Não ter medo de retomar velhos projetos ou abandonar uma paixão quando ela não estiver servindo.
2. Desacelerar. A quietude ajuda as mentes neurodivergentes a processar as enormes quantidades de dados que absorvemos.

É muito difícil para nós desvincularmos nossas autoimagens das expectativas neurotípicas, desacelerarmos e construirmos uma vida que realmente reflita as pessoas que queremos ser. Quase todos os Autistas com quem conversei descobriram que, para construir uma vida que lhes sirva, eles precisaram aprender a deixar de lado certas expectativas injustas e a se afastar de atividades que não lhes interessam. É assustador permitir-nos decepcionar outras pessoas, mas também pode ser radical e libertador. Admitir o que não podemos fazer significa confrontar o fato de que temos uma deficiência e, portanto, ocupamos uma posição marginalizada na sociedade —, mas também é uma parte essencial para finalmente descobrirmos de que assistência necessitamos e que formas de vida são melhores para nós. Você precisa ser capaz de dizer "não" a certas expectativas irracionais para poder dizer genuinamente "sim" às coisas que lhe interessam.

Faça o que você quiser, do seu jeito

Rory mora na Nova Zelândia, e é uma autodefensora e pesquisadora de TDAH e Autismo. Como muitos de nós, ela desenvolveu "truques" Autistas para tornar a vida cotidiana administrável. De certa maneira, esses truques são estratégias de compensação, só que o objetivo deles não é mascarar a neurodiversidade de Rory, mas sim tornar a vida mais fácil e suportável.

No passado, Rory costumava ter dificuldade para manter o foco enquanto fazia as tarefas domésticas. Ela se distraía e ia fazer outra coisa. Agora, na hora de lavar a louça, ela veste um lindo avental rosa e creme, coloca fones de ouvido com bloqueio de ruído e tem espelhos na frente dos pontos de saída, para que, se sua mente (ou corpo) se afastar da pia, ela veja seu reflexo e se lembre de continuar lavando a louça.

"Minha 'fantasia' de lavar louça me ajuda a ficar nos trilhos", ela diz. "Os espelhos me lembram do que devo fazer."[23]

O Autismo e o TDAH podem tornar muitas tarefas domésticas um inferno. A louça suja cheira mal e é escorregadia; limpar uma bancada gordurosa ou um vaso sanitário sujo é pouco estimulante, além de fisicamente desagradável. Alternar entre as diferentes tarefas de limpeza é trabalhoso, já que a maioria de nós prefere se concentrar em apenas uma coisa de cada vez. Muitas vezes temos dificuldade em dividir atividades complexas em pequenas etapas ou em colocar essas etapas numa sequência lógica. Portanto, um objetivo que parece simples como "lavar a louça" pode rapidamente se tornar uma longa lista de etapas exaustivas: recolher os copos e tigelas sujas de toda a casa, deixar panelas e frigideiras sujas de molho, abrir espaço no escorredor de pratos, lavar, secar e guardar tudo ao mesmo tempo, em que lida com odores nauseantes e nojentos e sente as mangas da camisa molhadas que fazem a estática perturbadora subir e descer nos braços.

Muitas pessoas neurodiversas sofrem de *inércia*.[24] O mesmo foco intensificado que nos faz tão bons em estudar nossos interesses especiais por horas também dificulta sair do sofá e dar um jeito no lixo que está transbordando. Para um observador externo neurotípico, não parece que estejamos com dificuldades. Parece que estamos sendo "preguiçosos". Quase todas as pessoas neurodiversas com quem conversei foram consideradas "preguiçosas" inúmeras vezes por pais, professores e amigos exasperados. As pessoas nos veem paralisados, incapazes de agir, e supõem que é porque não nos importemos ou porque não temos força de vontade.[25] Depois nos repreendem por sermos apáticos e pouco confiáveis, o que nos deixa ainda mais paralisados pela ansiedade. Os neurotípicos também tendem a supor que sabemos como realizar uma atividade ou tarefa sem nos instruir exatamente sobre o que ela implica, sem compreender que não conseguimos intuir o caminho por meio de expectativas não declaradas. Podemos não reconhecer, por exemplo, que um pedido para "limpar o banheiro" inclui esfregar o chuveiro, o piso, a pia e os espelhos, e não apenas arrumar a bagunça. Também podemos não saber qual nível de limpeza é aceitável e ficar presos removendo meticulosamente todos os detritos dos rejuntes do chão. Quando nossas melhores suposições sobre o que os neurotípicos querem de nós se mostram incorretas, somos repreendidos por irmos devagar demais, por fazermos um trabalho desleixado demais ou por não considerarmos a perspectiva do outro. Como resultado, ficamos presos em um ciclo de retroalimentação de desamparo aprendido, confusão, vergonha e paralisação.

A "fantasia de lavar louça" e o sistema de espelhos de Rory são uma solução brilhante para muitos dos problemas que dificultam as tarefas de pessoas Autistas. O avental é fofo e convidativo, emprestando um pouco de diversão a uma atividade chata. Vestir uma roupa específica para uma tarefa ajuda Rory a mudar mentalmente para o "modo de limpeza". Os fones de ouvido e os espelhos a ajudam a permanecer lá mentalmente. Essas ferramentas permitem que Rory assuma total responsabilidade por lavar a louça, sem depender de orientação ou instruções de uma pessoa não Autista. (Infelizmente, nem sempre podemos contar com a paciência ou a compreensão das pessoas ao nosso redor.)

Pessoas Autistas precisam constantemente inventar maneiras próprias de fazer as coisas. Usamos muita pesquisa, ferramentas digitais e diversos pequenos truques e trapaças para vencer à força atividades nas quais as pessoas neurotípicas nem sequer pensam. Rhi, uma blogueira Autista do Reino Unido, explica que usa pesquisas *online* para planejar com antecedência sempre que visita um novo lugar.

"Preciso saber onde fica a porta da frente. Onde fica o estacionamento. Com quem precisarei interagir", escreve ela.[26] Com ferramentas como o Google Streetview e o Yelp à disposição, ela diz que a vida é muito mais fácil do que costumava ser. Kaitlin, que é Autista e está se recuperando de um transtorno alimentar, também usa pesquisas online para se preparar psicologicamente para refeições fora com amigos.

"Olho todo o cardápio *online*", diz ela, "e penso no que posso comer que não vai fazer minha anorexia ou meus problemas sensoriais surtarem. Também ensaio fazer o pedido em voz alta, principalmente se o nome do prato estiver em outro idioma e eu não souber pronunciá-lo."

Não conheço nenhuma pessoa neurotípica que fique em casa pesquisando no Google como pronunciar palavras como *bouillabaisse* ou *injera* para não parecerem "esquisitos" em um restaurante. Mas, para os Autistas, esse nível de roteirização e pré-planejamento é normal.[27] Fazer isso nos dá uma sensação reconfortante de domínio e controle. No entanto, quando descobrem que dedicamos tanto tempo e reflexão a atividades que são "básicas" para elas, as pessoas neurotípicas tendem a achar isso muito desconcertante. Portanto, para os Autistas mascarados, se integrar não é apenas uma questão de descobrir os truques certos. Também aprendemos a esconder o fato de que usamos esses truques.

Kaitlin diz que às vezes seus amigos a "pegam" usando roteiros sociais em restaurantes. Por conta de seu histórico de transtorno alimentar, esse nível de esforço e premeditação parece suspeito:

"Minha amiga Amy descobriu que eu estava estudando cardápios de restaurantes com antecedência porque eu sabia muito sobre o cardápio. Ela achou que isso significava que eu estava contando calorias e ainda estava com o distúrbio alimentar ativo. É preciso andar nessa corda bamba. Saber o suficiente, mas não muito, ou as pessoas vão achar muito estranho."

Amy não conseguia entender que Kaitlin estudava o cardápio para controlar e reduzir a ansiedade relacionada a seu distúrbio alimentar. Em vez disso, ela imaginou que a amiga estava se preocupando "demais" com o cardápio por estar restringindo a dieta novamente. Para pessoas Autistas mascaradas, saber "demais" ou pensar demais em algo é visto como suspeito. As pessoas consideram calculista ou esquisito dedicarmos mais esforço a algo em que nunca pensam nem de passagem.

De todas essas formas, os "truques" dos Autistas e as pressões do mascaramento estão quase sempre ligados. Mas não precisam estar. Embora as pessoas neurotípicas esperem que escondamos os esforços que fazemos para nos adaptarmos, não esconder nossos gestos pode ser um ato revolucionário.

Se algo é difícil para nós, não deveríamos ter de fingir que é fácil ou esconder nossa exaustão, ou nosso estresse. E se precisamos de muita informação para nos sentirmos confortáveis ao navegar num espaço desconhecido, também não deveríamos precisar esconder esse fato.

Embora Kaitlin não tenha se revelado Autista para todos, ela decidiu explicar seu conhecimento "culpado" do cardápio para Amy.

"Quando eu era mais jovem e ainda mais insegura, teria sido uma vergonha revelar, que, sim, na verdade eu leio os cardápios com antecedência. Mas Amy sabe que tenho um irmão Autista e sabe como isso afeta a vida dele. Então eu disse a ela, olha, *eu sou como ele, e é isso que fazemos*. Estudar lugares e comidas novas me ajuda."

Agora que Amy entende os truques Autistas de Kaitlin, as duas se uniram por causa disso. Quando saem para comer, Amy pergunta a Kaitlin quais são os ingredientes de um prato ou onde ficam os banheiros de um restaurante. Em vez de precisar esconder seu trabalho de preparação, Kaitlin pode compartilhá-lo.

Muitos "truques" Autistas envolvem o uso de ferramentas sutis de acessibilidade que não nos marcam como deficientes. Trocamos notas sobre quais protetores de ouvido parecem mais sutis, quais fones de ouvido com cancelamento de ruído são mais descolados ou como usar *hobbies* como crochê ou tricô para processar a ansiedade social e evitar contato visual nas salas de aula. Esses são métodos de compensação populares porque funcionam muito bem. Mas nem sempre precisamos confiar em abordagens sutis que apelem às sensibilidades neurotípicas. Podemos fazer as nossas próprias coisas à nossa maneira orgulhosa e visivelmente e compartilhar os atalhos e sistemas que tornam as nossas vidas possíveis. Podemos fazer *stimming* com gestos largos e intensos, usar protetores auriculares grandes e óbvios e pedir ajuda quando precisarmos. Quanto mais honestos formos sobre os desafios que enfrentamos, mais difícil será para as pessoas neurotípicas ignorarem as nossas vozes, ou o fato de que a maioria dos espaços públicos ainda são incrivelmente inacessíveis. Ser mais radicalmente visível é também um exercício de desaprender a vergonha.

Seja radicalmente visível

Sky Cubacub fundou a Rebirth Garments, uma empresa de roupas e acessórios que se concentra nas necessidades de corpos *queer* e com deficiência. A loja de Sky oferece uma grande variedade de itens coloridos e confortáveis para pessoas de todos os sexos e tamanhos: macacões montados a partir de painéis de rede arrastão e tecido neon, coletes *binder* que não são restritivos ou apertados demais e uma grande variedade de camisetas, bandanas e broches com estampas alegres.

No início da pandemia de Covid-19, a Rebirth Garments foi uma das primeiras lojas a oferecer máscaras faciais com janelas de vinil transparente que permitem a leitura dos lábios do usuário. Para muitas pessoas com deficiência (incluindo Autistas), ser capaz de ler os lábios de uma pessoa torna muito mais fácil acompanhar uma conversa. Com todos usando máscaras, eu tinha dificuldade em saber quando alguém estava falando comigo, porque me baseava na pista visual dos lábios se movendo para direcionar a atenção.

As máscaras com janelas transparentes foram tão procuradas que Sky decidiu distribuir o design gratuitamente. Sky é mais do que uma pessoa visionária da moda; também é visionária política, e isso é evidente em todos os aspectos de como administra sua empresa. Todo seu trabalho é impulsionado por sua filosofia de visibilidade radical, que discutiu em *workshops*, numa palestra TEDx, *Radical Visibility: A Queercrip Dress Reform Movement Manifesto* (Visibilidade radical: um manifesto do movimento de reforma da vestimenta *queercrip*).

O que é visibilidade radical? É uma abordagem à aceitação de pessoas LGBTQIA+ e de pessoas com deficiência que enfatiza e celebra aquilo que normalmente é obscurecido. Incorpora palavras que têm sido usadas para desumanizar nossas comunidades — *queer*, *cripple*, *mad* (bicha, aleijado, louco) — e as usa de forma desafiadora, como fonte de orgulho. A visibilidade radical apresenta ferramentas como bengalas e próteses como acessórios de moda invejáveis. Ela torna nossas diferenças legais.

"As normas culturais não encorajam as pessoas trans e com deficiência a se vestirem de maneira estilosa ou espalhafatosa", escreve Sky.[28] "A sociedade quer que a gente 'se integre' e não chame a atenção. Mas e se resistirmos ao desejo da sociedade de nos tornar invisíveis? E se, por meio de uma reforma do vestuário, nos recusarmos coletivamente à assimilação?"

A visibilidade radical, em outras palavras, é a antítese absoluta do mascaramento. Onde o mascaramento esconde, a visibilidade radical ganha destaque. Enquanto o mascaramento examina constantemente o ambiente em busca de sinais de ameaça social e controla os estímulos e tiques indisciplinados do corpo Autista, a visibilidade radical encoraja-o a simplesmente ser. Um mascarado tem suas necessidades atendidas em particular, por meio de meias apologéticas e mecanismos de enfrentamento velados. Uma pessoa radicalmente visível declara abertamente quem é e do que precisa, porque é o que merece.

Muito antes de descobrir que eu era Autista, percebi como as pessoas com deficiência visível eram incentivadas a minimizar suas diferenças. No ensino médio, uma amiga próxima queria comprar uma cadeira de rodas com estrutura verde atômica. Combinaria muito com ela. Na época, ela tinha um estilo emo-indie, e a cadeira verde teria realmente funcionado. Mas a mãe da minha amiga a desencorajou.

"Você não quer que sua cadeira de rodas seja a primeira coisa que as pessoas notam quando olham para você", disse ela.

Ter uma cadeira de rodas preta e discreta não mudava realmente o fato de que a deficiência era a primeira coisa que as pessoas viam quando olhavam para a minha amiga. Vivíamos em um mundo capacitista demais para ser diferente disso. Em público, estranhos a tratavam com condescendência, como se ela fosse uma criança, ou agiam como se ela não fosse capaz de falar por si própria. O capacitismo nos inclina a nos concentrar nos aspectos de uma pessoa que nos parecem incomuns. A exclusão social generalizada das pessoas com deficiência também contribui para isso. Quanto menos pessoas em cadeiras de rodas você vê, mais notável a cadeira de rodas parece. E quanto mais estranhos ficam boquiabertos e encaram usuários de cadeiras de rodas, menos confortável uma pessoa com deficiência física se sente ao entrar no mundo. É um ciclo de exclusão que se autoperpetua.

Ter uma cadeira verde brilhante poderia ter feito mais a longo prazo para normalizar a deficiência da minha amiga e torná-la normal para as pessoas. Teria passado a mensagem de que cadeiras de rodas não são algo a esconder e que a deficiência não é algo a ignorar ou encobrir com condescendência, ou eufemismos. E, como sugere a pesquisa sobre o autoestigma que mencionei anteriormente, usar a própria identidade com orgulho pode reduzir sentimentos de constrangimento e alienação.

O Autismo nem sempre é tão óbvio visualmente quanto usar uma cadeira de rodas, mas pesquisas mostram que há muitos marcadores sutis de nossa diferença que as pessoas neurotípicas percebem, embora nem sempre de maneira consciente.

Sasson e colegas (2017), por exemplo, descobriram que pessoas neurotípicas identificam rápida e subconscientemente que um estranho é Autista, muitas vezes milissegundos depois de conhecê-lo.[29] No entanto, eles não percebem que identificaram a pessoa como Autista; apenas acham que a pessoa é esquisita. Os participantes do estudo ficavam menos interessados em conversar com pessoas Autistas e gostavam menos delas do que de não Autistas, tudo com base em um breve momento de dados sociais. Também é importante ressaltar que os Autistas deste estudo não fizeram nada de "errado". O comportamento deles era perfeitamente apropriado socialmente, assim como o conteúdo de seu discurso. Embora tenham tentado ao máximo se apresentar como neurotípicos, a apresentação deles teve alguns sinais importantes, sendo um pouco "diferente", e deixaram de gostar deles por conta disso.

Apesar de todo o esforço que um mascarado faz para esconder a neurodiversidade, ela muitas vezes explode em sua cara. A falta de autenticidade e um desempenho social aparentemente forçado colocam os neurotípicos no caminho errado. Em um estudo marcante sobre a psicologia da percepção de "desagradabilidade", os psicólogos McAndrew e Koehnke (2016) pediram a 1.341 entrevistados que respondessem a perguntas sobre quais qualidades e comportamentos pessoais eles associavam a pessoas "desagradáveis" e usaram análise fatorial estatística para desenvolver um fator de "desagradabilidade" mensurável. O fator desenvolvido incluía as seguintes características: uma pessoa com comportamento estranho e imprevisível, um sorriso de aparência não natural, risadas que ocorriam em momentos "não naturais", falar durante muito tempo sobre um único assunto e não saber quando encerrar uma conversa.[30] Quando pessoas Autistas tentam socializar e criar laços com os outros de uma forma afável e entusiasmada, são quase sempre essas as características que incorporamos. Mesmo quando tentamos deixar as pessoas neurotípicas ao nosso redor à vontade, sorrindo, mantendo a conversa em movimento e permanecendo presentes, podemos ser vistos como assustadores ou perturbadores.

Uma série de experimentos realizados pelos psicólogos sociais Leander, Chartrand e Bargh (2012) descobriu que quando uma pessoa se envolve no espelhamento social de uma forma ainda que ligeiramente inadequada, isso afasta as pessoas e até as faz se sentirem fisicamente mais frias.[31] Um pouco do mimetismo é normal entre amigos. As pessoas espelham as posturas e maneirismos umas das outras à medida que se sentem confortáveis e entram em sincronia. Mas, se você espelhar demais alguém, ou na hora errada, esses estudos mostram que você pode literalmente causar arrepios nas outras pessoas. Os mascarados Autistas tentam muito espelhar outras pessoas, mas, como não conseguimos fazer isso com a mesma fluência e facilidade que os neurotípicos, muitas vezes, involuntariamente, acionamos os radares de esquisitices dos neurotípicos.

A solução, então, é parar de nos esconder e de tentarmos fingir ser algo que não somos. Em vez de nos esforçarmos (e falharmos) para imitar as pessoas neurotípicas, podemos nos tornar radicalmente visíveis. A pesquisa de Sasson descobriu que quando os participantes foram informados de que estavam interagindo com uma pessoa Autista, seus preconceitos desapareceram. De repente, eles passaram a gostar do interlocutor um pouco estranho e manifestaram interesse em conhecê-los. Ter uma explicação para a esquisitice do Autista ajudava a sensação de aflição a desaparecer. Uma pesquisa de acompanhamento de Sasson e Morrison (2019) confirmou que quando pessoas neurotípicas sabem que estão conhecendo um Autista, as primeiras impressões são muito mais positivas e, após a interação, os neurotípicos expressam mais interesse em aprender sobre o Autismo.[32] A visibilidade radical tem suas recompensas.

No trabalho de Sky, ser radicalmente visível é abraçar a autoapresentação como forma de protesto. Sky escreve: "A visibilidade radical é um apelo à ação: vestir-se para não ser ignorado, rejeitar a 'parecença' e a assimilação".

Pessoalmente, Sky parece exatamente tão atraente e legal quanto em suas sessões de fotos: usa um capacete prateado e preto feito de malha de metal, *leggings* com estampas coloridas e um top curto, com desenhos geométricos de cristal pintados no rosto. Não há como ignorar, não há medo do olhar não deficiente, obrigando Sky a esconder o modo como se movimenta naturalmente ou aquilo de que seu corpo precisa. Anos atrás, após o desenvolvimento de um distúrbio estomacal, Sky precisou trocar o uso de calças firmes e estruturadas (como jeans) por calças feitas de materiais elásticos. É raro que vista algo além de *leggings* ou *shorts* confortáveis de ciclista. Nesse sentido, as experiências de Sky são instrutivas para Autistas que queiram se desmascarar. Muitos de nós apertamos nossos corpos em roupas "profissionais" sem graça e desconfortáveis para nos integrarmos, embora isso possa parecer a morte de nossa individualidade ou um ataque sensorial.

Para Autistas mascarados que gostariam de adotar uma abordagem mais radicalmente visível ao estilo pessoal, aqui estão algumas ideias para começar:

Visibilidade radical do Autismo: vestir-se para se desmascarar

- Identifique quais peças de roupa exercem muita pressão sobre seu corpo ou aplique pressão nos lugares "errados". Substitua calças muito justas por

- estilos semelhantes feitos de tecidos elásticos, por exemplo, ou troque sutiãs estruturados por tops. Existem até gravatas feitas de materiais macios e mais flexíveis.
- Identifique quais tipos de roupa fornecem ancoragem ou estímulos sensoriais tranquilizantes. Por exemplo, algumas pessoas Autistas gostam da sensação de compressão nos pulsos e de relógios ou pulseiras apertados. Outros gostam de casacos ou coletes pesados.
- Encontre e remova outras fontes de estresse sensorial de seu guarda-roupa: experimente cortar todas as etiquetas e colocar palmilhas em sapatos desconfortáveis. Como muitos Autistas andam na ponta dos pés, você pode precisar de apoio extra.
- Descubra quais estampas e estilos você realmente gosta de usar. Você se sente mais "você mesmo" quando está todo de preto? Ou prefere ser um ousado arco-íris?
- Incorpore interesses especiais em sua roupa diária. Use camisetas com personagens de seus *animes* favoritos ou, em ambientes mais formais, compre abotoaduras ou alfinetes de lapela com tema de videogame. Faça "*cosplay* discreto" de seus personagens favoritos de maneiras sutis.
- Faça stimming com estilo: use joias em que você possa mexer ou mastigar, leve *fidget toys* nos bolsos, cubra a capa do telefone com adesivos coloridos ou um suporte *pop-up* em que possa ficar mexendo.

Muitos Autistas mascarados estão tão desconectados de seus próprios corpos e de sua autoapresentação que é difícil imaginar como seria assumir o controle real disso. Se sua roupa sempre foi apenas uma fantasia neurotípica, você pode não ter a menor ideia de como seria seu estilo pessoal autêntico. Se for esse o caso, comece aos poucos e concentre-se em aliviar o desconforto. Livre-se das peças de roupa que lhe causam dor ou angústia. Troque itens desconfortáveis por alternativas mais indulgentes e questione ideias sobre respeitabilidade que possam estar impedindo você de mudar. Talvez você não precise usar maquiagem, meia-calça ou paletós que um mentor ou pai um dia lhe disse ser obrigatório. Talvez você possa fazer a transição e parar de alisar o cabelo quimicamente,[33] ou usar joias e tecidos tradicionais de sua cultura ancestral. Grande parte do mundo profissional impõe restrições rígidas sobre como uma pessoa deve se vestir e se apresentar, mas, se você estiver entre a maioria dos Autistas que trabalham fora de um ambiente corporativo, poderá ter mais margem de manobra do que pensa.

Um número crescente de criadores Autistas está produzindo brinquedos estimulantes e ferramentas de acessibilidade vestíveis. Carly Newman, artista visual e designer de joias, criou uma linha de brincos protetores de ouvido para Autistas.[34] Em vez de tentar esconder o fato de que às vezes preciso de protetores de ouvido quando estou em público, esses brincos exibem as minhas ferramentas de acessibilidade. Empresas como a Stimtastic e a ARK Therapeutic são especializadas em bijuterias para *stimming*, como anéis giratórios e pulseiras de acupressão. Alguns criadores Autistas também produziram botões, chapéus e joias que ajudam na comunicação deles: grandes crachás verdes que dizem *Venha dizer oi!* ou amarelos dizendo *Preciso de espaço*. Em convenções com grande participação de pessoas Autistas, essas ferramentas são inestimáveis, ajudando-nos a socializar e, ao mesmo tempo, exibindo nossos limites. Anda não são itens amplamente normalizados, mas assim como exibir os pronomes de tratamento em um alfinete ou uma assinatura de e-mail, quanto mais as pessoas os adotarem, mais normalizado se tornará o pensamento sobre eles.

É claro que usar roupas e acessórios afirmativos é apenas um meio de abraçar a visibilidade radical. Em sua essência, tanto o desmascaramento como a visibilidade radical consistem em abandonar a fachada da neurotipicidade complacente e aprender a viver aberta e honestamente como si mesmo. Trata-se principalmente de uma mudança na forma como nos expressamos e expressamos nossas necessidades para outras pessoas. Para isso, aqui vão algumas dicas de como praticar a visibilidade radical no dia a dia:

Desmascaramento diário:
desafios diários para ser radicalmente visível

Decepcione alguém: pratique dizer "não", "não estou disponível para fazer isso", "estou desconfortável com isso" ou "preciso ir agora" sem qualquer explicação ou pedido de desculpas.

Expresse desacordo em uma situação em que você normalmente apenas concordaria com a cabeça para manter a paz.

Observe quando você se sente pressionado a fazer algo que não deseja. Pratique observar isso em voz alta: "Não sei por que você está me pressionando com isso, porque eu já disse não".

Tente passar um dia inteiro sem adivinhar ou antecipar as emoções de ninguém.

Tente passar um dia inteiro sem controlar quais mensagens suas expressões faciais ou linguagem corporal estão transmitindo.

Peça alguma coisa que você normalmente se sente culpado demais para pedir.

Tenha uma conversa inteira sem fingir nenhuma reação ou emoção.
Cante sua música favorita enquanto caminha pela rua.
Leve um brinquedo estimulante com você para uma reunião social ou um espaço público e use-o sem sentir vergonha.
Use uma roupa chique ou uma fantasia que você adora, em vez de esperar por um evento ou uma "desculpa" para usá-la.
Quando um amigo perguntar como você está, responda sinceramente.
Tome uma atitude sem pedir a aprovação de ninguém.
Compartilhe grandes emoções com pessoas que lhe deem segurança: encontre alguém com quem você possa chorar ou desabafe com um amigo sobre algo que encha você de raiva.
Conte a alguém em quem você confia sobre sua neurodiversidade e o que ela significa para você.

Visibilidade radical é autodefesa e também autoexpressão. Mas, para a maioria dos Autistas mascarados, é absolutamente assustador se defender. Temos a tendência de optar por agradar as pessoas, sorrir e rir desconfortavelmente em meio às dificuldades sociais e fazer isso de uma forma tão reflexiva que é como se nossos verdadeiros sentimentos e preferências desaparecessem quando há outras pessoas por perto. Esses reflexos existem para nos proteger e não há vergonha em tê-los. No entanto, se quisermos viver com mais liberdade, precisamos cultivar relações onde possamos nos comunicar honestamente e sentirmos ouvidos e respeitados. O próximo Capítulo é sobre a construção de relacionamentos Autistas que nos ajudem a prosperar. Com isso, quero dizer formar relacionamentos significativos e um senso de comunidade com outros Autistas, além de tornar nossos relacionamentos existentes com pessoas alísticas muito mais amigáveis ao Autismo.

CAPÍTULO 7

Cultivando relacionamentos Autistas

Já faz anos que ele deixou de trabalhar com a Act Up e saiu de Nova York, mas James Finn continua um ativista LGBTQIA+ altamente engajado. Da pequena cidade no Michigan onde vive hoje, ele publica regularmente artigos sobre os mais recentes ataques jurídicos e políticos aos direitos LGBTQIA+ acontecendo pelo mundo e se reúne regularmente com grupos ativistas. Ele também ajuda a gerenciar um dos maiores grupos LGBTQIA+ no Facebook. Às vezes, o estilo de comunicação direto e tipicamente Autista de James irrita seus colegas ativistas. Em uma ocasião, ele ofendeu profundamente uma colega organizadora ao pedir-lhe que diminuísse o ritmo e explicasse seus planos com mais clareza.

"Eu precisei me manifestar e dizer: olhe só, eu sinceramente não entendo você", conta James. "Sei que outras pessoas aqui provavelmente entendem, mas eu sou Autista e às vezes tenho muita dificuldade em ler nas entrelinhas. Posso pedir para você apenas ir mais devagar?"

No papel, James fez tudo certo. Ele se defendeu, pediu pelas adaptações relativamente simples de que precisava e até explicou por que estava achando difícil acompanhar. Ele estava se desmascarando perfeitamente. Infelizmente, a situação não se desenrolou bem — pelo menos não inicialmente.

"Ela disse que eu estava fazendo *gaslighting* e *mansplaining*", ele diz com um suspiro. "Eu demonstrei vulnerabilidade, e ela se tornou hostil."

Pessoas Autistas tendem a amar *infodumping* (o compartilhamento de conhecimento com outras pessoas como forma de criar um vínculo). Deixamos de notar pistas sociais que parecem óbvias para os outros e tendemos a falar em vozes monótonas que são interpretadas como secas ou sarcásticas.

Muitos de nós achamos o fluxo natural de uma conversa desafiador, seja interrompendo as pessoas nos momentos "errados" ou deixando de intervir durante uma conversa em ritmo acelerado e sendo totalmente deixados de fora. Por essas e outras razões, as mulheres Autistas (particularmente as mulheres negras) são quase sempre vistas como frias ou "estúpidas", e os homens Autistas costumam ser acusados de fazer *mansplaining* de maneira condescendente. É um campo minado social muito desafiador de navegar, porque é claro que a maioria das mulheres já foi alvo de *mansplaining* e *gaslighting* e ficam compreensivelmente nervosas quando enfrentam um comportamento semelhante. Pessoas sem deficiência que são oprimidas por uma identidade, como o gênero, nem sempre compreendem que podem exercer um certo grau de poder sobre as pessoas com deficiência que lhes parecem muito poderosas socialmente.

A organizadora teve certeza de que estava sendo ridicularizada por James, ou que ele estava pedindo que ela explicasse novamente seus pontos de vista na tentativa de desconcertá-la. Não há dúvida de que homens em reuniões de ativistas tenham usado essas táticas contra ela no passado. Felizmente, havia outros participantes da reunião que puderam atestar o caráter de James.

"Felizmente, algumas outras pessoas na sala se pronunciaram e disseram *não, ele não está brincando, ele é muito Autista*", ele conta.

A outra organizadora não se mostrou disposta a confiar em James quando ele falou sobre a própria deficiência (é muito raro que confiem em nós e nos ouçam quando comunicamos nossas necessidades), mas acreditou nas pessoas sem deficiência que o validaram. A tensão na reunião foi rapidamente desarmada. Sem o apoio dos outros, a honestidade e a autodefesa de James poderiam ter sido punidas.

O comportamento de James é um modelo perfeito de como se defender como Autista, e a resposta de seus conhecidos também é uma ilustração perfeita de como ser um aliado das pessoas Autistas. Apesar de tudo isso, a interação continuou tensa. Acho importante mostrar um exemplo de quase todo mundo agindo corretamente, ou pelo menos de forma compreensível, com um resultado um tanto insatisfatório. Desmascarar-se não é uma experiência universalmente positiva. Às vezes, quando nos colocamos em primeiro lugar, frustramos e decepcionamos os outros, talvez até mesmo deixando-os incomodados ou chateados. É vital aprendermos a navegar em interações marcadas por conflitos e praticarmos como permanecer firmes diante de reações negativas dos outros. Contanto que não tenhamos sido abusivos com ninguém ou violado seus direitos, não há problema que nossas ações deixem outras pessoas infelizes. Afinal, as pessoas neurotípicas cometem gafes o tempo todo e seguem em frente sem problemas. Pessoas neurodivergentes deveriam, no mínimo, ter a liberdade de serem igualmente humanos imperfeitos e totalmente presentes.

Em muitos aspectos, o mascaramento é psicologicamente semelhante à codependência, um padrão relacional de tentativa de gerenciar ou controlar as reações e emoções de outras pessoas que geralmente resulta de abuso.[1] O desmascaramento exige que paremos de confiar na aceitação de pessoas neurotípicas para orientar como devemos agir — e isso significa, às vezes, fazer a coisa "certa", mesmo quando sabemos que isso irá prejudicar os outros. A maioria dos Autistas mascarados precisa de muita prática para desenvolver um forte senso de *discernimento*, que consiste basicamente em usar as nossas próprias crenças e percepções para orientar o nosso comportamento, em vez de nos submetermos às reações e impressões fugazes de todos os demais. Os mascarados tendem a ficar muito angustiados quando as pessoas estão insatisfeitas com eles, porque a desaprovação foi muito perigosa e dolorosa no passado. Muitos farão quase qualquer coisa para manter outras pessoas satisfeitas. Aprender a tolerar a angústia de perturbar alguém é fundamental para desenvolver habilidades confiáveis de autodefesa.

Os mascarados são altamente dependentes das opiniões e dos sentimentos dos outros. Fazemos contorcionismos para tornar a vida mais fácil para os neurotípicos e as pessoas de quem gostamos, escondemos facetas de nós mesmos que provocam distração, são esquisitas ou inconvenientes e nos tornamos hipervigilantes, examinando os outros em busca de sinais de desaprovação. É normal e saudável ter consideração pelas outras pessoas, mas nós, os Autistas mascarados, costumamos dedicar tanta energia a agradar os outros que quase não resta espaço cognitivo para pensarmos em (ou ouvirmos a) nós mesmos. Isso também nos impede de nos conectarmos de maneira genuína. É preciso realmente reconhecer as emoções de uma pessoa — boas e más — e responder a elas honestamente para estabelecer um vínculo. O sorriso e a mímica superficiais tornam mais difícil ver e apreciar as pessoas em toda a sua complexidade.

Desmascarar-se em público parece quase impossível, porque quando estamos perto de alguém é como se não tivéssemos pensamentos ou sentimentos próprios. Eu mesmo estive nessa posição, tão profundamente inibido que não fazia ideia de quais eram minhas preferências genuínas, incapaz de reconhecer que alguém havia ultrapassado um limite ou me deixado desconfortável até horas depois do fato, quando ficava sozinho e tinha espaço para refletir. Embora eu desejasse poder apresentar o desmascaramento como uma experiência singularmente positiva, em que você se livra de toda a ansiedade e se aventura em um mundo iluminado e receptivo, sei com certeza que não é o caso. Muitas vezes será estressante e constrangedor. Precisamos optar por nos desmascarar porque reconhecemos que o mascaramento está nos prejudicando e que vale a pena sermos submetidos à desaprovação neurotípica para conseguirmos sair dessa armadilha.

Às vezes, desmascarar significa receber olhares estranhos no ônibus e dar duro para não deixar que isso nos impeça de fazer *stimming*. Às vezes significa escrever um e-mail para um amigo dias depois de uma discussão para explicar que você acabou de perceber que as palavras dele feriram seus sentimentos. Para os Autistas negros e pardos, o desmascaramento é particularmente difícil, pois ser visivelmente deficiente em público pode ser mortal. Para muitos de nós, significará tomar decisões difíceis sobre onde nos sentimos mais seguros e aceitos e quando e como podemos nos desmascarar de forma mais eficaz. Existem muitas forças concorrentes em jogo quando trazemos o nosso verdadeiro "eu" para uma interação social e muitos riscos que existem juntamente com os inúmeros benefícios e oportunidades.

Para que o desmascaramento seja sustentável e saudável para nós, precisamos incluir novas estratégias de enfrentamento em nosso arsenal e ter pessoas queridas que realmente nos apoiem. Precisamos ser capazes de gerenciar os conflitos nas nossas relações e nutrir os laços que temos com aqueles que realmente nos compreendem. Às vezes, desmascarar significa ensinar nossos amigos e familiares neurotípicos a nos tratarem melhor. Em outras situações, pode significar desligar-se daqueles que nunca valerão o esforço. Este Capítulo está repleto de exercícios e pesquisas sobre como criar relacionamentos que atendam às suas necessidades emocionais e psicológicas como Autista — e aprender como navegar em espaços públicos e nas interações sociais que também não sejam tão favoráveis e receptivas.

Autorrevelação — quando faz sentido

Quando James explicou que não conseguia acompanhar o que estava sendo dito porque era Autista, estava revelando sua condição de deficiente. As pesquisas são confusas sobre se a autorrevelação do Autista é benéfica. Como já mencionei, alguns trabalhos experimentais mostram que quando uma pessoa neurotípica percebe que está falando com alguém Autista, ela demonstra menos preconceito e gosta mais do interlocutor do que se não soubesse disso. Perceber que a estranheza de uma pessoa é, na verdade, apenas neurodivergência pode fazê-lo parecer mais explicável e menos "desagradável". No entanto, os psicólogos não têm certeza se esse benefício em curto prazo (observado em conversas individuais) se traduz para grandes grupos ou locais de trabalho.

Um estudo recente realizado por Romualdez e colegas perguntou a adultos Autistas sobre suas experiências de autorrevelação em ambientes profissionais.[2] Os autores descobriram que, embora a maioria dos Autistas tenha "saído do armário" com a esperança de obter acomodações no local de trabalho e serem tratados com mais paciência, 45% disseram que a decisão não os beneficiou. Ainda que relativamente poucas pessoas nessa amostra tenham relatado terem sido maltratadas depois de se declararem Autistas, muitas confessaram que isso não mudou nada na forma como eram tratadas, apenas as deixou se sentindo mais vulneráveis. Por outro lado, 40,4% dos entrevistados disseram que se assumir teve um resultado positivo, seja pelos supervisores se mostrarem abertos a acomodá-los ou os colegas de trabalho agirem de maneira compreensiva e agradecida.

Pesquisas adicionais mostram que o impacto da autorrevelação do Autista realmente varia com base no conhecimento que uma pessoa tem sobre o neurotipo.[3] Quando o conhecimento de alguém sobre o Autismo é superficial e estereotipado, ele tende a reagir à autorrevelação de uma forma altamente estigmatizante e desumanizadora. A pessoa pode ficar surpresa ao perceber que o Autismo pode ocorrer até mesmo em adultos, por exemplo, e deixar escapar o tão lamentado "mas você não parece Autista!" Às vezes, uma autorrevelação Autista é recebida com infantilização (até mesmo com o uso literal de uma voz de bebê) ou com uma tonelada de reafirmações condescendentes sobre como a pessoa é inteligente e consegue parecer normal. Quando uma pessoa Autista se assume na escola ou no trabalho, ela pode ficar subitamente muito isolada, porque os outros ficam com pavor de dizer a coisa errada ou de ofendê-la. No entanto, conhecer um adulto Autista e ter uma interação positiva com ele muitas vezes abre a mente das pessoas neurotípicas e as torna mais receptivas ao aprendizado sobre o Autismo.

Uma forma de praticar a autorrevelação sem correr o risco de rejeição na vida real é usar as redes sociais. Em plataformas de mídia social como TikTok e Instagram, adolescentes e adultos Autistas viralizaram com vídeos deles mesmos reagindo a novas músicas sem as "máscaras". Um desses vídeos retratando uma jovem Autista de 19 anos de idade fazendo *stimming* usando fones de ouvido ganhou imensa popularidade em julho de 2020; foi visto por mais de 10 milhões de pessoas e amplamente compartilhado.[4] Os comentários no vídeo são quase inteiramente de apoio e curiosidade, e a criadora do vídeo, Jay, seguiu com vários outros clipes curtos educando seus seguidores sobre a aceitação do Autismo. A escritora e usuária avançada do Twitter Nicole Cliffe se declarou Autista em 2020,[5] depois de passar anos escrevendo sobre o Autismo dos filhos de forma compassiva. Agora, ela tem usado sua plataforma com frequência para educar seguidores sobre mascaramento e compensação. Os seguidores de Nicole têm lhe dado um apoio imenso e muitos se apresentaram para compartilhar suas próprias experiências neurodiversas. Depois de décadas de desinformação generalizada, disseminação de medo e estereótipos, o público está finalmente se interessando pela forma como os Autistas descrevem suas experiências e finalmente têm os meios para garantir que estão sendo ouvidos.

Claro, nem sempre é uma experiência positiva ser abertamente Autista *online*. Quando uma dançarina negra Autista que conheço postou vídeos dela mesma fazendo stimming com música no Twitter, foi recebida com assédio e acusações de "fingir" sua deficiência para chamar a atenção. Não posso mais citar o *tweet* dela, porque o dilúvio de assédio que recebeu a levou a desativar a conta. É digno de nota que uma mulher negra tenha sido tratada como suspeita por fazer exatamente a mesma coisa pela qual Jay, uma Autista branca, recebeu elogios: ser aberta e alegremente Autista na esperança de educar outras pessoas.

A decisão de quando e como se autorrevelar coloca as pessoas Autistas numa situação dúbia. Para que nos conheçam, precisamos nos assumir, mas geralmente fazemos isso em um cenário cultural difícil, onde é provável que as pessoas não nos entendam de fato. Ao nos assumirmos, ajudamos a contrariar as imagens ignorantes que as pessoas têm da nossa deficiência, mas, como esses estereótipos são muito difundidos há muito tempo, é impossível que um único contraexemplo desfaça todo o dano que já foi causado. Quase sempre, quando uma pessoa do grupo majoritário encontra informações que vão contra seus estereótipos de um grupo oprimido, ela responde desconsiderando a informação (por exemplo, dizendo "você não é realmente tão Autista!") ou subagrupando as pessoas que se desviam dos estereótipos (dizendo-lhes coisas como "você não é como aqueles outros Autistas, aqueles que são realmente deficientes. Você é dos espertos!").[6]

Muitas vezes, autorrevelar-se é se submeter a uma enxurrada de invalidação e ignorância. O impacto positivo que você causa não é necessariamente aquele que notará ou do qual se beneficiará diretamente. Crystal tem lutado contra isso desde o dia em que foi diagnosticada. Apesar da mãe e do avô terem sido as pessoas que a impediram de ser avaliada quando criança, os dois reagiram ao diagnóstico como se fosse completamente desconcertante e chocante. Eles chegaram a dizer a Crystal que era melhor deixar seus traços Autistas ignorados, que todo mundo faz um esforço para se encaixar e seguir em frente. Infelizmente, esta é uma experiência comum para a primeira pessoa que se declara Autista na família. Parentes que compartilham traços Autistas não diagnosticados podem rejeitar defensivamente a pessoa recém-identificada, dizendo que suas dificuldades são apenas uma parte normal da vida. É claro que isso se refere às suas próprias experiências de sofrimento em silêncio ao longo da vida. A resistência e as reações amarguradas também podem revelar o ressentimento que os membros da família sentem por não terem recebido a ajuda ou o reconhecimento que merecem.

Para que a autorrevelação do Autismo realmente tenha um impacto em alguém, você precisa de um relacionamento de confiança e respeito mútuos. A pessoa precisa estar disposta a continuar aprendendo e revisar sua compreensão do que é o Autismo à medida que avança. Recentemente, Crystal começou a namorar Aaqib, um professor do ensino fundamental que disse a ela saber muito pouco sobre o Autismo em adultos. No início, ele disse todas as coisas típicas e indiferentes que as pessoas costumam dizer quando nos declaramos Autistas para elas: que Crystal era bonita e equilibrada demais para ser Autista, e que o Autismo não era uma "desculpa" boa o suficiente para ela esquecer os encontros que eles haviam marcado. Crystal disse para Aaqib se esforçar e se educar — e ele fez isso. Começou a assistir a vídeos de pessoas Autistas e comprou alguns dos livros que Crystal recomendou que lesse.

"Encontrei um dos livros que dei a ele com orelhas no banheiro de sua casa", conta ela. "Como se ele realmente o tivesse lido. O que não deveria ser grande coisa, mas minha família nunca leu nada sobre o Autismo que passei para eles."

Aaqib provou que vale a pena o esforço da autorrevelação e da autodefesa; a família de Crystal, não.

Eu gostaria de poder recomendar que todo Autista fosse visível e claramente deficiente em todas as áreas de sua vida. Mas reconheço o quanto essa afirmação seria irrealista e simplista. Embora a maioria de nós inicialmente hesite em se revelar e às vezes precise superar nossas dúvidas e ansiedades, cada um conhece melhor suas próprias circunstâncias. Existem muitos motivos excelentes para revelar sua deficiência a alguém e muitos motivos igualmente válidos para evitar fazê-lo. Aqui estão alguns questionamentos para você refletir sobre como gostaria de lidar com o problema:

1. Para quem eu quero "me assumir" como Autista?
2. Por que eu quero me assumir? O que espero que aconteça?
3. O que eu gostaria que as pessoas entendessem melhor a meu respeito?
4. Quanta energia estou disposto a investir para educar essa pessoa sobre o que "realmente" é o Autismo?
5. Tenho algum "pedido" específico que gostaria de fazer, como um pedido de acomodação ou de tratamento diferenciado?
6. Quem me "entende" e pode ajudar a me defender?

Como essas questões revelam, desmascarar-se e assumir-se como Autista não são a mesma coisa, e nenhuma das decisões é binária. Você pode ser abertamente Autista entre amigos e alguns familiares de confiança, por exemplo, mas não em grandes reuniões familiares ou no trabalho. Você pode optar por dedicar muito tempo ensinando as pessoas de sua igreja sobre o Autismo se achar que isso valerá a pena — ou pode apenas compartilhar as acomodações específicas de que precisa, sem se aprofundar no porquê. Também é sempre útil ter um defensor de confiança a seu lado.

Não é sua responsabilidade deixar todos igualmente informados ou submeter-se a julgamentos e estigmas desnecessariamente. Por exemplo, você pode decidir que é mais fácil dizer ao RH que você tem enxaquecas e é por isso que precisa de uma luz dimerizável para reduzir a luminosidade do ambiente. Se dizer que está doente demais para sair é mais fácil do que contar a seus amigos que você está enfrentando um esgotamento Autista, não há problema em usar isso como uma "desculpa" para cancelar planos. Também não há problema em se revelar lentamente, primeiro conhecendo seu "eu" desmascarado em particular e depois desenvolvendo relacionamentos desmascarados (ou menos mascarados) com as pessoas que lhe transmitem mais segurança. Uma base segura de pessoas que apoiam você pode ajudar quando outros duvidarem de sua deficiência, como fizeram os amigos ativistas de James. Eles podem intervir e ajudar a controlar a sobrecarga sensorial ou lembrar-lhe de conferir se há sinais de sofrimento em seu corpo. É muito mais fácil acreditar que você merece acomodação quando há pessoas a seu redor que agem como se isso fosse verdade. A seguir, três afirmações que você deve ter em mente quando estiver passando pelo processo de autorrevelação:

- O Autismo não é algo pelo que eu precise me desculpar.
- Os outros não precisam me entender ou entender tudo sobre o Autismo para me tratarem com respeito.
- Estou [me assumindo/pedindo acomodações] por mim, não por mais ninguém.

É de vital importância que, além de todo o trabalho individual que realizamos para nos desmascarar e exigir que nossas necessidades sejam atendidas, também encontremos e cultivemos relacionamentos de apoio com pessoas que tornem isso muito mais fácil. É disso que se trata o próximo exercício — romper com qualquer tendência de agradar as pessoas e desenvolver relacionamentos mais profundos com pessoas que Samuel Dylan Finch chama de "pessoas morango".

Cultivando amizades desmascaradas — encontre suas "pessoas morango"

Em seus escritos sobre a bajulação Autista e a necessidade de agradar os outros, Samuel Dylan Finch descreve como costumava afastar amizades genuínas. Ele associava amar uma pessoa a trabalhar duro para mantê-la feliz. Por outro lado, se uma pessoa era sempre carinhosa e generosa, Samuel não confiava nela. Ele não acreditava que seria capaz de retribuir o afeto verdadeiro.

"Eu tinha essa tendência de abandonar amigos, parceiros, conhecidos, quem quer que fosse que fossem os mais generosos, carinhosos e emocionalmente disponíveis", escreve ele.[7] "Estamos tão acostumados a trabalhar infinitamente nos relacionamentos para agradar os outros, que é desorientador quando não somos solicitados a fazer isso."

Samuel se sentia mais à vontade em relacionamentos inseguros e inconstantes. Ele namorava pessoas abusivas, era explorado por contatos profissionais e negligenciava novos conhecidos que tinham potencial para se tornarem algo mais. Depois de anos assim, ele reconheceu que precisava reconectar os caminhos sociais de seu cérebro. O que parecia familiar claramente não era bom para ele. Então ele parou e fez uma lista das pessoas que mereciam sua amizade.

"Fiz um documento do Google sobre pessoas que eram 'legais demais' comigo", escreve ele. "Nos contatos do meu telefone, coloquei *emojis* ao lado dos nomes. Coloquei morangos ao lado de pessoas que eram superamorosas. Coloquei *emojis* de mudas de plantas ao lado de pessoas que me ensinaram coisas que me fizeram pensar ou crescer."

Samuel procurou suas "pessoas morango" e disse que queria priorizar sua amizade com elas. Ele admitiu que havia desencorajado o afeto delas no passado porque tinha medo de decepcioná-las. A partir daí, sempre que recebia uma notificação no celular e via o símbolo de um morango ou de uma muda, fazia questão de responder com rapidez e entusiasmo. Ele não cancelou mais planos com esses amigos nem criou distância artificial. Ele os colocou no centro de sua vida.

Em geral, os Autistas não operam pela intuição social da mesma forma que os neurotípicos. Cada notificação que recebemos tende a ter o mesmo peso, não importa o quanto conheçamos uma pessoa ou qual seja nosso sentimento em relação a ela. Isto é particularmente verdadeiro para os mascarados, que podem ter tanto medo de incomodar alguém que procuram ser igualmente amigáveis e receptivos com todos. Pode ser útil terceirizar os instintos sociais que podem ocorrer naturalmente para a pessoa alística média, rotulando alguns indivíduos como de alta prioridade ou desligando todas as notificações, exceto as de um grupo específico de um aplicativo de conversa. Em vez de precisar tomar decisões manuais sobre a quem responder e em que ordem, o sistema das "pessoas morango" reforça a ideia de que certos relacionamentos são mais importantes do que outros, porque ajudam a cultivar um senso de identidade sólido.

Um ano depois de ele ter feito essas mudanças em sua vida, muitas "pessoas morango" de Samuel se tornaram membros de sua família escolhida. Elas o apoiaram enquanto ele trabalhava na terapia de recuperação de TEPT e transtornos alimentares. Elas inclusive ficaram amigas entre si. Samuel conta que todos conversam em um único *chat* em grupo.

Pesquisas em psicologia do desenvolvimento observaram que pessoas Autistas costumam ter ligações inseguras com outras pessoas desde muito jovens.[8] Os padrões de apego de alguém são moldados por suas relações iniciais, particularmente pela estabilidade de seu vínculo com o cuidador principal. A qualidade dos apegos iniciais também tende a prever a qualidade dos relacionamentos posteriores, tanto românticos quanto de outros tipos, e a capacidade de aceitar consolo e apoio emocional de outras pessoas.

Como definem os psicólogos do desenvolvimento, uma criança com apego seguro usa seu cuidador como "base" de apoio e ancoragem a partir da qual pode explorar o mundo. Uma criança pequena com apego seguro pode se aventurar um pouco em um *playground* desconhecido, brincando com os equipamentos do local ou tentando fazer novos amigos, por exemplo, mas retornará à sua figura de apego periodicamente para ser vista e se sentir segura. Quando deixada sozinha, uma criança com apego seguro sentirá tristeza ou angústia, mas rapidamente relaxará e se sentirá acalmada quando o cuidador retornar. À medida que crescem, crianças com apego seguro se tornam adultos que conseguem criar laços com outras pessoas com relativa facilidade e que conseguem lidar com conflitos e desafios em suas relações com um elevado grau de estabilidade e confiança.

Existem vários padrões de apego que os psicólogos do desenvolvimento consideram disfuncionais. Por exemplo, uma criança ansiosamente apegada pode ter medo de se afastar de um cuidador por receio de ser abandonada e, quando deixada sozinha, pode sentir um sofrimento extremo do qual não se recupera facilmente. Em contraste, uma criança com apego evitativo pode não conseguir se envolver muito com seus cuidadores. Observou-se que Autistas exibem o que é chamado de estilo de apego ansioso-ambivalente em taxas elevadas em comparação com a população neurotípica. Pessoas com um apego ansioso-ambivalente são difíceis de acalmar e tranquilizar e não veem as pessoas próximas como uma "base segura" em que podem encontrar consolo quando estiverem se sentindo perdidos ou ameaçados. Quando adultos, as pessoas ansiosas-ambivalentes tendem a entrar em padrões de intensa dependência emocional, combinados com insegurança. Eles anseiam por serem aceitos, mas duvidam que isso possa ocorrer. Quando outras pessoas tentam se conectar com eles, são rejeitadas.

Vale a pena mencionar aqui que os psicólogos do desenvolvimento definem a "aparência" de um apego seguro com base em como ele se apresenta em crianças e adultos neurotípicos. Crianças neurotípicas com apego seguro conversam com seus pais de uma forma muito fácil de reconhecer, usando contato visual e vocalizações que muitas crianças Autistas podem achar pouco naturais. Além disso, muitos dos sinais de um estilo de apego inseguro são difíceis de distinguir da neurodivergência (e de ficar traumatizado depois de viver num mundo neurotípico). O apego evitativo, por exemplo, é marcado por uma criança virando as costas para o cuidador e deixando de procurá-lo em busca de conforto quando está angustiada. Embora esses comportamentos possam indicar que uma criança não se sente apoiada pelo cuidador, também pode ser um sinal de que ela é Autista e avessa ao toque, ao contato visual ou à comunicação verbal.

Desde pequenos, muitos de nós, os Autistas, experimentamos rejeição e falta de compreensão por parte dos cuidadores principais. Também somos punidos ou negligenciados por não conseguirmos buscar conforto de maneiras que sejam aprovadas pelos neurotípicos. Nossas tentativas de conexão, como brincar ao lado de outra pessoa, mas não fazer contato visual com ela (às vezes chamado de *jogo paralelo*), podem ser confundidas com falta de interesse social. Um intenso colapso Autista pode ser confundido com a incapacidade de sermos acalmados e interpretado como um sinal de um padrão de apego ansioso. Por esses e diversos outros motivos, muitas pessoas Autistas acabam por se sentir muito inseguras em suas conexões de apego com outras pessoas ou por terem suas tentativas sinceras de conexão rejeitadas, ou mal interpretadas. As "regras" de apego neurotípicas tornam essencialmente impossível que sejamos vistos como adequados para vínculos regulares e saudáveis.

Uma maneira pela qual um estilo de apego inseguro às vezes se manifesta em adultos Autistas é sentir desconforto ao receber elogios ou atenção. Você pode nem reconhecer que a atenção positiva que está recebendo é socialmente apropriada por estar tão acostumado a ser ridicularizado ou criticado, ou a ser engolido por relacionamentos intensos ou abusivos. Pode ser benéfico conhecer uma perspectiva externa para ver se alguém realmente está sendo "gentil demais" com você, como define Samuel, ou se você está tão acostumado a ser maltratado que a gentileza lhe parece suspeita.

Aqui estão algumas perguntas para ajudar você a refletir sobre se você afasta apegos seguros.

Você está afastando suas "pessoas morango"?

1. Quando alguém lhe faz um elogio, você sente que precisa minimizá-lo?
2. Existem pessoas em sua vida que parecem "legais demais"? Quem são elas?
3. Você tem medo de confiar nas pessoas porque elas podem abandonar você?
4. Quando alguém lhe dá atenção positiva, você se sente desconfortável?
5. Você tem medo de que pessoas gentis e amorosas mereçam "coisa melhor" do que serem suas amigas?
6. Quando alguém fica vulnerável com você, você encontra maneiras de minimizar isso?
7. Você tem dificuldade em demonstrar às pessoas que gosta delas?

Essas questões chegam ao cerne da proteção e da dúvida que levam muitos Autistas a manterem distância emocional dos outros. A maioria de nós tem uma série de boas razões para temer as pessoas. Quando eu era mais jovem, muitas das pessoas que se interessaram por mim eram mulheres que queriam ajudar a me "ensinar" como ser melhor como mulher. Às vezes, colegas de aula e de trabalho se aproximavam de mim porque queriam minha ajuda com seus trabalhos de aula ou com a escrita. Comecei a supor que, se alguém se interessava por mim, era porque queria me consertar como forma de diversão ou por me achar útil. Eu achava que cada elogio que recebia era um "negging" — uma tática em que as pessoas destacam sua diferença ou fazem um elogio sarcástico para fazer o interlocutor se sentir inseguro.

Para as pessoas Autistas é um desafio perceber a diferença entre amigos que realmente gostam de nós e conhecidos superficiais que respondem de maneira favorável às nossas máscaras. Uma maneira de testar a diferença, porém, é observar as pessoas que continuam por perto quando você não é perfeito. Você nunca conseguirá relaxar perto de alguém se a aprovação dele for condicional. Aqui estão algumas perguntas que uso para ajudar a distinguir entre as pessoas que são dignas do *emoji* de morango de Samuel e as que estão interessadas apenas no "eu" agradável e "bajulador".

1. Com quem me sinto confortável em expressar discordância?
2. Quem me ajuda a pensar sobre minhas opiniões e escolhas sem fazer julgamentos?
3. Quem me diz honestamente quando os magoei e me dá uma oportunidade real de me sair melhor?
4. Quem me trata com respeito, não importa o que aconteça?
5. Quem me faz sentir revigorado ou inspirado?
6. Quem traz à tona o meu lado indomável e brincalhão?
7. Há alguém com quem eu gostaria de tentar ser mais aberto e sem filtros?

Quando penso cuidadosamente sobre essas questões, me vem à mente um punhado de amigos muito atenciosos, confiáveis e que não me julgam. O carinho deles é consistente e transparece em pequenos gestos, como lembrar detalhes de histórias que contei. Quando discordamos, esses amigos tentam compreender meu ponto de vista ou refletir cuidadosamente sobre por que posso ver as coisas como as vejo. Se eu disser alguma bobagem ofensiva, eles me dizem isso em nome da nossa amizade, mas não sentem prazer diante da minha vergonha. Eles compartilham o que querem de mim, pedem ajuda quando precisam e não usam contra mim eu me atrapalhar em minhas tentativas de estar presente para eles. Esses amigos também são normalmente as pessoas com quem posso compartilhar emoções confusas ou opiniões incompletas e com quem me sinto confortável em ser esquisito, mesquinho ou bobo. O apoio deles me oferece um porto seguro quando estou com raiva, triste ou obcecado por alguma coisa aleatória que um colega de trabalho disse e que ainda não consegui entender.

Por outro lado, descobri que posso identificar quem não está destinado a se tornar uma "pessoa morango" para mim, considerando as seguintes questões:

1. Com quem me forço a passar tempo, por sentimento de obrigação ou culpa?
2. De quem eu sinto que preciso ganhar aprovação?
3. Quem me faz sentir inseguro e não bom o suficiente?
4. Quem eu acho cansativo ter por perto?
5. Com quem eu me edito ou me censuro?

Muitas vezes, as pessoas que se enquadram nesta categoria são extrovertidas e me dão muita atenção, mas apenas superficialmente. Elas podem mostrar interesse em mim, mas suas perguntas parecem ter um objetivo ou funcionar como um teste. Estar perto delas não me ajuda a relaxar e desmascarar, mas me deixa tenso. Algumas são pessoas que considero realmente engraçadas ou interessantes, mas que testemunhei excluindo ou punindo outras pessoas por cometerem um único erro social ou uma única escolha da qual discordavam. Uma pessoa que me veio à mente foi um amigo incrivelmente encantador que, percebi, apenas me diz vagamente que o decepcionei, mas se recusa a explicar o que fiz ou por quê. Outra amiga em quem pensei é uma escritora mais velha que eu costumava admirar, mas que me dava sermões persistentes sobre como eu era frio demais, intelectual demais e "arrogante" demais toda vez que saíamos. Mesmo que algumas de suas observações estejam corretas, nunca me senti aceito ou mesmo querido em sua presença. Ela não está genuinamente interessada no meu crescimento; ela principalmente parece querer me derrubar.

Quanto mais tempo passar com suas "pessoas morango", mais fluente socialmente você se sentirá e menos associará o contato humano com a necessidade de uma atuação estressante e falsa. Passar tempo de qualidade com pessoas não ameaçadoras também pode ajudar a desenvolver habilidades sociais que serão igualmente transferidas para outros relacionamentos. Neurocientistas observaram que os cérebros dos Autistas continuam a se desenvolver em áreas associadas às habilidades sociais por muito mais tempo do que se acredita que os cérebros neurotípicos façam.[9] Um estudo conduzido por Bastiaansen e colegas (2011) observou que, embora os jovens Autistas experimentassem muito menos atividade do que os alísticos no giro frontal inferior (uma área do lobo frontal envolvida na interpretação de expressões faciais), aos 30 anos de idade não eram evidentes diferenças entre não Autistas e Autistas. Em outras palavras, os cérebros Autistas acabam "alcançando" os cérebros neurotípicos em termos de quão ativamente processam e interpretam as expressões faciais como dados sociais. Outros estudos descobriram que pessoas Autistas com mais de 50 anos são comparáveis a pessoas alísticas em termos de sua capacidade de compreender as motivações e emoções dos outros.[10]

Os pesquisadores não sabem ao certo o motivo que essas descobertas ocorrem, apenas que ajudam a justificar a concepção do Autismo como uma deficiência ou um atraso no desenvolvimento. De minha parte, suspeito que as pessoas Autistas melhorem na leitura de rostos e na compreensão do comportamento humano com o tempo porque acabamos desenvolvendo nossos próprios sistemas e truques para dar sentido ao mundo. Poderíamos ter nos desenvolvido no mesmo ritmo dos neurotípicos se tivéssemos recebido ferramentas acessíveis anteriormente. Os roteiros e atalhos sociais que funcionam para pessoas neurotípicas não funcionam para nós, por isso, precisamos ensinar a nós mesmos a desenvolver instintos sociais.

Autistas podem melhorar a leitura das expressões faciais dos outros à medida que envelhecem e têm mais contato social. Mas também merecemos viver num mundo onde os neurotípicos igualmente se esforcem para nos compreender. Quando passamos tempo com pessoas que não nos aterrorizam ou não nos fazem sentir socialmente ameaçados, podemos ficar mais confortáveis com o contato visual, iniciando conversas e sendo assertivos.[11] Como uma pessoa Autista, você pode nunca escapar totalmente da ansiedade social e pode sempre ser um pouco reativo à ameaça de abandono. Também não precisa aprender a se expressar ou a se conectar com outras pessoas de uma forma aprovada pelos neurotípicos. Se o contato visual é algo doloroso e opressor para você, desmascarar-se recusando-se a fazer contato visual é mais importante do que ficar confortável com isso. Ao interagir com pessoas saudáveis e solidárias, você pode aprender a se abrir e a se expressar de forma eficaz — de uma maneira que funcione para você. À medida que você se sente mais confortável consigo mesmo, como benefício adicional poderá descobrir que as pessoas são menos ameaçadoras e confusas.

Comunique-se de forma clara e honesta

Pessoas Autistas geralmente preferem mensagens explícitas e claras que não dependem de tom ou de pistas não verbais. Gostamos de ter expectativas específicas definidas para nós e de ter muitas oportunidades de fazer perguntas e esclarecer significados. Quando compartilhamos essas necessidades com os alísticos ao nosso redor, nossos relacionamentos podem se abrir, permitindo uma conexão muito maior e profunda. Quando aceitamos as características e os pontos fortes únicos do nosso estilo de comunicação, também podemos nos sentir muito menos ineptos socialmente e impotentes.

Aqui está uma tabela que resume algumas necessidades comuns de comunicação Autista. Você pode compartilhar esta tabela com pessoas neurotípicas em sua vida ou organizações que desejem ser mais acessíveis, ou simplesmente solicitar alguns desses ajustes específicos para você.

Necessidade geral	Algumas adaptações que você pode solicitar
Expectativas claras	• Planos específicos com detalhes sobre horário, local e o que provavelmente acontecerá. • Um claro "sim" ou "não", sem eufemismos como "vou pensar a respeito". • Agendas de reuniões que são distribuídas com antecedência e depois cumpridas. • Materiais de leitura, perguntas e tópicos de discussão fornecidos antes de um painel, uma entrevista ou outro evento público de alto nível de estresse. • Instruções detalhadas e passo a passo sobre como concluir uma tarefa. • Resultados ou metas específicos e mensuráveis.

Necessidade geral	Algumas adaptações que você pode solicitar
Mensagens explícitas	• Não supor que as pessoas sejam capazes de usar expressão facial, tom de voz, postura, respiração ou lágrimas como indicadores de emoção. • Dar explicações diretas dos sentimentos: "Estou decepcionado agora porque...". • Reconhecimento e respeito de limites: "Não parece que Sherry queira falar sobre isso agora". • Não punir ou julgar as pessoas por não lerem nas entrelinhas. • Usar perguntas esclarecedoras: "O que você quer eu faça em relação a isso?"
Carga sensorial/social reduzida	• Não ter expectativa de contato visual durante conversas intensas. • Dar espaço para falar sobre assuntos desafiadores enquanto dirige, caminha ou faz algo com as mãos. • Permitir que as pessoas expressem emoções e opiniões por meio de texto, e-mail ou bilhetes escritos à mão. • Dar às pessoas tempo a sós para refletir sobre seus sentimentos e crenças. • Aprender a reconhecer a bajulação e os sinais de um colapso iminente. • Oferecer pausas frequentes na socialização ou espaços tranquilos para os quais as pessoas possam se retirar.

Assim como ansiamos por comunicação direta, somos igualmente bons em divulgá-la — às vezes bons até demais, na verdade. Ao longo de nossas vidas nós, os Autistas, somos punidos por solicitar clareza, por sermos rudes ou por dizermos diretamente coisas que os outros prefeririam insinuar. Com o tempo, aprendemos a filtrar nossa autoexpressão. No entanto, como adultos com mais experiência de vida e habilidades de autodefesa, podemos começar a examinar nosso estilo de comunicação e transformar nossas peculiaridades de conversação em vantagens.

Perdi as contas de quantas vezes me manifestei em uma reunião de trabalho para perguntar qual era o verdadeiro objetivo da reunião. Tanto na academia quanto em organizações políticas é bastante comum que as pessoas convoquem uma reunião quando têm a vaga sensação de que algo precisa ser feito, mas ainda não têm certeza do que é exatamente ou como realizá-lo. Meu cérebro Autista excessivamente analítico anseia por estrutura, e minha ansiedade social e meus problemas sensoriais me fazem querer que a maioria das reuniões termine o mais rápido possível. Então, quando a conversa parece ter perdido o rumo e as pessoas estão conversando em círculos, tendo a assumir o papel de facilitador não oficial. Se alguém fica enrolando para expressar reservas, tento entender sua perspectiva e expressar minhas próprias preocupações de maneira explícita. Se alguém se comporta de forma inadequada ou é ofensivo sem perceber, eu redireciono quando posso. Em situações como essas, muitos Autistas podem habilmente fazer bom uso de seus instintos de "pequeno professor" e de mascaramento, pegando as ferramentas que antes usavam para tranquilizar os ânimos e as direcionando para fins mais sociais.

No inverno passado, participei de uma reunião do comitê de diversidade e inclusão na minha universidade. Para quebrar o gelo e nos conhecermos rapidamente, o organizador da reunião pediu que nos apresentássemos e, em seguida, compartilhássemos do que mais sentíamos falta de nossas vidas pré-pandemia.

Foi uma pergunta muito insensível para quebrar o gelo. Naquele momento, muitos de nós estávamos isolados havia quase um ano e ansiávamos desesperadamente por contato social, toque físico e eventos presenciais. Estávamos enfrentando um inverno miseravelmente sombrio e solitário, encerrando um ano absolutamente horrível e cheio de mortes. Tenho certeza de que várias pessoas na reunião perderam pessoas queridas para a Covid-19. É claro que durante uma reunião de trabalho você não pode dizer que o que mais sente falta da vida pré-Covid-19 é de um parente querido que morreu. Em vez disso, você deve escolher uma resposta higienizada e adequada ao trabalho, como dizer que sente falta de comer em seu restaurante peruano favorito. A dissonância me fez sentir-me mal. Então, quando chegou a hora de me apresentar ao grupo, eu disse o seguinte:

"Olá a todos, sou Devon e acho que vou passar a resposta. Se eu começar a falar sobre tudo que sinto falta da vida antes do Covid-19, vou começar a chorar!"

As pessoas riram com simpatia do meu comentário, que fiz questão de transmitir em tom alegre. Não queria que o facilitador da reunião se sentisse criticado, mas achei importante destacar o quanto sua pergunta havia sido desconfortável. O mascaramento e a honestidade não eram forças opostas naquele momento — um ajudou a facilitar a outra.

Depois que falei, outros participantes da reunião optaram por também não responder à pergunta. Uma pessoa me enviou uma mensagem privada me agradecendo por dizer o que disse. Mais tarde, naquela mesma reunião, compartilhei minha consternação pelo fato de o comitê não estar considerando uma proposta, apresentada por muitos dos estudantes negros de Loyola, de retirar a polícia do campus. Admiti que considerava de certa forma insuficientes muitos dos objetivos do comitê de diversidade e inclusão (que envolviam coisas como contar o número de acadêmicos não brancos listados em vários programas de cursos) e achava que precisávamos fazer mais para tratar da violência policial em nosso campus. Como uma pessoa branca Autista de tendência masculina valorizada por minha franqueza, eu sabia que poderia escapar impune levantando preocupações que outros não poderiam.

Nas primeiras vezes em que me afirmei assim, tive medo de parecer excessivamente rude. Em vez disso, quase sempre recebi agradecimentos. Aprendi que muitas pessoas alísticas consideram a comunicação clara um alívio bem-vindo. No local de trabalho, a franqueza Autista cuidadosamente distribuída pode ser útil. Frases como "Não, não tenho tempo para isso", "Não me sinto confortável com isso" e "Qual é seu orçamento?" eliminam atuações sociais elaboradas e tornam assuntos vagos muito mais concretos. Sou capaz de ser direto demais ou dizer a coisa errada no pior momento de todos, mas na maior parte do tempo descobri como colocar minha franqueza Autista para trabalhar para mim, depois de anos tentando escondê-la.

Embora as pessoas Autistas tenham a reputação de serem "ruins" em comunicação, dados mostram que não é o que acontece. Um estudo de Crompton *et al.* Publicado em 2019 descobriu que quando duas pessoas Autistas se juntavam para trabalhar em uma tarefa, elas eram comunicadoras sociais muito eficientes. Elas transmitiam muito conhecimento e nuances em um curto espaço de tempo, concluíam a tarefa rapidamente e se conectavam um ao outro com facilidade.[12] No entanto, quando emparelhados com parceiros de conversa não Autistas, os Autistas eram com frequência mal compreendidos e não ouvidos. Esse estudo sugere que muito do que os pesquisadores consideram ser os "déficits sociais" do Autismo não são realmente déficits, são apenas diferenças em nosso estilo de comunicação às quais os neurotípicos não se adaptam.

Quando pessoas neurodiversas pressionam por mensagens mais explícitas, todos se beneficiam. A comunicação vaga e simbólica é mais difícil de analisar se você é surdo ou tem deficiência auditiva, é imigrante de uma cultura diferente com idiomas diferentes, falante não nativo de inglês ou uma pessoa com ansiedade social. Quanto mais elaborada e simbólica for uma cultura, mais difícil será para as pessoas de fora navegarem nela. Em alguns casos, isto é feito como um método deliberado de controle e exclusão. Os acadêmicos são treinados, por exemplo, para escrever de forma muito seca, passiva e cheia de jargões, como sinal de nosso intelecto e seriedade. Como a escrita acadêmica é difícil de entender e ser ensinada apenas dentro da academia, ser capaz de acompanhá-la se torna um sinal de "pertencimento". Mas uma escrita difícil de entender é, por definição, uma escrita menos eficaz. Da mesma forma, o mundo dos negócios usa jargões hiperespecíficos e uma variedade de metáforas esportivas, o que pode deixar bastante excluídos aqueles que não estão familiarizados com a cultura e o estilo de comunicação machista. Derrubar barreiras como essas é essencial para construir uma comunidade diversificada e fluida, capaz de evoluir e crescer.

Eu costumava acreditar que era terrivelmente inepto por não ser capaz de ler nas entrelinhas da fala neurotípica. Agora percebo que a maioria dos neurotípicos também não é muito boa nisso. Pessoas não Autistas processam situações complexas de forma intuitiva e eficiente, mas cometem muitos erros. Pense em quantas vezes você viu uma pessoa realmente confiante e extrovertida interpretar mal uma situação, interromper outra pessoa ou dizer algo ofensivo sem parecer perceber, ou se importar. Existem consequências negativas para tais ações, mas geralmente a pessoa alística que cometeu o erro não precisa suportar o peso delas. São todos a seu redor que precisam se esforçar para juntar os cacos, esclarecer o mal-entendido ou amenizar sentimentos feridos. Uma das constatações mais libertadoras que fiz como uma pessoa assumida como Autista é que não é prejudicial para mim fazer perguntas, intervir quando necessário ou ser honesto sobre como me sinto. Quando dizemos às pessoas o que queremos e do que precisamos, temos de fato uma chance de conseguir. Também liberamos outras pessoas para expressarem suas necessidades de forma mais aberta.

Abandonando as expectativas neurotípicas

"Ao conhecer uma nova pessoa com quem dividir o apartamento, digo a ela que nem sempre consigo lavar a louça", diz Reese. "A louça não vai ser lavada, e você não pode esperar isso de mim. Se for um problema, não podemos morar juntos."

Antes de descobrir que era Autista na casa dos 20 anos de idade, a escritora e *stripper* Reese Piper tinha muita dificuldade em manter sua vida nos eixos. Ela era extrovertida e sociável e tirava boas notas na escola, mas parecia não conseguir manter a higiene pessoal ou de seu entorno, ou chegar aos lugares na hora certa. Suas roupas estavam quase sempre manchadas, e ela sujava o rosto de comida quando comia. Ela se esquecia de responder a mensagens de texto e só conseguia manter uma ou duas amizades íntimas por vez. Descobrir que era Autista não mudou nada disso fundamentalmente, mas ofereceu a Reese um contexto do motivo que a vida tinha sempre sido tão difícil.

Ela diz: "Eu tenho uma deficiência que me acompanha durante toda a minha vida. Por ser uma deficiência, tenho direito a algum apoio e admitir que isso é bom".

Antes de se aceitar como Autista, Reese tentou esconder todos os "sinais" visíveis de sua condição de deficiente. No clube de *strip* onde trabalhava, conseguia parecer apresentável e glamorosa e encantar os clientes para que comprassem muitas danças. Era boa em aprender os roteiros sociais. Mas mantinha amigos e parceiros românticos potenciais à distância. Ela não queria que vissem que seu carro estava cheio de lixo ou que havia louça acumulada na pia. Manter o mundo sob controle era a parte mais exaustiva do mascaramento para ela. Parecer uma "adulta" funcional exigia muita dissimulação e pedidos de desculpas em pânico. A parte mais fundamental de seu processo de desmascaramento tem sido admitir abertamente o que ela é ou não capaz de fazer e deixar as pessoas lidarem com isso.

"Eu ficaria muito envergonhada se trouxesse alguém para o meu carro agora, porque ele parece uma lixeira", diz ela, "mas, se alguém precisar de uma carona, eu penso *foda-se, ele que lide com isso, não é o fim do mundo. É só bagunça.*"

Para muitas pessoas Autistas, incluindo Reese, a autoaceitação parece menos um amor-próprio perfeito e sereno e mais uma atitude de "foda-se, eles que lidem com isso" que as ajuda a se livrarem do desejo de se esconder. Ela está disposta a ser honesta sobre quem é — mesmo que isso afaste possíveis colegas de apartamento que não se adaptariam. Lentamente, ela abandonou os parâmetros neurotípicos para medir sua vida.

Às vezes, as pessoas Autistas acreditam que o objetivo final do desmascaramento é superar todo o estigma internalizado e viver completamente livre de vergonha. Não acho que esse seja um padrão realista para nos mantermos. O capacitismo é uma força social generalizada e da qual não podemos escapar totalmente; o que podemos fazer, contudo, é aprender a observá-lo como um sistema de valores culturais que existe fora de nós e que muitas vezes vai contra os nossos valores pessoais. A voz na minha cabeça que me diz que é patético eu não cozinhar não é a minha voz; é a programação da sociedade, falando de dentro de mim, e eu não preciso ouvi-la. Em vez disso, posso evocar o meu lado que adora ler, escrever, dançar e jogar videogame e reconhecer que, se comer muitos lanches e *fast food* me sobra mais tempo para honrar essa pessoa, é uma troca válida. Também posso reservar um tempo para me lembrar de que vivo em um mundo que exalta a hiperindependência a um grau ridículo e isolador. Ao longo da história e em muitas culturas diferentes, a maioria dos indivíduos não cozinhava para si próprios.[13] A comida era preparada em comunidade ou por trabalhadores especializados por ser uma tarefa que exigia muito trabalho e muito tempo. *Fast food* e comida de rua existem desde os tempos antigos! Tradicionalmente, a maioria das residências privadas nem sequer tinha cozinhas dedicadas, porque as pessoas eram menos isoladas, e a responsabilidade pela preparação dos alimentos era espalhada por toda a comunidade. Não é problema algum eu precisar de ajuda para me manter alimentado. Se eu estivesse vivendo em uma época e lugar onde os indivíduos não fossem responsabilizados por toda a preparação de seus alimentos, minhas dificuldades com isso não seriam uma deficiência.

Como vivemos em mundo muito individualista, muitos Autistas aprenderam a fazer concessões e a se sentirem confortáveis com o fato de precisarem de ajuda. A maioria de nós (tanto neurotípicos quanto neurodiversos) simplesmente não tem em si a capacidade de fazer tudo por conta própria e, para levar uma vida plena, precisa angariar a ajuda de que precisa ou abrir mão de algumas obrigações. Isto é destacado no trabalho da *coach* Autista

Heather Morgan: ela desafia seus clientes (e a si mesma) a comparar e contrastar seus valores pessoais com a forma como eles realmente vivem suas vidas cotidianas.

"Sou uma mãe casada que tem dois filhos, e entre nós quatro há um monte de deficiências e excepcionalidades que limitam minha energia e aumentam minha carga de trabalho", escreve Heather em seu *blog*.[14] "Enfrento uma ladainha de vozes e prioridades que competem entre si, todas lutando por meu tempo e atenção."

Heather Morgan ensina, escreve, faz *coaching* com clientes e está concluindo uma pós-graduação em teologia. Ela é extremamente ocupada e, devido às suas deficiências físicas, precisa fazer muita coisa enquanto descansa na cama. Simplesmente não há tempo ou energia suficiente para cuidar de tudo. Mas Heather tem um senso apurado de quem é e do que é mais importante em sua vida, e isso orienta quais tarefas ela prioriza, a que ela diz "sim" e o que deixa de lado.

Heather praticou o exercício de integração baseada em valores que usa com os clientes, relembrando momentos importantes de seu passado que a fizeram se sentir mais viva. Ela realmente se aprofundou nessas memórias-chave para descobrir o que as tornava tão poderosas e articulou os três valores que as unem: honestidade, conexão e transformação. São essas as três qualidades que ela prioriza acima de tudo. E ela tem como prática regular contrastar esses valores com os ritmos de sua vida normal. Para Heather, examinar se a vida está alinhada com seus valores se resume a fazer quatro perguntas, que adaptei e transformei no exercício de reflexão, a seguir. Para concluir este exercício, você precisará ter à mão sua própria lista de valores dos exercícios anteriores de integração baseada em valores.

Integração baseada em valores[15]
Sua vida atual é guiada por seus valores?

1. O que estou fazendo agora?
Considere: como você está gastando seu tempo todos os dias? Tente manter um registro detalhado de como você passa seus dias por pelo menos uma semana.

2. O que está de acordo com os meus valores e o que me traz alegria?
Reflita: depois de manter um diário detalhado de suas atividades por uma semana, olhe para trás e anote quais atividades estão alinhadas com seus valores e quais não estão. Você pode atribuir uma cor a cada um de seus valores e usar marcadores nessas cores para marcar quais atividades estão de acordo com os valores.

> **3. Quais são os temas recorrentes?**
> Observe: existem padrões em que as atividades parecem melhores para serem concluídas ou coisas pelas quais você sempre fica na expectativa? O que une as atividades que são consistentes com seus valores e as que não são?
>
> **4. Deixe de lado o que não é seu.**
> Obtenha ajuda: como diz Heather, "o que você está fazendo que poderia ser feito por outra pessoa? O que você está fazendo que não precisa ser feito tão regularmente quanto você faz — se é que precisa ser feito?".

Exercícios como esses podem realmente chamar a atenção para as formas como "desperdiçamos" tempo, satisfazendo expectativas das pessoas neurotípicas nas nossas vidas ou apenas tentando nos conformar com uma ideia vaga do que pensamos que a sociedade quer de nós. Assim que conseguimos criar uma pequena distância entre essas demandas implícitas e nós mesmos, dizer "não" fica muito mais fácil.

Em seu *blog*, Heather conta a história de um cliente que completou esse exercício e percebeu que passava duas horas por noite aspirando a casa e limpando o fogão, não porque gostasse (ou apreciasse o resultado), mas porque sua mãe o havia criado assim. Ele parou de fazer isso logo em seguida.

Meu amigo Cody é uma pessoa Autista com um histórico de trauma, e um grande avanço em sua vida envolveu perceber que ele nunca será capaz de se exercitar da maneira como a sociedade diz que uma pessoa saudável "deveria" fazer. Qualquer coisa que aumente a frequência cardíaca de Cody o faz lembrar-se bem do abuso que sofreu. Em sua infância, ficar com a respiração pesada só significava uma coisa: que ele estava tentando escapar de uma situação perigosa. Seu corpo é um instrumento de autoproteção bem afinado, mas não é adequado para atividades físicas extenuantes. Então ele decidiu aceitar o fato e praticar apenas atividades físicas que o façam sentir-se bem, como aquecimentos suaves, caminhar pela água ou receber uma massagem.

Conheço inúmeros adultos Autistas que decidiram que, para levar uma vida saudável, precisam abrir mão de certas coisas. Muitos de nós (inclusive eu) desistimos de cozinhar, por exemplo, porque é uma tarefa que exige muito tempo e planejamento. Organizar os horários de cozinhar e fazer compras, preparar os ingredientes, lembrar quais ingredientes você tem, livrar-se das sobras, saber com dias de antecedência quais sabores e texturas você será capaz de tolerar — pode ser muito mais trabalho do que você acha que vale. Em vez disso, abandonei totalmente esse fardo e me alimento de lanches industrializados e *fast food*. Ou pedimos a ajuda de alguém próximo para planejar todas as refeições e compras. Manter-se alimentado e ter tempo para o que é mais importante para mim na vida basta.

Para muitos Autistas mascarados, aprender na idade adulta que você cuidou secretamente de uma deficiência durante toda a vida é uma experiência devastadora. Ajustar seu conceito de si mesmo é um processo longo. Pode envolver luto, raiva, constrangimento e dezenas e dezenas de revelações do tipo "espere aí, isso era do Autismo?" Embora muitos de nós passemos a ver a identidade Autista como um aspecto positivo em nossas vidas, aceitar nossas limitações é uma parte igualmente importante da jornada. Quanto mais claros estivermos sobre onde nos destacamos e onde precisamos de ajuda, maior será a probabilidade de conseguirmos uma existência ricamente interdependente, sustentável e significativa.

Uma peça final (e acredito crucial) desse quebra-cabeça é redefinir suas expectativas sobre como seria uma vida Autista normal ou saudável. A melhor maneira de normalizar seu neurotipo é cercar-se de outras pessoas Autistas e deficientes, absorvendo a rica diversidade da nossa comunidade e aprendendo a apreciar as muitas formas únicas como vivemos.

Encontrando (e criando) sua comunidade

"O que a maioria das pessoas normais não entendem", diz Tisa, "é que o mundo da depravação é cheio de nerds Autistas. As pessoas acham que é uma coisa esquisita, assustadora e intensa, e é tipo... simplesmente um bando de nerds aprendendo sobre diferentes tipos de corda e fazendo *stimming* sendo açoitados e esse tipo de coisa."

Tisa organiza uma convenção anual de BDSM em um subúrbio do meio-oeste americano. Ela tem a aparência que se poderia esperar de alguém da cena: longas tranças roxas que vão até a cintura, muita roupa preta, um monte de *piercings*. Ela também é uma nerd totalmente Autista. Quando não está ocupada se preocupando com a logística de montar uma masmorra no centro de conferências de um hotel, ela joga jogos de tabuleiro com amigos e pinta miniaturas. Tisa diz que seus círculos sociais de nerds e libertinos se sobrepõem imensamente. Ambos os grupos estão cheios de pessoas neurodivergentes.

"Pessoas Autistas adoram se perder em uma campanha de *Dungeons and Dragons* por cinco horas, e alguns de nós também amamos a experiência sensorial de sermos amarrados. As duas comunidades são para pessoas à margem da sociedade padrão."

Autistas construíram muitas comunidades de nicho do zero — tanto por necessidade quanto porque os nossos interesses e modos de ser são, bem, estranhos. Se você entrar em qualquer convenção *furry*, clube de *anime*, masmorra de BDSM, ocupação anarquista ou circuito competitivo de videogame, posso garantir que verá dezenas de pessoas Autistas por lá, muitas delas em posições essenciais de liderança ou organização.

Pessoas Autistas criaram o conceito de *fandom*. Em seu livro NeuroTribe[16]s, Steve Silberman descreve como os nerds Autistas do início do século passado atravessavam os Estados Unidos de carro, a pé e até mesmo pegando trens de maneira clandestina para conhecer pessoas que compartilhavam seus interesses de nicho.[17] Nos primórdios da ficção científica, adultos Autistas mantiveram as primeiras revistas de fãs e trocaram *fanfics* pelo correio e pelo rádio.[18] Autistas ajudaram a planejar as primeiras convenções de ficção científica e estiveram entre os primeiros *trekkies* e escritores de *fanfics*. Muito antes da Internet existir, os nerds Autistas se encontravam por meio de anúncios pessoais no final das revistas. Assim que surgiu a Internet, pessoas Autistas a encheram de fóruns, salas de *chat*, jogos *online* com vários jogadores e outras redes sociais que os ajudaram a encontrar uma comunidade e a se organizar.[19]

Não é apenas que os Autistas tendem a ser obsessivos com assuntos hiperespecíficos e têm as habilidades técnicas necessárias para construir essas redes.[20] Na verdade, muitos Autistas mascarados se concentram, em vez disso, nos aspectos sociais e práticos da conexão *online* e pessoal. Com frequência, são eles que agendam as sessões de jogos de mesa, ajustam as configurações dos fóruns até os *sites* estarem visualmente agradáveis e escrevem as regras das reuniões que impedem os membros de brigar.

"Não sou o tipo de Autista que pensa em matemática", diz Tisa. "Sou do tipo que pensa obsessivamente nas pessoas. Que tipo de local será mais confortável para o pessoal? Quais cadeiras são boas para corpos gordos? Como posso evitar que uma determinada pessoa precise interagir com outra pessoa que ela detesta? Esse é o tipo de coisa sobre as quais faço gráficos mentais."

Quando há Autistas no comando do planejamento de eventos, podemos criar ambientes feitos sob medida para as nossas necessidades sensoriais e sociais. Em pequenas subculturas sem máscaras que são criadas e mantidas por pessoas Autistas, temos um vislumbre do que é uma sociedade que realmente aceita a aparência da neurodiversidade. Acontece que um mundo que aceita o Autismo é amplamente acessível a uma vasta gama de pessoas, não apenas aos Autistas. Muitas vezes, são ambientes muito mais confortáveis para todos.

Eu costumava evitar comunidades nerds ou socializar com qualquer pessoa que não conseguisse esconder sua estranheza tão bem quanto eu. Eu estava tentando ao máximo parecer o mais normal e neurotípico possível e temia que, se ficasse perto de alguém que violasse as regras da sociedade, seria revelado como a aberração que secretamente era.

Conheci algumas pessoas trans que odeiam a si mesmas e que exibiam a mesma atitude em relação a fazer amizade com qualquer pessoa que faça nossa comunidade ficar mal na foto. Elas são capazes de ficar visivelmente ressentidas com pessoas trans que não fazem nenhum esforço para "parecerem" cisgênero, por exemplo, ou alegar que as pessoas que não experimentam uma disforia de gênero debilitante estão apenas fingindo ser trans para chamar a atenção. É uma atitude terrivelmente autodestrutiva, que nos mantém atomizados, distantes uns dos outros e cheios de ressentimento. Em vez de construir as redes de apoio e de poder de organização de que necessitamos desesperadamente, o nosso autodesprezo nos separa.

Embora eu reconheça o quanto essa atitude é destrutiva para as pessoas trans, eu costumava me sentir assim em relação a unir forças com outros Autistas. Era exatamente a atitude que eu demonstrava em relação à Autistas visíveis, como meu ex-colega de aula Chris. Perto dos meus amigos, eu zombava dele como todo mundo fazia, e internamente ficava obcecado com seus maneirismos e movimentos. Só agora, olhando para trás com o benefício da visão em retrospecto, é que percebo que gostava de Chris e sentia atração por ele. Ele era inteligente e interessante, e seu corpo se movia livremente da maneira que precisava. Isso me cativava, mas eu me ressentia e temia aqueles sentimentos. O estigma internalizado coagulou dentro de mim, envenenou meus sentimentos e me transformou em um intolerante cheio de ódio por mim mesmo.

Aos trinta e poucos anos de idade, quando finalmente comecei a aceitar a minha identidade Autista e a conhecer outros Autistas, meu ódio deslocado desapareceu lentamente. O primeiro passo foi me juntar a um grupo de discussão local para pessoas *queer*. Eu não pretendia encontrar Autistas lá, mas havia descoberto recentemente ser neurodiverso e rapidamente reconheci algumas de minhas características nas outras pessoas presentes. Todos eram um pouco tímidos e emocionalmente distantes, mas se animavam com a menção de seus mangás ou textos de filosofia favoritos. As pessoas estavam experimentando estilos e apresentações de gênero singulares, mas ninguém era criticado por parecer "errado" ou por não representar corretamente as normas de gênero.

As regras e os procedimentos do grupo *queer* também pareciam ser feitos sob medida para pessoas Autistas e para as nossas necessidades de comunicação. Os moderadores forneciam um tópico de discussão específico a cada semana e articulavam regras específicas sobre como saber quando falar, como respeitar os limites das outras pessoas e o que fazer e dizer se alguém acidentalmente fizesse algum comentário ofensivo. Adultos da minha idade compareciam às reuniões com bichinhos de pelúcia e outros itens de conforto e participavam sem nunca olhar para cima ou fazer contato visual. Algumas pessoas chegavam silenciosamente, sentavam-se no chão e raramente diziam alguma coisa. A cada poucas semanas, o grupo tinha um "dia da cabana de cobertor", em que todos trabalhávamos juntos para transformar o espaço de reunião com iluminação fluorescente em um recanto aconchegante, decorado com luzes de fada e forrado com travesseiros e edredons. Poucos anos antes, eu teria vergonha de estar presente em um espaço tão delicado, mas eu estava precisando desesperadamente de mais amigos trans, e no grupo *queer* me sentia à vontade.

Depois de alguns meses frequentando esse grupo, surgiu o tema Autismo. Eu me revelei para todos e descobri que muitos dos participantes também eram neurodivergentes. Aprendi com os organizadores que as políticas e a estrutura do grupo haviam sido criadas tendo em mente as necessidades de pessoas neurodiversas. Ao longo dos muitos anos em que o grupo funcionou, muitos de seus líderes eram Autistas ou vieram a descobrir mais tarde que eram Autistas. Não admira que tenha sido o primeiro espaço público em que me senti verdadeiramente à vontade na vida adulta. Comecei a sair com membros do grupo fora do grupo em si e descobri que não tinha mais vergonha de ser um membro visivelmente identificável de uma turma "esquisita". Em vez disso, me senti aceito.

Essas experiências me fizeram querer diversificar, conhecer outros adultos estranhos e neurodivergentes que viviam abertamente como eles mesmos e não me desprezariam. Então comecei a participar de reuniões de grupos de autodefesa Autista na biblioteca pública de Chicago. Lá também me senti instantaneamente à vontade. Todos nos sentávamos em posições escalonadas, apontando em várias direções, conversando enquanto olhávamos para nossos sapatos ou nossos telefones. Eu não sentia necessidade de me sentar direito, colocar os pés no chão e fingir sorrisos e acenos de cabeça para manter a conversa fluindo. Era uma bênção.

O grupo de autodefesa Autista do qual participei era o Autistics Against Curing Autism Chicago (Autistas contra a cura do Autismo Chicago), que começou como um capítulo nacional da Autistic Self Advocacy Network (rede de autodefesa Autista). Ambas as versões do grupo foram montadas e dirigidas por Timotheus Gordon Jr., o pesquisador e autodefensor Autista, amante de futebol americano e Pokémon, com quem conversei no Capítulo 1. Grande parte da jornada de desmascaramento de Timotheus foi definida por seu talento para encontrar e criar espaços comunitários que lhe permitissem ser ele mesmo — e que liberassem outros Autistas para sermos nós mesmos também.

Depois de uma infância e adolescência se apresentando como um cara descolado e amante do futebol, Timotheus foi fazer faculdade na Universidade de Minnesota. Lá, entrou para uma fraternidade e fez novos amigos. Também começou a participar de *slams* de poesia e a conhecer outras pessoas nerds. Lentamente, começou a ampliar a forma como via a si mesmo e a encontrar pessoas com ideias semelhantes que eram capazes de valorizar todos os lados dele.

"Em Chicago, eu era a pessoa que usava a máscara", explica ele. "Eu precisava ser o aluno-atleta que é basicamente o rei do baile, ou coisa parecida. A pessoa que gosta de tudo o que a sociedade tem a oferecer. Eu precisava ser o cara descolado. Mas, em Minnesota, descobri que poderia ser eu mesmo e ainda assim receber muita atenção."

Quando voltou para Chicago, alguns anos mais tarde (depois de morar em Atlanta por um tempo e se conectar com a comunidade de autodefesa Autista de lá), Timotheus descobriu que era capaz de aprofundar as amizades que já tinha, além de criar novas. Agora que sabia que seu "eu" abertamente Autista era amado e apreciado, podia realmente construir laços para os quais estava totalmente presente. Ele era um escritor e intérprete talentoso. Um cara legal que conseguia iluminar o ambiente com um sorriso afável. Um defensor da justiça que sabia organizar e desenvolver recursos para outras pessoas com deficiência. E era um nerd que conseguia ficar em casa jogando e recarregando as energias por um ou dois dias. Ele trouxe esse mesmo espírito de aceitação descontraída, mas radical, para a organização que fez para a comunidade Autista. Ele centrou seu trabalho em Autistas negros e pardos e garantiu que os espaços criados por ele fossem receptivos de forma ativa e calorosa às pessoas LGBTQIA+. Com a ajuda de outros organizadores, ajudou a impulsionar a CESSA, a Lei de serviços e apoio de emergência comunitária (Community Emergency Services and Support Act). Esse projeto de lei do estado de Illinois estabelece uma equipe especializada em saúde mental para atender ligações feitas para o número de emergência 911 relacionadas à saúde mental, em vez de enviar autoridades policiais.[21] Em seu trabalho, como em sua vida social, Timotheus encontrou uma maneira de incorporar plenamente seus valores e lutar para fazer da cidade de Chicago um espaço onde a personalidade negra Autista seja realmente respeitada e valorizada.

Na época em que descobri as reuniões de autodefesa dos Autistas organizadas por Timotheus, decidi compensar a infância e a adolescência que havia negado a mim mesmo e comecei a frequentar convenções de *animes* e HQs. Lá, encontrei a felicidade Autista novamente. Todos iam vestidos com roupas confortáveis e atraentes. É possível iniciar uma conversa com alguém com base na fantasia ou em um broche com tema de videogame que a pessoa esteja usando. Os painéis eram cheios de pessoas interessantes que olhavam para as próprias mãos enquanto analisavam de maneira excessiva enredos de livros escritos décadas atrás que quase ninguém leu. A paixão descarada dessas pessoas alimentou o fogo do meu amor-próprio.

Não era só porque esses vários grupos estavam cheios de pessoas fora do padrão normativo, como eu. Eles haviam sido projetados para serem confortáveis para nós. Políticas antiassédio deixavam claro como as pessoas deveriam se envolver com outras e o que deveriam fazer se testemunhassem violência, assédio sexual ou intolerância. Em muitos casos, havia aplicativos que podiam ser usados para relatar um problema ou um caso de assédio. Assim, mesmo estando paralisado no meio de um desligamento Autista, era possível pedir ajuda. Voluntários foram colocados em cada esquina, ajudando as pessoas a percorrerem o espaço, explicando onde ficar e o que fazer. Havia ambientes sensorialmente amigáveis, onde qualquer pessoa que se sentisse sobrecarregada podia relaxar com iluminação baixa, música suave e lanches.

Eu não me cansava de cultura, então comecei a participar de ainda mais eventos: o Midwest FurFest, o Anime Central, o International Mr. Leather. Foi quando conheci Tisa, Autista que a organizadora dos eventos BDSM, e descobri que os organizadores neurodiversos estavam no centro de muitos desses espaços.

"As pessoas dizem que a Internet é um mundo para Autistas, construído por Autistas", diz ela. "Mas a maioria das subculturas nerds e excêntricas da vida real também são. É preciso um nível de paixão Autista para produzir essas coisas. E a determinação de hastear uma bandeira esquisita."

É verdade que pessoas Autistas são uma força motriz em muitas dessas comunidades. No Midwest FurFest, há vários painéis todos os anos sobre o Autismo na comunidade *furry*, de tanto que as duas identidades se sobrepõem. A comunidade Brony (de fãs de *My Little Pony*[22]) é notoriamente dominada por crianças e adultos Autistas. O documentário da Netflix sobre essa subcultura fez questão de destacar esse fato,[23] assim como os trabalhos de pesquisa sobre os benefícios terapêuticos dos fandoms nerds para adultos e crianças Autistas.[24] Os mundos do anime, do mangá e dos quadrinhos também são fortemente povoados por pessoas neurodiversas de todas as idades.

Adultos com deficiência ajudam na curadoria dos painéis e na construção de espaços em torno das necessidades sensoriais das pessoas. Eles fornecem grande parte da programação, cuidam dos estandes e confeccionam com carinho os produtos à venda nas lojas dos eventos. É difícil obter uma boa estimativa do número de Autistas nessas subculturas, mas está claro que nós ajudamos a construí-las desde o início, tanto porque, precisamos desesperadamente de lugares para encontrar pertencimento quanto porque subculturas *geeks* fornecem uma ótima saída para nosso hiperfoco e um meio de expressar nossa diferença sem ficarmos muito vulneráveis.[25]

Pesquisas mostram que quando estão cercados de pessoas neurodiversas, os Autistas se sentem muito mais à vontade socialmente.[26] Também ansiamos por amizade e pertencimento no mesmo grau que os alísticos.[27] Embora pessoas não Autistas tenham erroneamente a impressão de que não temos interesse em socializar, a maioria de nós luta para encontrar aceitação todos os dias de nossas vidas. Quando passamos tempo uns com os outros, é muito mais fácil satisfazer essas necessidades sociais de uma forma que pareça genuína e fácil.

Como disse Reese Piper: "Foram os neurotípicos que categorizaram o Autismo como um transtorno social". Na verdade, as pessoas Autistas não carecem de habilidades de comunicação ou de desejo de se conectar. Não estamos condenados a nos sentirmos solitários e prejudicados para sempre. Podemos sair do ciclo esmagador de buscar a aceitação neurotípica e sermos rejeitados, apesar de todos os nossos esforços. Em vez disso, podemos apoiar e elevar uns aos outros e criar o nosso próprio mundo neurodiverso onde todos — incluindo os neurotípicos — são bem-vindos. No capítulo final do livro, discutiremos como seria esse mundo. Mas antes de discutirmos a remodelação do mundo para torná-lo mais acolhedor para nós, aqui estão algumas dicas para encontrar uma comunidade com outros Autistas e outras pessoas neurodiversas:

Organizações de autodefesa da causa Autista

- Se estiver nos Estados Unidos, no Canadá ou na Austrália, você pode verificar se sua área tem um associação local afliada ao da Autistic Self Advocacy Network visitando o *site*: https://Autisticadvocacy.org/get-involved/affiliate-groups/.
- No Reino Unido, você pode ingressar no grupo Neurodiverse Self Advocacy: https://ndsa.uk/>.
- Considere ingressar no Comitê Nacional do Autismo <https://www.autcom.org/> e participar da conferência anual, presencial ou virtualmente.
- Procure por grupos que se descrevam como grupos de autodefesa ou grupos de justiça para deficientes e que sejam administrados por pessoas Autistas, para pessoas Autistas.
- Se um grupo está focado em servir principalmente os membros alísticos da família de pessoas Autistas ou apoia a busca por uma "cura", é muito provável que seja um ambiente sem apoio.
- Evite a Autism Speaks e qualquer organização que tenha parceria com a Autism Speaks.[28]
- Organizações confiáveis serão dirigidas por Autistas e permitirão uma variedade de métodos diferentes de participação, para que os Autistas não verbais e as pessoas com deficiência física sejam atendidos.

Grupos online

- Nas redes sociais, leia *posts* marcados com hashtags como #ActuallyAutistic, #AutisticAdult, #AutisticJoy, #Neurodivergent, #AutisticSelfAdvocacy e #Neurodivergence.
- Embora o Facebook seja uma rede social menos ativa do que antes, também recomendo fazer uma pesquisa rápida por grupos de autodefesa Autista, especialmente os grupos locais ou para comunidades específicas (Autistas negros, Autistas transgêneros, Autistas em recuperação de transtornos alimentares etc.). Grupos privados do Facebook podem permitir conversas mais aprofundadas do que alguns outros sites de redes sociais.
- No reddit, o grupo r/AutismTranslated é um ótimo lugar para discussões aprofundadas, compartilhamento de recursos e exploração de uma

identidade Autista. Também gosto de r/Aspergers e r/AspieMemes, e o r/AutisticPride que são bastante ativo.
- O Wrong Planet (https://wrongplanet.net/) é um fórum que já existe há bastante tempo para Autistas, pessoas com TDAH e outras pessoas neurodivergentes. É um fórum de configuração antiquada, o que o torna ótimo para conversas lentas e profundas.
- Ao pesquisar por hashtags e encontrar contas para seguir, busque comunidades que centralizem vozes Autistas negras e pardas, Autistas transgêneros, Autistas não verbais e que incentivem conflitos e dissidências saudáveis.
- Evite grupos e páginas destinadas a pais não Autistas de crianças Autistas, contas que infantilizem os Autistas ou simplifiquem excessivamente as nossas experiências e contas em que os indivíduos generalizem excessivamente suas experiências como representativas de todas as pessoas Autistas.

Encontros de interesses especiais

- Uma ótima maneira de conhecer pessoas neurodivergentes que pensam como você é ingressar em comunidades dedicadas a um interesse especial compartilhado. Pesquise *online* para encontrar grupos locais de HQs, grupos de *Dungeons and Dragons* em busca de novos jogadores, clubes de *anime* ou *cosplay*, grupos de coleta de alimentos, grupos de caminhadas ou clubes dedicados a qualquer coisa que lhe interesse.
- Se uma pesquisa *online* superficial não encontrar nenhum grupo de seu interesse, procure eventos e clubes administrados pela biblioteca local, uma livraria, loja de HQs, centro comunitário *queer*, bar gay, masmorra BDSM, parque, café ou loja de colecionáveis.
- Embora ambas as plataformas estejam menos ativas do que costumavam ser, o Facebook e o Meetup.com ainda são úteis para encontrar grupos que compartilhem interesses comuns com você, bem como reuniões para pessoas com ansiedade social ou que não confiam em suas habilidades sociais.
- Procure convenções relacionadas a seus interesses especiais realizados em sua região e participe de comunidades *online* relacionadas a elas. É comum existir robustas comunidades locais que realizam encontros e eventos menores ao longo do ano.
- Como os grupos dedicados a interesses comuns não são explicitamente destinados a pessoas Autistas, tente obter informações sobre suas políticas de acessibilidade. Embora existam muitos nerds Autistas que gostam de anime, por exemplo, há também um contingente da comunidade que é

capacitista, racista e com tendências de extrema-direita. Isto vale para quase todas as comunidades amplas. Pode ser necessário fazer alguma pesquisa para descobrir quais espaços são seguros para você e estão alinhados com seus valores.

Dicas gerais e coisas a serem observadas

- É comum se sentir estranho ou deslocado na primeira vez que você conhece alguém novo ou participa de um evento. A menos que haja um sério sinal de alerta, recomendo fazer três visitas a um novo espaço antes de concluir que ele não é adequado.
- Preste atenção em quem é incentivado a participar de um evento ou acessar um espaço e quem é ignorado ou desencorajado a fazer isso. As reuniões são realizadas em um bairro mais fácil de ser acessado por pessoas brancas ricas? O local é acessível para pessoas em cadeiras de rodas?
- Embora não existam grupos totalmente acessíveis (porque algumas pessoas têm necessidades de acesso incompatíveis ou concorrentes), os grupos devem fazer o melhor para acomodar os participantes atuais e potenciais. Existem formas não verbais e assíncronas (isto é, não ao vivo) de participar? Existem preocupações quanto às necessidades sensoriais dos participantes (por exemplo, com políticas que proíbem fragrâncias fortes)?
- À medida que você conhece melhor um grupo, observe como o conflito e a crítica são tratados. A liderança aceita críticas e as leva a sério? Os membros são capazes de lidar com conflitos saudáveis e tratá-los como uma fonte de crescimento, ou há muita pressão para "resolver as coisas" o mais rápido possível? Parece um espaço onde você é livre para mudar de ideia sobre algo ou estar errado?
- Se você esteve mascarado durante toda a sua vida, provavelmente sentirá alguma ansiedade em espaços centrados no Autismo. Você pode até se pegar julgando o comportamento de outras pessoas. Lembre-se de que isso é completamente normal. A sociedade incutiu regras muito específicas e muitas vezes cruéis em sua cabeça, e pode ser chocante no início ver pessoas violando algumas delas. Com o tempo, você se sentirá mais confortável com um comportamento visivelmente neurodivergente — e isso também tornará mais fácil para você se abrir.

CAPÍTULO 8

Criando um mundo neurodiverso

Os sistemas jurídicos, de assistência de saúde e as instituições educacionais da maioria dos países abordam a deficiência usando o chamado modelo médico da deficiência. O modelo médico entende a deficiência como uma condição que existe dentro do corpo ou da mente de uma pessoa. Se você tem deficiência, tem um problema pessoal que deve ser identificado, diagnosticado e então tratado ou curado. O objetivo da medicina é identificar o que há de errado com as pessoas e prescrever algum tipo de intervenção que faça desaparecer os sintomas desse mal. É por causa deste sistema de crenças que temos organizações como a Autism Speaks, que apresenta o Autismo como uma doença terrível que afasta crianças dos pais e precisa desesperadamente de uma cura,[1] e métodos terapêuticos como a terapia ABA, que não melhora a felicidade ou o conforto das crianças Autistas, mas as torna obedientes e robóticos.

O modelo médico da deficiência deu a muitos de nós (e à maioria dos nossos médicos e terapeutas) a ideia de que o sofrimento humano é melhor compreendido como um problema a ser resolvido por meio de mudanças individuais. E para muitas doenças e deficiências, cuidados médicos e lentes médicas são inegavelmente apropriados. Se você sofre de dores insuportáveis diárias devido a danos nos nervos, tratamento médico e medicamentos podem ajudá-lo. Se você tem uma condição degenerativa que piora progressivamente, como a esclerose múltipla, tem todos os motivos para apoiar a pesquisa médica em busca de uma cura.

Onde o modelo médico da deficiência falha é na compreensão das deficiências que resultam da exclusão social ou da opressão. Às vezes, o que a sociedade (e o *establishment* psiquiátrico) considera ser um defeito individual é, na verdade, uma diferença perfeitamente benigna que precisa, em vez disso, de acomodação e aceitação. Embora ser gay já tenha sido classificado como um transtorno mental, na realidade nunca foi. Tentar "curar" a homossexualidade nunca funcionou e apenas causou mais danos psicológicos. Na verdade, categorizar os gays como doentes criou a ilusão de que eles eram realmente doentes mentais, porque o ostracismo e a vergonha contribuem com frequência para a depressão, a ansiedade, o uso de drogas e os comportamentos de automutilação, entre outros problemas psicológicos.

Entra em cena o *modelo social de deficiência*, cunhado originalmente na década de 1980 pelo acadêmico deficiente Mike Oliver.[2] Em seus escritos, Oliver descreveu a deficiência como um status político que é criado pelos sistemas que nos cercam e não por nossos corpos e mentes. Um exemplo claro disso é como a maioria das instituições educacionais exclui estudantes surdos. Existem sistemas escolares e comunidades inteiras dirigidas por pessoas surdas, para pessoas surdas, onde todos usam a linguagem de sinais e o acesso a legendas de áudio e outros recursos é fornecido naturalmente. Nesse contexto, ser surdo não é uma deficiência. Na verdade, uma pessoa ouvinte que não conhece a linguagem de sinais seria aquela que seria marginalizada se vivesse num mundo centrado nos surdos.

No entanto, a maioria das pessoas vive num mundo onde a surdez e o uso da linguagem gestual têm sido vistos majoritariamente como indesejáveis e uma indicação de que uma pessoa é deficiente. A palavra mudo é um insulto especificamente porque os surdos que não falam eram vistos como menos competentes e menos humanos do que seus pares falantes e ouvintes. Por conta dessa atitude, a maioria dos espaços públicos não fornece às pessoas surdas os recursos de que elas necessitam.[3] É assim que a maioria das escolas (e outras instituições) ativamente *incapacita* pessoas surdas. O mesmo pode ser dito das pessoas cegas, que são com frequência excluídas do ensino público e têm negados materiais em Braille e *software* de leitura de telas. Vale também a pessoas gordas, que não é uma deficiência, mas cujos corpos não são acomodados nos transportes públicos, nas salas de aula ou nos equipamentos médicos e que costumam ser excluídas de pesquisas médicas.[4]

O modelo social da deficiência aplica-se a muitas das lutas que as pessoas Autistas enfrentam. Cada um de nós tem sido repetidamente ignorado e excluído porque a sociedade vê as nossas diferenças como defeitos vergonhosos, em vez de realidades humanas básicas a aceitar. Muitas vezes, somos deficientes por razões completamente arbitrárias, tal como acontece com as pessoas surdas. É possível um mundo onde todos utilizem a linguagem de sinais, mas, como as pessoas ouvintes são em maior número e têm mais poder social do que as pessoas surdas, a linguagem falada é priorizada. Da mesma forma, um mundo onde o contato visual não é obrigatório é inteiramente possível (e, de fato, há muitas culturas onde evitar o contato visual é considerado educado).[5] No entanto, em culturas onde o contato visual é esperado, as pessoas Autistas que acham isso doloroso são deficientes tanto social quanto profissionalmente. E não são apenas os Autistas que são penalizados por esta norma: as pessoas que acham difícil o contato visual por conta de ansiedade social, trauma ou porque sua cultura local não o encoraja também são prejudicadas.

Ter uma deficiência social anda de mãos dadas com a obrigação de se mascarar. Se fazer *stimming* em público vai levá-lo a ser agredido ou preso, você é ao mesmo tempo *incapacitado* e forçado a se mascarar. Se tem dificuldades no trabalho por não conseguir seguir regras sociais elaboradas e tácitas e, como resultado, acaba desempregado, você foi socialmente incapacitado e severamente punido por não usar a máscara corretamente. É por isso que o desmascaramento no nível pessoal tem seus limites. Uma solução individual não pode resolver um sistema de opressão de longo alcance. Enquanto as pessoas Autistas existirem numa cultura e num sistema político que constantemente cria e recria o nosso status de deficiente, não seremos totalmente livres para nos desmascararmos e vivermos com autenticidade e facilidade.

Atualmente, as pessoas Autistas (ou qualquer pessoa neurodiversa) que têm a maior liberdade para desmascarar são aquelas que de outra forma têm a posição social de maior poder. Tenho doutorado e um emprego confortável como professor; isso significa que posso definir minha própria agenda por muitos dias, posso me vestir de uma maneira confortável e peculiar que não me cause disforia de gênero ou sobrecarga sensorial e bloquear a agenda para passar algum tempo sozinho quando sinto um colapso chegando. Meus amigos Autistas que trabalham em supermercados, restaurantes, bares e creches não têm essas opções. Suas programações diárias, suas roupas e até mesmo demonstrações emocionais são rigorosamente controladas quando eles estão no trabalho. Com muita frequência, precisam colocar um sorriso no rosto, engolir a dor e sofrer danos psicológicos significativos para permanecerem empregados. Como pessoa branca, pequena e "não ameaçadora", posso bater as mãos em público e franzir o rosto em todos os tipos de expressões mal-humoradas sem muitas consequências. Em contraste, se uma pessoa negra Autista ou uma mulher trans Autista alta não agir com equilíbrio perfeito em público, ela pode ser importunada, abordada pela polícia ou coisa pior.

No papel, muitos desses Autistas explorados e marginalizados podem parecer menos "bem" do ponto de vista médico do que eu. Eles podem sofrer episódios depressivos, ataques de ansiedade, enxaquecas, dores de estômago e muito mais. Para lidar com o estresse extremo de suas vidas, têm mais probabilidade de fumar, beber e usar drogas do que eu. Eles não dormem tanto quanto eu e não se sentem tão à vontade com seus corpos. Mas as deficiências deles não são mais graves do ponto de vista médico do que as minhas. Eles são apenas mais deficientes socialmente do que eu, com menos poder social e liberdade, e isso cobra um preço real.

A única maneira de todas as pessoas Autistas conseguirem se desmascarar é a sociedade mudar drasticamente. Um mundo com normas mais flexíveis e menos estigmas é um mundo mais acessível, com menos deficiências e muito menos sofrimento humano. É também um mundo mais acolhedor para pessoas com transtornos mentais, imigrantes, vítimas de diásporas e qualquer pessoa que tenha sofrido por não ser a abelha- operária perfeita. Como escreve o antropólogo psiquiátrico Roy Richard Grinker em seu livro titular: *Nobody's Normal*[6] (Ninguém é normal), a nossa definição atual de saúde mental está ligada ao desejo do Estado e dos empregadores por uma conformidade produtiva e inofensiva.[7] Emoções que são grandes demais, paixões que são infantis demais e não lucrativas, hábitos que são repetitivos demais e corpos e mentes que exigem a assistência diária desafia essa definição incrivelmente restrita de saúde. Apenas expandindo a nossa definição do que é comportamento humano aceitável e trabalhando para satisfazer as múltiplas necessidades das outras pessoas é que poderemos avançar.

Muitas pessoas que hoje são categorizadas como deficientes ou doentes psíquicos poderiam ter funcionado muito bem fora de uma economia capitalista industrializada. Alguém que possa prosperar como caçador, parteira, contador de histórias ou costureira em uma sociedade mais interdependente pode parecer disfuncional se estiver preso num escritório. Na verdade, algumas evidências genômicas sugerem que quando os humanos se afastaram das sociedades baseadas em caça e coleta e se aproximaram de sociedades agrárias (e mais tarde industriais), os alelos que predizem a neurodivergência se tornaram uma desvantagem.[8] Por exemplo, em sociedades onde a vida quotidiana oferecia menos estímulos e novidades do que uma vida de caça e coleta, os traços de TDAH se tornaram desvantajosos. Alguns pesquisadores teorizaram que o mesmo se aplica ao Autismo, mas grande parte das pesquisas sobre o assunto são muito mal feitas, porque partem do princípio de que o Autismo deve ter sido sempre uma patologia e um prejuízo para o sucesso reprodutivo.[9] Na verdade, não temos bons resultados. No entanto, há razões para acreditar que isso vale para todas as sociedades e em todos os períodos de tempo. Nossas formas de viver e de cuidar uns dos outros são muito numerosas e nem sempre foram tão atomizadas como são hoje.

Muitos neurotipos simplesmente não são adequados para longos dias de trabalho, longos deslocamentos, famílias nucleares e "independência" isolada. Indiscutivelmente, nenhum de nós está preparado para isso (o expediente de trabalho das nove da manhã às cinco da tarde não é baseado em evidências), mas sofremos de forma mais visível e generalizada do que outros. Ao destruir a nossa definição atual e restritiva de saúde mental e celebrar diferentes formas de pensar, sentir e nos comportar, podemos melhorar inúmeras vidas. Ao reestruturar a sociedade para torná-la mais flexível e acomodar as diferenças, podemos melhorar a saúde mental e física de todas as pessoas. Dessa forma, o desmascaramento é um objetivo político. Ele exige que seja atribuído valor a toda a vida humana, independentemente das capacidades ou necessidades de alguém, e que vejamos a sociedade como um sistema social que existe para cuidar de todas as pessoas — e não como um aparelho para tornar todos o mais produtivos possível.

Então, como podemos criar um mundo onde a neurodiversidade seja acomodada, a diferença não seja uma patologia e todos sejam livres para serem eles mesmos? É um projeto grandioso, mas aqui estão algumas políticas concretas que a maioria das organizações de autodefesa Autista defendem, são apoiadas pelas ciências sociais disponíveis e que acredito que fariam diferença de verdade:

Proteções legais ampliadas para pessoas com deficiência

Nos Estados Unidos, a Lei dos Norte-Americanos Portadores de Deficiência (ADA, Americans with Disabilities Act) melhorou dramaticamente a vida das pessoas com deficiência e expandiu sua capacidade de participar na vida pública. A lei visou a duas áreas políticas principais: primeiro, exigiu que os edifícios e os transportes públicos se tornassem mais acessíveis fisicamente (por exemplo, exigindo lugares de estacionamento e rampas para cadeiras de rodas); em segundo lugar, proibiu a discriminação contra pessoas com deficiência em questões de habitação, contratação, promoção e remuneração.[10] Em todo o mundo, foram aprovadas leis semelhantes sobre direitos de pessoas com deficiência com o objetivo de garantir a elas acesso justo a abrigo, trabalho, educação, e recursos e espaços públicos.[11]

Infelizmente, apesar de todos os seus pontos fortes, a ADA e muitas leis semelhantes não chegaram nem perto de realizar o suficiente. Embora a lei tenha levado à construção de milhares de elevadores e rampas para cadeiras de rodas e à instalação de inúmeras placas de sinalização em Braille do lado de banheiros públicos, também abriu várias exceções para edifícios mais antigos e históricos. Muitas pequenas empresas ainda são lamentavelmente inacessíveis a cadeiras de rodas e outros dispositivos de assistência, passados trinta anos da aprovação da lei. Em alguns casos, cidades e empresas relutantes exploraram lacunas legais que lhes permitiram ignorar os ditames da ADA, como a salvaguarda de antigas estruturas e infraestruturas.

Ao longo da década de 1980, a autoridade de trânsito de Chicago se recusou a comprar ônibus com elevadores para cadeiras de rodas, apesar das repetidas promessas feitas à comunidade com deficiência de que todos os novos equipamentos seriam acessíveis. Foi necessária a realização de uma série de protestos perturbadores e bem organizados durante anos,[12] com ativistas com deficiência física bloqueando o trânsito nas ruas com suas cadeiras de rodas por horas seguidas[13], antes que a cidade finalmente cedesse e concordasse em adquirir opções de transporte acessíveis.[14] Mesmo depois da ADA ser regulamentada, a resistência em incluir as pessoas com deficiência persistiu. Até hoje, cerca de um terço das estações de trem da CTA não contam com elevadores para cadeirantes, por exemplo.[15] Sempre que uma estação é remodelada para incluir um elevador e rampas para cadeiras de rodas, os proprietários de empresas locais e os residentes manifestam indignação com a inconveniência e o custo das melhorias.

A aplicação dos requisitos de construção da ADA varia muito de estado para estado, e mesmo os edifícios que são perfeitamente compatíveis são acessíveis apenas de algumas maneiras. A ADA não exige que eventos públicos sejam legendados ou interpretados em linguagem de sinais, por exemplo, ou que sejam fornecidas opções remotas para quem não pode sair de casa. A lei não menciona luzes brilhantes, cheiros intensos, música alta ou qualquer outro tormento sensorial que torna muitos espaços públicos inacessíveis para pessoas Autistas. Muitas vezes, edifícios que são tecnicamente compatíveis com a ADA permanecem praticamente inacessíveis. Por exemplo, meu amigo Angel usa cadeira de rodas e precisa de ajuda para ir ao banheiro. Muitas cabines compatíveis com a ADA são grandes o suficiente para acomodar a cadeira de rodas de Angel, mas não o suficiente para acomodar a cadeira de rodas e seu cuidador. A maioria dos edifícios também é barulhenta e lotada demais para Angel suportar, de forma que sua exclusão da vida pública tem muitas camadas.

Se quisermos que as pessoas Autistas sejam totalmente incluídas na vida pública, devemos expandir enormemente os requisitos de acessibilidade para cobrir as necessidades sensoriais dos Autistas e regular a acessibilidade de eventos, além de edifícios. Não é apenas a arquitetura que pode ser hostil aos corpos e mentes deficientes. Como este livro demonstrou repetidamente, muitas das formas pelas quais as pessoas com deficiência são excluídas são muito mais sutis, e sociais, do que uma evidente falta de rampas ou de sinalização em Braille. Hoje, alguns supermercados e lojas de varejo oferecem horários semanais "sensorialmente amigáveis" para compradores Autistas e suas famílias, nos quais as luzes são diminuídas, o público é reduzido e os sistemas de música e alto-falantes são desligados.[16] Atualmente, isso é feito de forma completamente voluntária por apenas um pequeno número de lojas em todo o mundo, mas oferece um modelo útil de como poderiam ser as diretrizes de acessibilidade sensorial. A rede de autodefesa Autista também tem um *kit* de ferramentas sobre as melhores práticas para a criação de espaços sensorialmente amigáveis que destaca o seguinte:[17]

Como construir espaços públicos sensorialmente amigáveis
Conselhos da rede de autodefesa Autista

Visual
- Torne as luzes reguláveis.
- Use fontes de luz difusa em vez de luzes suspensas ou fluorescentes.
- Restrinja o uso de *flash* em fotografias.
- Use cores claras e contrastantes para slides de apresentação.
- Torne a sinalização e os folhetos simples e fáceis de ler.
- Limite o "ruído visual": remova gráficos, cartazes etc.

Auditivo
- Lembre às pessoas de silenciar as notificações dos telefones.
- Substitua os aplausos por "estalos de dedos" ou outra alternativa mais silenciosa.
- Certifique-se de que os palestrantes usem microfones de forma consistente — gritos são muito mais difíceis de entender do que a fala uniforme em um microfone.
- Equipe os espaços com materiais que absorvam e amorteçam o eco, quando possível. Até mesmo um tapete grande pode fazer uma grande diferença!

Tátil
- Transforme batidas de cotovelos ou acenos na saudação padrão em vez de apertos de mão ou abraços.
- Adote um código de vestimenta descontraído, para que as pessoas possam se vestir de maneira confortável.
- Normalize o uso de bolas antiestresse, *fidget spinners*, rabiscos etc.
- Combata a ideia de que maquiagem, roupas formais desconfortáveis, salto alto ou sutiãs tornam uma pessoa mais "profissional".
- Afaste as cadeiras, forneça assentos semiprivativos perto de cantos ou barreiras.

Olfativo e gustativo
- Evite o uso de perfumes ou colônias fortes em eventos.
- Use distância física, barreiras ou ventiladores para manter os odores da cozinha e do banheiro longe de outras áreas.
- Use produtos de limpeza ecológicos e sensorialmente amigáveis.
- Para eventos com bufê, informe aos participantes o cardápio exato com antecedência.
- Ofereça alimentos "insossos" como garantia.

Além de garantir que os espaços públicos sejam acessíveis em termos sensoriais, a ADA (e leis semelhantes em todo o mundo) devem expandir a acessibilidade dos eventos públicos. As opções de legendagem, interpretação em linguagem de sinais e participação virtual devem ser fornecidas para eventos públicos de grande escala como algo natural, e não apenas mediante solicitação prévia (como ocorre atualmente). Em muitos casos, expandir a acessibilidade de eventos públicos exigiria a disponibilização de fundos e recursos suficientes, incluindo educação sobre o que significa acessibilidade e por qual motivo é importante. Essa abordagem facilitaria a mudança (e remodelaria as atitudes públicas em relação à deficiência) muito melhor do que uma abordagem mais punitiva e baseada em multas, pelo menos quando se trata de eventos públicos.

Quando a questão é fazer cumprir os requisitos de acessibilidade dos edifícios e prevenir a discriminação nas áreas de habitação e emprego, a ADA poderia ser reformulada para conceder às pessoas com deficiência mais poder para se defenderem. O estado da Califórnia é um dos estados norte-americanos com mais conformidade com a ADA, em parte porque qualquer pessoa com deficiência que encontre uma empresa inacessível lá pode processar a instituição por um mínimo de US$ 4.000 em danos, mais honorários advocatícios.[18] Essa abordagem dá às pessoas com deficiência o poder legal para contestar a inacessibilidade quando a encontram, e os meios financeiros para fazê-lo, em vez de simplesmente esperar que um edifício inacessível venha a ser inspecionado pelo poder público. Na maior parte dos Estados Unidos, porém, é incrivelmente difícil para uma pessoa deficiente provar que foi discriminada ou excluída. Se o modelo da Califórnia fosse estendido para todo o país e modificado para ser aplicado a casos de discriminação nas áreas de emprego e habitação, as pessoas com deficiência teriam muito mais recursos para combater tratamento discriminatório.

Acabar com a possibilidade de *trabalho sem vínculo empregatício* na maioria dos estados americanos também melhoraria consideravelmente a vida dos adultos com deficiência. Atualmente, gestores têm facilidade para demitir um Autista (ou uma pessoa com depressão, esquizofrenia ou síndrome de Tourette) quando descobrem que o funcionário é deficiente, desde que mintam e digam que a demissão está ocorrendo por algum motivo que não seja a deficiência. Como qualquer um pode ser demitido a qualquer momento por quase qualquer motivo, quase sempre há um escudo aceitável para o capacitismo.

Ampliar as proteções dos trabalhadores e tornar mais difícil a demissão arbitrária de alguém sem aviso prévio ajudaria a evitar que isso acontecesse e melhoraria a segurança financeira e de emprego de inúmeras pessoas. Os indivíduos Autistas se beneficiam de resultados de trabalho claros e mensuráveis, e acabar com o trabalho sem vínculo empregatício forçaria as empresas a realmente articularem suas expectativas de forma documentada. Proteções legais ampliando o acesso a licenças de trabalho por invalidez de curto e longo prazo também melhorariam a qualidade de vida de muitas pessoas com deficiência, incluindo os Autistas que correm um risco elevado de esgotamento extremo. Isso significaria que sentiríamos menos pressão para mascarar qualquer dor ou desespero que estejamos sentindo. Exigir legalmente que os empregadores forneçam opções de horário flexível e de trabalho remoto sem prova de deficiência também beneficiaria imensamente os funcionários Autistas (tanto diagnosticados como autopercebidos) e tornaria o trabalho mais acessível a pais, pessoas com responsabilidades de prestar cuidados a idosos e muitos outros. Dessas e de muitas outras formas, acomodar as necessidades dos Autistas criaria um mundo mais generoso para todos, além de nos libertar da obrigação de nos mascararmos.

Normas sociais ampliadas

A expansão da acessibilidade pública e da proteção dos trabalhadores nas formas descritas acima teria um impacto enorme nas atitudes públicas em relação à deficiência e à neurodivergência. O simples ato de acolher mais pessoas Autistas no mundo social não é apenas um poderoso gesto simbólico de apoio, mas também seria um enorme passo em frente na normalização de maneirismos, comportamentos e estilos de comunicação neurodiversos. Se Angel pudesse usar banheiros públicos com facilidade e se movimentar pela biblioteca pública ou o supermercado sem sofrer um colapso sensorial, muito mais membros de sua comunidade poderiam conhecê-lo, interagir com ele e testemunhar como ele se comunicava usando seu iPad. No início, Angel receberia muito mais olhares e perguntas do que nunca. Com o tempo, porém, as pessoas neurotípicas de sua comunidade passariam a considerar suas diferenças mundanas e reconheceriam que as pessoas não verbais e que precisam de apoio de cuidadores são seres humanos complexos e plenamente realizados para serem ouvidos e incluídos.

Historicamente, pessoas com transtornos mentais e deficiências eram trancadas em instituições por serem vistas como desagradáveis e uma ameaça à ordem pública. Ao longo da história europeia, os manicômios eram locais que recebiam qualquer pessoa que desrespeitasse as regras sociais, incluindo devedores que se recusavam a trabalhar, criminosos que violavam as regras éticas e morais da época e pessoas que pareciam incomuns ou agiam de forma incomum, mesmo de maneiras completamente benignas. Algo tão simples como uma desfiguração física inofensiva podia ser motivo para excluir alguém de uma existência pública e livre.[19] Ainda hoje vivemos com o legado dessas opiniões. Mesmo no Século XX, até a desinstitucionalização se consolidar na década de 1980, era considerado normal e apropriado manter parentes com deficiência intelectual e visivelmente Autistas escondidos da sociedade e até mesmo dos familiares. Trancar pessoas com deficiência e neurodivergentes em instituições cria um ciclo de retroalimentação de estigma e repressão social: indivíduos que divergem da norma, mesmo que ligeiramente, são impensáveis e invisíveis, e assim a sociedade se molda em torno de um domínio de existência cada vez mais estreito, o que por sua vez torna a vida mais difícil para a próxima geração de pessoas que desviam da norma. Será apenas resistindo a essa espiral descendente de rejeição e desumanização, e reabrindo a sociedade, que poderemos desfazer o enorme dano que tem sido causado e construir instituições e comunidades que acolham todas as pessoas.

Pesquisas de psicologia social mostram que o contato com grupos marginalizados ajuda a reduzir o preconceito público em relação a esses grupos. No entanto, apenas formas específicas de contato são benéficas. Afinal de contas, os escravizadores brancos no Sul dos Estados Unidos mantinham contato regular e diário com as pessoas de quem haviam roubado a liberdade, mas esse contato não os tornava menos inclinados à supremacia branca. As estruturas de poder em torno do relacionamento e dos incentivos financeiros para a exploração dos negros escravizados impossibilitavam que o contato mudasse a ordem social. Esse mesmo problema é evocado quando ativistas negros afirmam hoje que não querem apenas um "lugar à mesa" nas instituições brancas. A mesa não foi feita para eles, mas construída para mantê-los afastados. Portanto, ela precisa ser totalmente virada para que todos possamos nos reunir em torno de algo novo. Princípios semelhantes são com frequência aplicados quando contemplamos a inclusão significativa de pessoas com deficiência.

Apenas observar uma pessoa com deficiência como alguém de fora ou como uma curiosidade lamentável não contribuirá muito para reduzir os preconceitos das pessoas neurotípicas. Em vez disso, pesquisas sugerem que o contato colaborativo[20] alargado[21] compartilhado entre iguais é o que é necessário para realmente mudar as atitudes.[22] Não basta que as pessoas Autistas sejam toleradas em lojas e restaurantes. Precisamos de ter condições de igualdade (em relação às pessoas neurotípicas) em posições de voluntariado, no local de trabalho e em igrejas, centros comunitários e ginásios esportivos. Esses centros da vida pública devem ser radicalmente reorganizados para se adaptarem às necessidades, aos estilos de trabalho e aos métodos de comunicação de todos. Somente quando os neurotípicos precisarem trabalhar e colaborar conosco como seus pares é que o roteiro social será invertido, substituindo a pressão para mascarar pela obrigação de acomodar. Notavelmente, chegar a esse lugar exige que a justiça seja alcançada para todas as pessoas marginalizadas. Não basta que as pessoas brancas Autistas sejam tratadas como iguais aos colegas de trabalho neurotípicos brancos. Os negros, as mulheres, as pessoas trans, os imigrantes e outros grupos oprimidos também devem estar em pé de igualdade.

Ampliação da educação pública e profissional sobre neurodiversidade

Embora o contato colaborativo seja uma força poderosa de redução de preconceitos, ele também representa um fardo pesado para as pessoas Autistas que lideram a mudança. Ser visível como uma pessoa marginalizada é uma faca de dois gumes, como qualquer pessoa transgênero pode lhe dizer. A conscientização pública pode colocar um alvo em suas costas com a mesma facilidade com que pode libertar. Em um mundo verdadeiramente justo, eu não precisaria educar pessoas neurotípicas sobre como penso e processo informações e não precisaria conquistar lentamente as pessoas para me tolerarem, preocupando-me o tempo todo com a possibilidade de ser ridicularizado ou atacado se desafiar as expectativas neurotípicas de maneira excessivamente dramática.

Portanto, embora tornar o mundo mais acessível beneficie as pessoas Autistas, por si só, é insuficiente. Um programa robusto de educação sobre a neurodiversidade teria de acompanhar as mudanças políticas recomendadas até agora. As escolas públicas devem incluir unidades sobre estigma da saúde mental e neurodiversidade nas aulas de saúde e ciências sociais, desde muito cedo. Como descrevi neste livro, o capacitismo e o mascaramento atingem as pessoas Autistas quando somos incrivelmente jovens e, portanto, as intervenções também precisam começar cedo. Quando ensinamos às crianças sobre racismo, sexismo e imperialismo ao longo da história, devemos destacar como os oprimidos foram com frequência rotulados de histéricos, paranoicos e loucos. É importante que todas as pessoas — tanto neurodiversas como neurotípicas — percebam como definições restritas de sanidade e "funcionamento" são usadas para prejudicar e desumanizar. E uma vez que as preocupações com a saúde mental são tão comuns (todos os anos, cerca de 20% da população sofre com alguma transtorno mental),[23] seria benéfico para todos receber uma psicoeducação forte a partir da infância.

Devem ser oferecidos treinamentos específicos sobre neurodiversidade também a médicos, professores e profissionais de saúde mental. Os educadores devem ter consciência de que alguns de seus alunos bem-comportados, porém retraídos, podem ser Autistas mascarados que precisam de assistência e que seus filhos "problemáticos" e desobedientes também podem ser neurodiversos. Terapeutas e conselheiros precisam de um treinamento muito mais robusto para atender às necessidades dos pacientes Autistas e para modificar ou substituir tratamentos que raramente funcionam para nós (como a terapia cognitivo-comportamental) por outros mais adequados às nossas necessidades. É claro que isso também exige que sejam realizadas mais pesquisas sobre como tratar problemas como distúrbios alimentares, depressão, ansiedade social e uso de substâncias em nossas populações.

Cientistas Autistas e neurodiversos de outras formas devem ser priorizados ao financiar tais esforços. Grande parte dos trabalhos publicados na revista *Autism in Adulthood* (Autismo na idade adulta) ilustra o quanto a literatura científica pode melhorar e aprofundar quando são os afetados por um problema que o estudam. Quando eu estava na pós-graduação, no início da década de 2010, os profissionais menosprezavam a "pesquisa sobre mim", como a chamavam, e insinuavam que não era possível confiar na objetividade de quem estudava algo em que tivesse interesse pessoal. Lentamente, estas atitudes estão mudando, mas o estigma contra ser um pesquisador com diagnósticos ou deficiências de saúde mental ainda é grave. A concessão de bolsas que incentivem ativamente pesquisadores com deficiência e neurodiversidade faria muito para contrariar esse preconceito.

Como mencionei ao longo deste livro, a maioria dos profissionais sabe muito pouco sobre o Autismo, especialmente em adultos e nos mascarados, e quase todos abordam a deficiência do ponto de vista médico. Ofereci *workshops* sobre neurodiversidade para profissionais médicos e ministrei aulas a psicólogos clínicos e fiquei inicialmente chocado ao descobrir que a maioria nunca tinha ouvido falar do modelo social de deficiência. Para muitos prestadores de cuidados, a crença na deficiência como um defeito médico a ser curado é absoluta e inabalável. Como foram treinados para abordar a diferença através de lentes médicas e nunca aprenderam sobre alternativas, eles rotineiramente patologizam traços e comportamentos Autistas completamente neutros e inofensivos. Os nossos profissionais e educadores devem estar conscientes de que existem entendimentos alternativos da deficiência e que suas atitudes preconceituosas muitas vezes criam uma deficiência que de outra forma não existiria.

Abaixo estão alguns comportamentos comuns dos Autistas que professores, terapeutas e médicos tendem a sinalizar como sinais de disfunção, mas que são completamente inofensivos e devem ser compreendidos e normalizados:

Comportamentos Autistas comuns e saudáveis

Estudo intenso de um novo tópico favorito.

Não perceber sons ou sinais sociais ao se concentrar em uma tarefa envolvente.

Precisar saber exatamente o que esperar antes de entrar em uma situação desconhecida.

Seguir um cronograma muito rígido e rejeitar desvios desse cronograma.

Demorar muito para pensar antes de responder a uma pergunta complexa.

Passar horas ou dias sozinho dormindo e recarregando as energias após um evento socialmente exigente ou um projeto estressante.

Precisar de "todas as informações" antes de tomar uma decisão.

Não saber como se sentem ou precisar de alguns dias para descobrir como se sentem em relação a alguma coisa.

Precisar que uma regra ou instrução "faça sentido" antes de poder segui-la.

Não depositar energia em expectativas que pareçam injustas ou arbitrárias, como usar maquiagem ou cuidados complexos com a aparência.

Quanto mais educados os profissionais e o público se tornarem sobre o Autismo, menos as pessoas Autistas precisarão se mascarar. Não precisaremos definhar, invisíveis e não sendo aceitos durante anos, sentindo-nos alienados, mas incapazes de identificar o porquê. No primeiro capítulo deste livro, comparei ser um Autista mascarado a ser um gay enrustido. Os homossexuais são forçados a permanecer no armário desde o nascimento, porque a sociedade parte do princípio de que todos são heterossexuais e está preparada apenas para satisfazer as necessidades dos heterossexuais. Em algum momento, permanecer no armário torna-se um processo ao qual dedicamos esforços, mas é uma situação que nos é imposta, não uma escolha livre. Da mesma forma, espera-se que, ao nascerem, todas as pessoas Autistas se comportem como neurotípicos. Se não formos diagnosticados e tratados com respeito como crianças, não teremos escolha senão continuar a usar uma máscara neurotípica durante anos. Mas à medida que a aceitação das pessoas neurodiversas se expande, a suposição de que todos devem pensar, agir e sentir da mesma maneira irá gradualmente desaparecer. Se as pessoas neurodiversas e os nossos aliados continuarem a pressionar por um tratamento justo, poderemos acabar chegando a um lugar onde a sociedade não esteja constantemente incapacitando tantos de nós, ao mesmo tempo que nos nega o conhecimento de que somos deficientes.

Cuidados de saúde universais e renda básica

Muitos Autistas acabam precisando se mascarar porque nunca foram identificados como deficientes quando eram jovens. A ignorância entre professores e prestadores de cuidados sobre as diversas formas que o Autismo pode apresentar é uma grande parte disso, mas em países como os Estados Unidos, a falta de cobertura de cuidados de saúde desempenha um papel enorme. De acordo com dados de uma pesquisa de 2020 da organização Mental Health America, mais de 57% dos americanos que enfrentaram problemas de saúde mental naquele ano não receberam tratamento.[24] Para os que desejavam tratamento mas não tiveram acesso a ele, a falta de seguro e a falta de seguro adequado estiveram entre as barreiras mais comuns.[25] Considerando o quanto é cara uma avaliação de Autismo e o quanto é difícil é para Autistas mascarados encontrarem profissionais competentes, fica claro que o acesso aos cuidados de saúde mental nos Estados Unidos necessita de uma extensão dramática. Atualmente, pelo menos metade de todos os Autistas no país não são diagnosticados, e a taxa de diagnóstico é provavelmente muito mais baixa para mulheres, pessoas trans, pessoas não brancas e pessoas em situação de pobreza. Se quisermos normalizar a experiência dos Autistas e construir sistemas sociais robustos que apoiem os Autistas e as nossas necessidades, precisaremos cuidar adequadamente da saúde mental de todas as pessoas.

Os Autistas, como a maioria dos deficientes, enfrentam o desemprego ou subempregos em taxas muito mais elevadas do que a população neurotípica. Mesmo aqueles de nós que conseguem se mascarar e se apresentar como "profissionais" ocupam uma posição muito perigosa. Um momento constrangedor ou um erro verbal no trabalho pode levar à nossa demissão, especialmente se estivermos visivelmente incapacitados ou já tivermos revelado nosso status neurodiverso. Autistas que procuram por emprego têm dificuldade para encontrar trabalho porque as entrevistas de contratação são situações ambíguas e de alto estresse. As perguntas raramente são fornecidas com antecedência e espera-se que os candidatos forneçam respostas e reações socialmente aceitáveis, sem parecerem "se esforçar demais".

Atualmente, pessoas Autistas precisam se mascarar para conseguir e manter um emprego ou se candidatar a benefícios de invalidez que são escassos demais para viver e vêm com uma variedade de advertências e restrições.[26] Quem recebe auxílio por invalidez não pode se casar com alguém com renda (incluindo benefícios por invalidez) sem ter seus pagamentos reduzidos.[27] Também não se pode depositar mais de US$ 2 mil em poupança ou possuir qualquer bem, sob pena de ser desqualificado e deixar de receber pagamentos já no mês seguinte.[28] Isso se a pessoa conseguir se qualificar para os benefícios em primeiro lugar. Os Autistas não diagnosticados não podem requerer benefícios por deficiência, e os beneficiários devem ter sua elegibilidade reavaliada regularmente (a cada seis a dezoito meses).[29]

Processar e investigar casos de benefícios por invalidez é extremamente caro. Foi por esse motivo que o escritor e antropólogo David Graeber sugeriu no livro *Bullshit Jobs*[30] (Empregos de merda) que seria muito menos dispendioso e muito mais socialmente justo apenas proporcionar uma base de referência, uma renda básica universal a todas as pessoas, sem restrições. Embora a substituição de todos os programas de bem-estar social por uma renda básica universal não seja provavelmente uma medida sensata, com base nos dados disponíveis,[31] uma abordagem menos restritiva e mais generosa à concessão de benefícios por invalidez melhoraria claramente a qualidade de vida das pessoas com deficiência. Em vez de forçar as pessoas Autistas (e outras) a provarem e provarem novamente que são realmente deficientes e que realmente não conseguem trabalhar, a renda básica universal seria distribuída a todos, afirmando de maneira simbólica e prática que todos os seres humanos merecem ter dinheiro suficiente para viver.

Abolição dos sistemas carcerários

Não há como se livrar do capacitismo sem erradicar as estruturas sociais opressivas e desumanizantes que o criaram. Como escreve o antropólogo Roy Grinker em *Nobody's Normal* (Ninguém é normal), e o psiquiatra Andrew Scull detalha em *Madness in Civilization* (Loucura na civilização), na maior parte da história europeia, pessoas com transtornos mentais, pessoas com deficiência e pessoas que infringiram a lei eram todas encerradas exatamente nas mesmas instalações. Não havia uma separação jurídica clara entre ser preso por agir de forma estranha e ser preso por agredir fisicamente alguém ou roubar. Tanto os "criminosos" como os "lunáticos" eram com frequência considerados problemas descartáveis e não seres humanos. No entanto, os sistemas jurídicos europeus acabaram por considerar adequado distinguir entre aqueles que se comportaram "mal" por estarem doentes e aqueles que se comportaram mal porque serem criminosos ou maus. Nessa altura, os hospitais psiquiátricos e as prisões foram separados, embora a ambos os grupos de pessoas encarceradas fossem negados direitos legais. No Século XX, a separação entre a "maldade" e a "doença" se inverteu um pouco, à medida que os psicólogos forenses começaram a explicar o comportamento infrator da lei como sendo causado por transtornos mentais, como o transtorno de personalidade antissocial, a esquizofrenia e o Autismo.[32] A maldade não era mais compreendida como um estado moral, mas essencialmente como um estado psicológico de perturbação incurável. Porém, funcionalmente, essa visão da natureza humana não é realmente melhor. Até hoje, muitas crianças negras Autistas são colocadas no caminho para a prisão já no ensino fundamental,[33] sendo severamente punidas por pequenos comportamentos inadequados, inclusive com envolvimento da polícia quando elas desobedecem aos professores ou têm colapsos. Esta reação se baseia, em parte, na crença de que algumas pessoas são simplesmente "más" e que é melhor removê-las da sociedade e não lhes oferecer compaixão.

O sistema de justiça criminal e o sistema de saúde mental são profundamente interligados e ambos servem para perpetuar o capacitismo. Como descrevi anteriormente neste livro, as pessoas com deficiência correm um risco extremamente elevado de serem baleadas pela polícia. Pessoas Autistas negras e pardas, em particular, correm um risco elevado de violência policial e encarceramento. Eliminar o financiamento da polícia e das prisões e trabalhar para abolir essas instituições opressivas ajudará a libertar as pessoas negras Autistas, bem como outras pessoas com deficiência e transtornos mentais. Muitas pessoas que se opõem à violência policial racista argumentam que os policiais devem ser substituídos por assistentes sociais ou terapeutas, e que uma força estatal de saúde mental deve ser enviada quando são feitas chamadas de emergência. A lei que Timotheus Gordon Jr. e seus colegas ativistas ajudaram a aprovar em Illinois, a CESSA, faria exatamente isso. Tal mudança política, sem dúvida, salvaria inúmeras vidas por ano, especialmente vidas neurodivergentes negras e pardas. No entanto, se nos opomos à violência racista da polícia, sancionada pelo Estado, é igualmente importante examinarmos como os profissionais de saúde mental institucionalizam à força pessoas não brancas e pessoas com deficiência, tiram seus filhos, declaram-nas legalmente incompetentes e, de outra forma, promovem exatamente os mesmos males sociais cometidos pelos policiais. Em meados de 2021, o mundo ficou chocado ao saber que Britney Spears havia recebido à força um DIU contraceptivo como parte de sua tutela legal[34] e que seu pai tinha controle não apenas de suas finanças, mas de sua agenda de apresentações, do acesso dela aos filhos e da capacidade de visitar o namorado. Esses são apenas alguns dos direitos que são rotineiramente retirados das pessoas com transtornos mentais e deficiências, e para aqueles que não têm a visibilidade pública e o privilégio de alguém como Spears, quase não há recursos.

Embora serviços de saúde mental compassivos e culturalmente competentes possam mudar vidas, a psiquiatria e a psicologia também causaram imensos danos estruturais às próprias pessoas que pretendem servir. Do estudo sobre a sífilis de Tuskegee à investigação de Hans Asperger sobre Autistas de "alto funcionamento", passando pelas lobotomias forçadas realizadas em gays e comunistas, imensa violência foi cometida em nome da ciência e da "proteção" do público. Quando visto através de lentes médicas e individuais, um impulso para uma maior saúde mental pode rapidamente se transformar em uma exigência de conformidade. Portanto, se quisermos criar um mundo onde todas as pessoas Autistas de todas as origens sejam capazes de se desmascarar, temos de remover os sistemas de poder que podem punir violentamente aqueles que falham ou se recusam a se conformar.

O desmascaramento é para todos

Há cerca de oito anos, minha amiga Wendy largou o emprego como advogada de forma muito abrupta. Supus que, como muitas pessoas na área, ela estivesse esgotada. Nos anos que se seguiram, Wendy lentamente rumou para uma nova carreira como redatora jurídica. Parecia ser muito melhor para ela: ela trabalhava em casa, tinha mais tempo com os filhos e passava semanas usando apenas calças de moletom.

Depois que me assumi Autista, Wendy me procurou em particular sobre aquele período de sua vida.

"Minha filha está no espectro", ela me disse. "Ela estava passando por momentos muito difíceis há alguns anos, com muitos colapsos e sem amigos, e não conseguíamos descobrir o porquê. Essa foi a verdadeira razão pela qual deixei meu antigo emprego." Eu desconfiava que a própria Wendy fosse Autista. Ela era reservada e introvertida, com pouca paciência para falsidades. Tinha uma aparência despretensiosa, com cabelos longos e soltos e sem maquiagem. Sensível e artística, nunca pareceu adequada para o intenso mundo jurídico, tão preocupado com a imagem. Mas a verdade é que o Autismo não era a explicação:

"Eu cheguei a investigar, mas descobri que não sou Autista", disse ela. "Eu estava deprimida e ansiosa naquela época porque meu trabalho era horrível e minha filha estava sofrendo? Sim, absolutamente. Mas ao criar minha filha, aprendi que não sou mesmo Autista. Eu apenas adoro o estilo de vida Autista."

A vida de Wendy mudou drasticamente após o diagnóstico da filha. Ela abriu mão da carreira para poder frequentar terapia familiar e educar a filha em casa. Elas entraram para grupos para crianças Autistas e suas famílias, e a menina aos poucos começou a fazer amigos. A família se mudou da cidade para uma pequena casa no campo e todos começaram a passar muito mais tempo ao ar livre. Conforme a família de Wendy passou a viver num ritmo mais lento e mais favorável ao Autismo, Wendy sentiu a própria depressão diminuir. Estava mais relaxada e realizada. Encontrou tempo para escrever poesia e compor músicas e para cuidar dos parentes mais velhos quando eles adoeciam.

"Conhecer quem minha filha realmente é e moldar nossas vidas em torno disso foi a melhor coisa que aconteceu à nossa família", diz Wendy. "Então fico muito irritada quando ouço outras 'mamães de Autistas' falando sobre como é uma maldição. O Autismo salvou nossas vidas!"

Quando Wendy descobriu que tinha uma filha Autista, sua vida mudou radicalmente para melhor. As circunstâncias a forçaram a sair da roda do hamster da conformidade e da produtividade e de constantemente fazer coisas demais e dar um passo para trás para reavaliar o que era mais importante em sua vida. Ela havia se desmascarado radicalmente, mesmo não sendo Autista: despojada das expectativas de um trabalho que não correspondia às suas necessidades, ela ganhava a vida em uma casa bagunçada e aconchegante, cheia de projetos de artesanato e desordem, e não sentia mais a pressão para se apresentar como um sucesso corporativo organizado que poderia "ter tudo".

É claro que todas essas grandes mudanças só foram possíveis porque Wendy teve apoio financeiro e comunitário para torná-las possíveis. O marido dela ficou animado com a mudança para o campo. O custo de vida na zona rural para onde a família se mudou era barato o suficiente para Wendy fazer a transição para um trabalho de meio período. Por conta do emprego do marido, Wendy e a filha mantiveram o seguro-saúde. Foi o acesso a esse seguro-saúde que tornou possível o diagnóstico da filha. A família também contava com o apoio da comunidade, que possibilitou o cuidado e a educação da menina. Quando a mãe de Wendy disse coisas ignorantes sobre o Autismo, Wendy pode conversar com ela na terapia, resolver seus problemas passados e corrigir a ignorância de sua mãe.

Muitas Autistas e pessoas próximas a eles não contam com essas vantagens. Sem acesso a abrigo, assistência de saúde e uma rede de apoio de pessoas amorosas que estejam dispostas a crescer conosco, nenhum de nós é livre para se tornar nosso eu verdadeiro e desmascarado. Por isso é vital que o projeto de desmascaramento seja mais do que apenas pessoal. Todas as autoafirmações e práticas radicais de visibilidade no mundo não são capazes de superar a injustiça econômica, o racismo, a transfobia ou a exclusão social profunda. Precisamos lutar para criar um mundo mais justo, receptivo e solidário para todas as pessoas, se quisermos que todos sejam livres para se desmascarar.

Conheço muitas pessoas Autistas para quem seu diagnóstico ou a autopercepção foi um momento de esclarecimento e afirmação. Depois que o choque inicial e a vergonha passam, adquirir uma identidade neurodiversa pode levar a pessoa a reexaminar toda a sua vida e seus antigos valores, permitindo construir algo mais lento, mais pacífico e mais bonito. Mas não são apenas os Autistas que se beneficiam ao abraçar a neurodiversidade dessa forma. Todos merecemos dar um passo atrás e perguntar se as nossas vidas estão de acordo com os nossos valores, se o trabalho que fazemos e o rosto que mostramos aos outros reflete o nosso "eu" genuíno e, se não, o que podemos querer mudar.

Quando aceitamos os indivíduos como eles são, em vez de lutar contra suas necessidades e seus desafios únicos, a vida pode avançar num ritmo mais relaxado e de aceitação. Um mundo que permite que todos os Autistas se desmascarem com segurança é um mundo onde qualquer pessoa com interesses estranhos, emoções apaixonadas, sensibilidades ambientais, peculiaridades sociais ou outras diferenças ainda são vistas como dignas e completas. Criar esse mundo exigirá muito trabalho político incansável, além de autodefesa Autista. Mas tanto para os neurodivergentes quanto para os neurotípicos, valerá a pena.

CONCLUSÃO

Integração

Antes de saber que era Autista, estava profundamente alienado em todos os sentidos possíveis. Eu estava mal comigo mesmo, incapaz de entender por que a vida normal parecia tão desconcertante e sufocante para mim. Eu estava desconectado do mundo, sem confiança nos outros ou no meu próprio potencial para me relacionar e ser compreendido. Por estar tão sozinho, minha identidade também estava completamente desvinculada. Eu não tinha nenhuma comunidade onde me ancorar. Eu não tinha ideia de que era transgênero, não tinha ideia de que era deficiente e não conseguia articular o que queria da vida. Internamente, estava fraturado, uma série de personalidades falsas e escudos protetores que mantinham as pessoas à distância. Eu só conseguia deixar o escudo de lado quando estava sozinho, mas, mesmo na minha solidão, eu me sentia infeliz e confuso. Eu era apenas mecanismos de defesa, sem nada dentro que valesse a pena defender.

Quando uma pessoa Autista mascarada carece de autoconhecimento ou de qualquer tipo de ampla aceitação social, muitas vezes é forçada a conceber a si mesma como partes compartimentadas e inconsistentes. *Esta é a pessoa que devo ser no trabalho e esta é a pessoa que devo ser em casa. Essas são as coisas que fantasio fazer, mas não posso contar a ninguém. Aqui estão as drogas que mantêm meus níveis de energia elevados e as mentiras que conto para ser divertido nas festas. Essas são as distrações para neutralizar a tensão que usarei quando alguém começar a desconfiar que há algo estranho a meu respeito.* Não temos a oportunidade de formarmos um todo unificado que possamos nomear ou compreender, ou que os outros possam ver e amar. Alguns lados nossos passam completamente despercebidos, porque não servem para o nosso objetivo mais amplo de permanecermos tão inofensivos e seguros quanto possível.

Na comunidade transgênero, temos um termo para o estado frágil e confuso que muitos de nós vivemos antes de reconhecermos a nossa identidade de gênero e decidirmos nos assumir: chama-se estar no "modo ovo". Um ovo é uma pessoa trans que ou está isolada demais da comunidade trans ou envolvida demais na negação para ser capaz de reconhecer quem é. Quando está no modo ovo, a pessoa se sente pouco à vontade e deslocada, sem fazer ideia do porquê. Ela evita levar em consideração desejos dolorosos que se escondem dentro dela, porque enfrentá-los destruiria a falsa identidade cisgênero que construiu para sobreviver. Quando eu estava no modo ovo, usava muitos vestidos esvoaçantes e tops decotados porque acreditava que era "feminina" demais para ficar bem com as roupas andróginas que eu realmente queria usar. Achava que meu corpo havia me condenado a ser para sempre uma mulher curvilínea. Aonde quer que eu fosse, as pessoas me diziam repetidamente que eu era incrivelmente feminina e falavam muito sobre como eu parecia "fértil". Família, amigos e até mesmo estranhos faziam o possível para me convencer de que eu devia minha feminilidade à sociedade. Meu ódio por mim mesmo e a rejeição da sociedade distorceram completamente a maneira como eu me via. Assim que finalmente rompi essa resistência e comecei a me vestir do jeito que gostava e a falar em tom de voz mais baixo, percebi que haviam mentido para mim. Na verdade, eu gostava da minha aparência e de como me sentia como uma pessoa trans andrógina. Eu não perdi nada ao abrir mão da fachada. Eu estava simplesmente livre.

Na minha experiência, ser um Autista mascarado é assustadoramente semelhante a estar no armário por ser gay ou trans. É um doloroso estado de autodesprezo e negação que distorce sua experiência interior. Embora muitas vezes pareça "loucura", na verdade não é uma neurose interna. É algo causado pela insistência repetida e muitas vezes violenta da sociedade de que você não é quem diz ser e que qualquer evidência em contrário é vergonhosa.

Antes de saber que era Autista, impus muitas regras a mim mesmo, para me ajudar a "passar" por neurotípico. Uma delas era que eu nunca poderia comprar um móvel que eu não fosse capaz de mover sozinho. A autossuficiência significava que eu poderia fazer as malas e partir a qualquer momento. Pedir ajuda ou levar uma vida ricamente interdependente seria o mesmo que pintar as palavras fraco e patético em meu corpo em imensas letras vermelhas. Eu vivia de tal forma que nenhuma ajuda era necessária.

Eu dormia em um colchão inflável. Fiz uma "cômoda" com caixas de leite que roubei dos fundos do supermercado perto da minha casa.

Mantinha minha pequena TV no chão. Essas medidas também cumpriam outra regra que eu havia estabelecido para mim mesmo: gastar o mínimo de dinheiro possível e sacrificar o conforto em nome da frugalidade. Quanto mais dinheiro eu economizava, mais autossuficiente eu era e menos desastroso seria se eu fosse demitido por estranheza ou esgotamento. Essa mesma lógica alimentava meu transtorno alimentar e meu isolamento social. A vida de uma pessoa que não comia, bebia ou nunca saía muito de casa era barata e de baixo risco. Eu sobreviveria me tornando cada vez menor. Me perguntava por que me sentia tão infeliz e desconfortável o tempo todo, por que andava pela casa chorando durante horas, mas não conseguia reconhecer que minha abnegação compulsiva estava contribuindo para meu sofrimento.

O mascaramento também me alienou de todos que eu amava. Nunca me permiti ficar vulnerável com ninguém, compartilhar qualquer raiva, frustração, disforia ou desejo obsessivo que fervilhava dentro de mim. Quando pessoas seguras se abriam para se conectar comigo, eu as afastava e as congelava. Amigos me perguntavam como eu estava, e eu respondia com hostilidade. Eles tentavam demonstrar carinho físico, e eu paralisava. Quando eu estava desmoronando física e mentalmente, fiz todo o possível para continuar parecendo firme e forte. Mesmo as pessoas próximas mais receptivas não tinham escolha a não ser amar uma meia versão minha. Eu mesmo quase não tinha noção de quem eu era. Quando tinha tempo livre, eu simplesmente sentava sozinho no meu quarto e ficava olhando fixamente para a parede ou navegando *online* sem pensar.

Tudo isso também começou a mudar lentamente no dia em que me sentei em uma banheira de hidromassagem com meu primo em um parque de diversões e ouvi sua teoria de que todos em nossa família eram Autistas. Inicialmente, eu não estava pronto para a informação. Mas no momento em que ouvi a palavra aplicada aos meus parentes, não consegui deixar de atribuí-la a mim mesmo. Durante toda a minha vida fui uma confusão de partes desconexas, mas agora uma imagem de mim mesmo e um nome para o que estava vivenciando finalmente estavam se unindo.

O oposto da alienação é *integração*, um sentido psicológico de conexão e totalidade.[1] As pessoas cujas identidades são integradas conseguem ver uma linha que conecta os muitos "eus" que elas foram em vários tempos e lugares. Todo ser humano muda com o tempo, é claro, e altera o comportamento dependendo da situação ou do ambiente em que se encontra. Não existe um "eu verdadeiro" estático que pare de se adaptar e mudar. Para um Autista mascarado, esse fato pode ser realmente perturbador, porque pode nos faltar uma "história" consistente para contarmos a nós mesmos sobre quem realmente somos. Nossas personalidades são apenas meios para um fim, motivadas externamente, e não impulsionadas por alguma força ou desejo interno. Alguém com uma identidade integrada não é perturbado pela mudança e pela variação, porque vê uma ligação que perdura entre as muitas pessoas que foi: valores fundamentais que persistem ao longo da vida e uma narrativa de crescimento pessoal que explica como eles passaram da pessoa que eram antes para quem são hoje.[2]

Pesquisas (particularmente décadas de trabalho dos psicólogos Dan McAdams e Jonathan Adler) descobriram que as pessoas que integraram autoconceitos são geralmente bastante adaptáveis, resilientes e compassivas consigo mesmas. Elas são capazes de desenvolver novas habilidades e se mexer quando a vida se torna desafiadora. Elas se veem como protagonistas de sua história de vida. Também são mais propensas a experimentar um crescimento pós-traumático, entendendo experiências dolorosas do passado como algo que ajudou a torná-los uma pessoa resiliente que é capaz de ajudar os outros em vez de ver isso como uma terrível "contaminação" que arruinou suas vidas ou as enfraqueceu.[3] Em particular, McAdams e seus colegas observaram que, à medida que as pessoas amadurecem ou se recuperam de traumas, tendem a elaborar uma narrativa redentora sobre si mesmas. Uma visão redentora de nós mesmos tende a destacar algumas qualidades importantes:

Principais qualidades do "eu" redentor[4]	
Generativo	Trabalha para melhorar o mundo ou beneficiar as gerações futuras.
Sensível	Se importa com as necessidades dos outros e é preocupado com a injustiça social.
Comprometido com valores	Desenvolve seu próprio conjunto de crenças e valores fundamentais que orienta seu comportamento ao longo da vida.
Equilibra independência com conexão	Tem um forte senso de capacidade de ação e poder, mas também se conecta de forma significativa com outras pessoas e reconhece que somos todos interdependentes.

É impressionante para mim o quanto o eu redentor é compatível com o processo de desmascaramento. O "eu" redentor é basicamente um "eu"

Autista desmascarado: sem vergonha da própria sensibilidade, profundamente comprometido com os próprios valores, movido apaixonadamente pelas causas com as quais se preocupa, forte o suficiente para se defender e vulnerável o suficiente para buscar conexão e ajuda. Uma pessoa com um senso de identidade integrado e redentor sabe quem é e não tem vergonha disso. Ela é capaz de resolver as tensões da vida de uma forma autêntica que respeite seus sentimentos e ética pessoal.

No trabalho de McAdams e Adler (e no trabalho relacionado de outros), não existe um caminho único que uma pessoa deva seguir para desenvolver um sentido integrado ou redentor de quem é. Descobriu-se que a terapia narrativa é benéfica para quem deseja reexaminar as histórias que conta a si mesmo sobre sua vida e seu passado e lançá-las sob uma nova luz.[5] E algumas evidências iniciais sugerem que a terapia narrativa pode ser benéfica para pessoas Autistas que enfrentam dificuldades com ansiedade social ou desafios de comunicação.[6] No entanto, o "eu" redentor também pode surgir organicamente, à medida que a pessoa passa a compreender a si própria e a criar laços saudáveis e de apoio. Na minha própria vida, sei que conhecer outras pessoas Autistas e aprender a compreender o que é o Autismo naturalmente me levou a escrever uma nova "história" sobre o meu passado e quem eu era.

A etapa final do exercício de integração baseada em valores de Heather Morgan é resumir seus valores fundamentais em cerca de três a cinco palavras e contemplar como cada um desses valores se conecta entre si para criar um todo coeso. Para esse fim, Heather com frequência incentiva os clientes a desenharem como seus valores se interligam, usando qualquer metáfora visual que considerem melhor.[7] Um cliente de Heather desenhou cada um de seus cinco valores (abertura, aceitação, realização, elevação e encanto). Como cordas separadas em um violão. Cada um podia ser ativado e "tocado" sozinho, mas é somente quando todos os valores se juntam em uma harmonia ressonante que eles produzem a melhor música. Outra pessoa listou seus valores (compaixão, comunidade, criatividade, integridade, valor intrínseco e justiça) como cores distintas em um arco-íris. Outro via cada um de seus valores como raios separados numa roda de bicicleta, todos apoiando-se uns aos outros e tornando possível o movimento para a frente. Essas metáforas refletem como os clientes de Heather veem seus princípios se conectando entre si e os ajudam a contemplar a vida como um todo, maior do que as partes subjacentes.

Aqui está um espaço para você explorar como seus próprios valores se relacionam entre si. Para completar este exercício, você pode revisitar os exercícios de integração baseada em valores da Introdução, e nos Capítulos 5 e 7.

> ### Integração baseada em valores
> #### Juntando seus valores
>
> 1. Reexamine os momentos-chave de sua vida que você descreveu na introdução deste livro e os três a cinco valores fundamentais que identificou como essenciais para esses momentos no Capítulo 5.
>
>   Liste esses valores aqui. O ideal é identificar de três a cinco valores distintos:
>
> 2. No espaço a seguir, escreva uma definição para cada um de seus valores. Deve ser uma definição pessoal, não uma definição do dicionário. A ideia é identificar especificamente o que cada valor significa para você.
>
>   Valor:
>   O que esse valor significa para mim:
>
>   Valor:
>   O que esse valor significa para mim:
>
>   Valor:
>   O que esse valor significa para mim:

Valor:
O que esse valor significa para mim:

Valor:
O que esse valor significa para mim:

3. Por fim, desenhe uma imagem que represente seus valores e como eles se conectam. Essa imagem pode representar um *hobby* ou uma experiência importante para você ou pode evocar um dos momentos-chave em que você se sentiu especialmente vivo. O objetivo é criar uma imagem que conecte todos os seus valores e ajude você a visualizar e a lembrar-se de todos eles.

Os valores de uma pessoa não precisam ter o mesmo peso, como acontece nesses exemplos de metáforas. Você poderia desenhar um valor particularmente importante (digamos, amor) como um pilar sobre o qual os outros repousam, ou desenhar um valor como um amplo guarda-chuva que cobre e protege o resto. Um cliente de Heather desenhou três de seus valores como raios de uma âncora, sendo o quarto valor o gancho que conecta a âncora ao "barco" de sua vida.

Levei vários meses para me guiar pelo processo de integração baseado em valores de Heather Morgan, enquanto trabalhava na primeira versão deste livro. Considerei cuidadosamente quais foram os momentos-chave do meu passado que me fizeram sentir verdadeiramente vivo. As entrevistas que realizei com outras pessoas Autistas e as pesquisas que fiz ajudaram a orientar minha autorreflexão. No final das contas, lembrei-me de uma grande variedade de momentos poderosos do meu passado em que me senti totalmente vivo e realizado como pessoa, e esses momentos deixaram claro para mim quais eram meus valores fundamentais. Achei que valeria a pena compartilhá-los aqui, como exemplo:

Valor nº 1: sinceridade

O que esse valor significa para mim: compartilhar honestamente como me sinto e como vejo as coisas. Compartilhar observações que podem não ser convenientes, mas que são verdadeiras e importantes de ouvir. Ser honesto comigo mesmo sobre quem sou, com quem gosto de passar o tempo e o que quero da vida. Me manifestar quando vejo alguém sendo maltratado.

Valor nº 2: coragem

O que esse valor significa para mim: confiar na minha intuição e estar disposto a correr riscos. Defender minhas crenças mesmo quando elas são impopulares. Dizer "sim" com entusiasmo e paixão às coisas que desejo, em vez de procurar desculpas para dizer "não". Deixar minhas emoções serem ruidosas e ousadas. Ocupar espaço e abocanhar a vida com fome e vontade.

Valor nº 3: inspiração

O que esse valor significa para mim: observar o mundo ao meu redor, encher-me de ideias e compartilhar meus pensamentos e paixões com o mundo. Ouvir meu próprio impulso criativo e minhas explosões de *insights*. Ser uma luz que seja capaz de guiar os outros, capacitando as pessoas a fazerem o que é melhor para elas mesmas.

Valor no 4: paixão

O que esse valor significa para mim: dar a mim mesmo espaço para sentir as coisas profundamente. Reservar tempo para ficar triste, zangado, ressentido ou alegre. Não filtrar mais as emoções com base em como os outros podem recebê-las. Não ter vergonha de quem eu sou, buscar as coisas que desejo e que me fazem sentir bem e me deixar sair das situações que me angustiam.

Dando um passo atrás e analisando minhas principais memórias e meus valores fundamentais, posso ver que sou uma pessoa dinâmica, poderosa e lúcida, que está sempre crescendo e que muitas vezes se levantou para defender as pessoas e ideias que são importantes para mim. Sou muito diferente da figura inepta, impotente, sem noção e carente, que sempre me preocupei que as pessoas sem deficiência pudessem ver em mim. Também não sou nada parecido com o intelectual frígido e passivo cuja máscara muitas vezes vesti.

Este exercício também deixou dolorosamente claro o quanto minha antiga vida mascarada me bloqueava e me mantinha insatisfeito. Sozinho no meu apartamento, sem conviver com ninguém, eu não tinha espaço para inspirar os outros ou para me expressar. Eu tinha tanto medo de incomodar outras pessoas que não me arriscava a defender aquilo em que acreditava e não me entregava a nada que me desse prazer. Foi minha tentativa de criar uma personalidade neurotípica que fracassou — meu verdadeiro "eu" era uma pessoa linda que merecia muito mais.

O resultado ideal deste exercício é ajudar uma pessoa Autista a confiar mais em si mesma. E, olhando para trás, não consigo pensar em uma única vez em que tenha me arrependido de uma decisão guiada por franqueza, confiança, inspiração ou paixão. Cada vez que deixei de lado as besteiras educadas, larguei um emprego insatisfatório, disse sim a um convite aleatório, me manifestei ou de repente fiz uma tatuagem por impulso, foi incrível. Como voltar depois de uma vida inteira debaixo d'água, finalmente capaz de respirar ar fresco e fortificante. Por outro lado, lembro-me de inúmeras decisões ruins e lamentáveis que tomei, motivadas por medo, inibição ou desejo de ser educado. Cada vez que pedi desculpas por uma explosão, subestimei uma necessidade, disse sim para um trabalho que não era adequado para mim ou tolerei uma amizade que não era respeitosa, me deixou com uma sensação de tristeza e ansiedade. Isso nunca me ajudou a manter uma conexão significativa. Tudo o que fiz foi desperdiçar meu tempo e me encher de ressentimento. Sempre foi melhor ser eu mesmo, não importando o custo disso.

Quando penso em como meus quatro valores se integram num todo maior, imagino um escudo. Quando fiz a transição, escolhi o nome Devon, em parte porque significa defensor. Quando estava no armário (tanto sobre minha transexualidade quanto sobre meu Autismo), eu costumava ficar encolhido e na defensiva. Toda a minha existência era um pedido de desculpas por quem eu realmente era. Agora tiro força de quem sou de verdade e tenho o objetivo de ser um escudo para os outros: uma presença firme e corajosa que enfrenta o mundo de frente e tenta abrigar aqueles que precisam. Meus valores protegem a mim e às pessoas de quem gosto. Eu costumava acreditar que minha máscara me protegia, mas, na verdade, ela apenas me puxava para baixo. Honrar meus valores faz exatamente o oposto. Fazer isso coloca meus traços mais Autistas em primeiro plano e permite que eles me conduzam para a batalha, em vez de escondê-los. Hoje sou grato pela pessoa que sou e sei que outros também são gratos por conhecer essa pessoa. E no processo de assumir uma identidade Autista, conheci muitas pessoas que seguiram um caminho semelhante em direção à autoaceitação e à abertura, sentindo-se finalmente livres, integradas e sintonizadas com seus valores, após anos de uma atuação falsa e movida pelo medo. Eu desejo as mesmas coisas para você.

Não quero fingir que a vida de uma pessoa Autista é fácil. O capacitismo é uma força poderosa de opressão. Existem muitos Autistas que nunca conseguem se desmascarar totalmente. Alguns de nós estão em posições tão perigosas que a abertura é arriscada demais. Alguns Autistas concluem que é preferível encontrar pequenos bolsões de aceitação onde possam obtê-la e manter a máscara em todos os outros lugares a arriscar a falta de moradia, a violência policial, o abuso relacional ou a institucionalização forçada por tirar a máscara. Para eles, é necessária uma mudança social sistêmica, assim como uma melhoria significativa das circunstâncias de vida.

A maioria das pessoas Autistas está subempregada e sofre com exploração, isolamento e pobreza. Para pessoas Autistas mascaradas que são mulheres, transgêneros, negros, em situação de pobreza ou multiplamente marginalizados, é especialmente perigoso pensar em abandonar a máscara. Mesmo para aqueles de nós que têm a liberdade de se desmascarar radicalmente, ainda há muito julgamento social e a dor do trauma do passado para enfrentar. Uma única pessoa afirmando seu valor próprio não é suficiente para vencer essas forças. Um mundo que abraça a neurodiversidade seria, por definição, um lugar onde todas as pessoas, culturas e formas de ser recebem o mesmo nível de dignidade, autonomia e respeito. No entanto, para os Autistas que procuram alcançar aceitação e justiça generalizadas, o desmascaramento representa um passo essencial à frente e uma forma de se manterem sãos enquanto o mundo permanece injusto. Testemunhei em primeira mão o quanto uma pessoa Autista pode florescer social e psicologicamente quando escapa de uma situação insegura e encontra uma comunidade receptiva. Eu mesmo passei por exatamente esse processo. Nunca seremos capazes de construir uma sociedade mais neurodiversa se não nomearmos as nossas lutas comuns, formarmos laços comunitários uns com os outros e declararmos em voz alta que a nossa forma de funcionar não é prejudicada ou ruim. Grande parte do mundo neurotípico ainda quer nos "curar" da nossa diferença, usando terapias genéticas e ferramentas de rastreio que impediriam mais de nós de nascer e métodos terapêuticos abusivos que nos treinam, como os cães, para nos tornarmos mais complacentes. Mesmo aqueles de nós que não foram forçados a passar pelo tratamento formal do Autismo ainda são manipulados e pressionados, dia após dia, a se tornarem versões menores, mais suaves e mais agradáveis de si mesmos.

Desmascarar-se é expor uma face orgulhosa de desobediência, de se recusar a ceder sob o peso das exigências neurotípicas. É um ato de ativismo ousado e também uma declaração de autoestima. Desmascarar-se é se recusar a ser silenciado, deixar de ser compartimentado e escondido e permanecer poderosamente em sua totalidade ao lado de outras pessoas com deficiências e marginalizadas. Juntos podemos nos manter fortes e livres, protegidos pela aceitação poderosa e radical que só surge quando sabemos quem somos e com o reconhecimento de que nunca tivemos nada a esconder.

AGRADECIMENTOS

Obrigado à minha agente, Jenny Herrera, por enxergar o potencial da minha escrita e por me dar a confiança necessária para seguir uma vida como autor que nunca tive coragem de assumir sozinho. Já disse isso antes e vou repetir: você realmente mudou minha vida. À minha editora, Michele Eniclerico: muito obrigado por seu interesse e pelo apoio a este livro, pelas perguntas perspicazes, pelas sugestões de reestruturação e pela confiança no meu julgamento. Sou muito grato por você ter me incentivado a fazer deste livro um livro que fala especificamente aos Autistas, em vez de apelar para um olhar neurotípico. O Capítulo 8 é agora a parte do livro que mais me orgulho de ter escrito, e nem estaria aqui sem suas sugestões. Obrigado, Jeanne Widen, da Escola de Estudos Continuados e Profissionais de Loyola, por sempre apoiar meu trabalho como escritor e considerá-lo uma parte valiosa da minha identidade acadêmica. Você sempre me tratou com muito carinho e confiança, e sou extremamente grato por isso. Obrigado a toda a equipe da Harmony por tornar este livro lindo e me ajudar a trazê-lo ao mundo.

Muitos escritores e pensadores Autistas e neurodivergentes desempenharam um papel fundamental na formação deste livro: Heather Morgan, James Finn, Jesse Meadows, Marta Rose, Keillan Cruickshank, Timotheus Gordon Jr., Jersey Noah e Jess White, obrigado por todas as conversas que compartilhamos, todos os recursos que vocês criaram para a comunidade e todos os comentários que fizeram. Amythest Schaber, Rabino Ruti Reagan, Jen White-Johnson, Sky Cubacub, Samuel Dylan Finch, ChrisTiana ObeySumner, Rian Phin, Tiffany Hammond, Anand Prahlad e todos os outros que citei neste livro: obrigado por tudo que vocês criaram. Agradeço a todos que me concederam entrevistas para este livro, bem como às centenas de pessoas Autistas que responderam *online* a enquetes e pedidos de opinião e comentários sobre minhas ideias. Tentei absorver o maior número possível de perspectivas Autistas enquanto escrevia este livro e espero ter honrado todas as histórias compartilhadas comigo e tratado a generosidade de cada um de vocês com o respeito e a gratidão que ela merece.

Obrigado a todos que me ajudaram a me sentir menos prejudicado ao longo dos anos, especialmente a todos os amigos que me ajudaram quando eu não me entendia ou não sabia como me relacionar com outras pessoas. Fiz muito para me afastar daqueles que me amam, por estar muito consumido pela dúvida e pelo medo, mas seu amor e sua honestidade têm sido meus pilares. Agradeço a todos os amigos Autistas e neurodivergentes que se assumiram para mim desde que comecei a escrever sobre minha própria deficiência, gerando uma oportunidade maravilhosa de trocar dicas para a vida e lamentos. Obrigado à minha família por sempre me permitir ser eu mesmo e falar por experiência própria, sem nunca tentar abafar minha voz. A todos os meus amigos do servidor Dump Truck Discord, obrigado por me manterem relativamente estável e verdadeiramente conectado durante a pandemia. Finalmente, obrigado a Nick por diminuir as luzes, me dar desculpas para ir embora de eventos lotados, construir um quarto de pânico sensorial embaixo da cama e conectar seus fones de ouvido quando os efeitos sonoros do chess.com ficam altos demais. Muitas vezes, ainda me odeio por ser tão irritável e carente, e não consigo entender como alguém pode me amar como sou. Prometo que um dia serei capaz de reconhecer sua aceitação e amor incondicionais como algo que eu (e você! E todas as pessoas!) mereço.

NOTAS

Introdução

1. Thomas, P., Zahorodny, W., Peng, B., Kim, S., Jani, N., Halperin, W. e Brimacombe, M. (2012). The association of autism diagnosis with socioeconomic status. (A associação do diagnóstico de autismo com o status socioeconômico.) Autism, 16(2), 201-213.

2. Hull, L., Petrides, K.V. e Mandy, W. (2020). The female autism phenotype and camouflaging: A narrative review. (O fenótipo do autismo feminino e a camuflagem: uma revisão narrativa.) *Review Journal of Autism and Developmental Disorders*, 1-12.

3. Nerenberg, J. Divergent *Mind: Thriving in a World That Wasn't Designed for You*. EUA: HarperOne, 2021. N.E.

4. "Entrevista com Temple Grandin." 2 de janeiro de 2006. Recuperado em 14 de abril de 2019.

5. Petrou, A. M., Parr, J. R. e McConachie, H. (2018). Gender differences in parent-reported age at diagnosis of children with autism spectrum disorder. (Diferenças de gênero na idade relatada pelos pais no diagnóstico de crianças com transtorno do espectro autista.) Research in Autism Spectrum Disorders, 50, 32-42.

6. Livingston, L. A., Shah, P. e Happé, F. (2019). Compensatory strategies below the behavioural surface in autism: A qualitative study. (Estratégias compensatórias abaixo da superfície comportamental no autismo: um estudo qualitativo.) The Lancet Psychiatry, 6(9), 766-777.

7. <https://www.cdc.gov/mmwr/volumes/69/ss/ss6904a1.htm?s_cid=ss6904a1_w>.

8. Cage, E., Troxell-W hitman, Z. (2019). Understanding the Reasons, Contexts and Costs of Camouflaging for Autistic Adults. (Compreendendo as razões, contextos e custos da camuflagem para adultos autistas.) *Journal of Autism and Developmental Disorders* 49, 1899-1911, <https://doi.org/10.1007/s10803-018-03878-x>.

9. Livingston, L. A., Shah, P. e Happé, F. (2019). Compensatory strategies below the behavioural surface in autism: A qualitative study. (Estratégias compensatórias abaixo da superfície comportamental no autismo: um estudo qualitativo.) *The Lancet Psychiatry*, 6(9), 766-777.

10. Cassidy, S. A., Gould, K., Townsend, E., Pelton, M., Robertson, A. E. e Rodgers, J. (2020). Is camouflaging autistic traits associated with suicidal thoughts and behaviours? Expanding the interpersonal psychological theory of suicide in an undergraduate student sample. (A camuflagem de traços autistas está associada a pensamentos e comportamentos suicidas? Expandindo a teoria psicológica interpessoal do suicídio em uma amostra de estudantes de graduação.) *Journal of Autism and Developmental Disorders*, 50(10), 3638-3648.

Capítulo 1

1. Corrigan P. W. (2016). Lessons learned from unintended consequences about erasing the stigma of mental illness. (Lições aprendidas com consequências não intencionais sobre a eliminação do estigma da transtorno mental.) World Psychiatry, 15(1), 67-73. <https://doi.org/10.1002/wps.20295>.

2. Ben-Zeev, D., Young, M. A. e Corrigan, P. W. (2010). DSM-V and the stigma of mental illness. (DSM-V e o estigma do transtorno mental.) *Journal of Mental Health*, 19(4), 318-327.

3. Ysasi, N., Becton, A. e Chen, R. (2018). Stigmatizing effects of visible versus invisible disabilities. (Efeitos estigmatizantes de deficiências visíveis versus invisíveis.) *Journal of Disability Studies*, 4(1), 22-29.

4. Mazumder, R. e Thompson-Hodgetts, S. (2019). Stigmatization of Children and Adolescents with Autism Spectrum Disorders and their Families: A Scoping Study. (Estigmatização de Crianças e Adolescentes com Transtornos do Espectro Autista e suas Famílias: um estudo de escopo.) Revisão do *Journal of Autism and Developmental Disorders* 6, 96-107. <https://doi.org/10.1007/s40489-018-00156-5>.

5. Raymaker, D. M., Teo, A. R., Steckler, N. A., Lentz, B., Scharer, M., Delos Santos, A., ... e Nicolaidis, C. (2020). "Having All of Your Internal Resources Exhausted Beyond Measure and Being Left with No Clean-Up Crew": Defining Autistic Burnout. ("Ter todos os seus recursos internos esgotados além da medida e ficar sem equipe de limpeza": definindo o esgotamento autista.) *Autism in Adulthood*, 2(2), 132-143.

6. Buckle, K. L., Leadbitter, K., Poliakoff, E. e Gowen, E. (2020). "No way out except from external intervention": First-hand accounts of autistic inertia. ("Não há saída exceto através de intervenção externa": relatos de primeira mão sobre a inércia autista.)

7. Demetriou, E. A., Lampit, A., Quintana, D. S., Naismith, S. L., Song, Y. J. C., Pye, J. E., ... e Guastella, A. J. (2018). Autism spectrum disorders: meta-analysis of executive function. (Transtornos do espectro do autismo: meta-análise da função executiva.) *Molecular Psychiatry*, 23(5), 1198-1204.

8. Algumas pessoas que apresentam traços do espectro do autismo e relatam desafios cognitivos autistas não apresentam sinais sociais ou comportamentais, devido à camuflagem dos sintomas: L. A. Livingston, B. Carr e P. Shah. (2019). Recent advances and new directions in measuring theory of mind in autistic adults. (Avanços recentes e novos rumos na medição da teoria da mente em adultos autistas.) *Journal of Autism and Developmental Disorders*, 49, 1738-1744.

9. Thapar, A. e Rutter, M. (2020). Genetic advances in autism. (Avanços genéticos no autismo.) *Journal of Autism and Developmental Disorders*, 1-12.

10. Gernsbacher, M. A., Dawson, M. e Mottron, L. (2006). Autism: Common, heritable, but not harmful. (Autismo: comum, hereditário, mas não prejudicial.) *Behavioral and Brain Sciences*, 29(4), 413.

11. Rylaarsdam, L. e Guemez-Gamboa, A. (2019). Genetic causes and modifiers of autism spectrum disorder. (Causas genéticas e modificadores do transtorno do espectro autista.) *Frontiers in Cellular Neuroscience*, 13, 385.

12. Hahamy, A., Behrmann, M. e Malach, R. (2015). The idiosyncratic brain: Distortion of spontaneous connectivity patterns in autism spectrum disorder. (O cérebro idiossincrático: distorção dos padrões de conectividade espontânea no transtorno do espectro autista.) *Nature Neuroscience* 18, 302-309. <https://doi.org/10.1038/nn.3919>.

13. Autistas de todos os gêneros continuam desenvolvendo suas habilidades sociais e de comunicação ao longo da vida. Ver: Rynkiewicz, A., Schuller, B., Marchi, E. et al., (2016). Uma investigação do "efeito de camuflagem feminina" no autismo usando um ADOS-2 computadorizado e um teste de diferenças de sexo/gênero. *Molecular Autism* 7, 10. <https://doi.org/10.1186/s13229-016-0073-0>.

14. Zhou, Y., Shi, L., Cui, X., Wang, S. e Luo, X. (2016). A conectividade funcional do córtex cingulado anterior caudal está diminuída no autismo. *PloS One*, 11(3), e0151879. <https://doi.org/10.1371/journal.pone.0151879>.

15. Allman, J. M., Watson, K. K., Tetreault, N. A. e Hakeem, A. Y. (2005). Intuition and autism: A possible role for Von Economo neurons. (Intuição e autismo: um possível papel para os neurônios Von Economo.) Trends in Cognitive Sciences, 9(8), 367-373.

16. Rosenberg, A., Patterson, J. S. e Angelaki, D. E. (2015). A computational perspective on autism. (Uma perspectiva computacional sobre o autismo.) Proceedings of the National Academy of Sciences, 112(30), 9158-9165.

17. Hahamy, A., Behrmann, M. e Malach, R. (2015). The idiosyncratic brain: Distortion of spontaneous connectivity patterns in autism spectrum disorder. (O cérebro idiossincrático: distorção dos padrões de conectividade espontânea no transtorno do espectro autista.) Nature Neuroscience 18, 302-309. <https://doi.org/10.1038/nn.3919>; Dinstein, I., Heeger, D. J. e Behrmann, M. (2015). Neural variability: Friend or foe? (Variabilidade neural: amigo ou inimigo?) Trends in Cognitive Sciences, 19(6), 322-328.

18. Veja este comunicado de imprensa do Instituto Weizmann: <https://www.eurekalert.org/pub_releases/2015-01/wios-abg-012115.php>.

19. Koldewyn, K., Jiang, Y. V., Weigelt, S. e Kanwisher, N. (2013). Global/local processing in autism: Not a disability, but a disinclination. (Processamento global/local no autismo: não uma deficiência, mas uma aversão.) Journal of Autism and Developmental Disorders, 43(10), 2329-2340. <https://doi.org/10.1007/s10803-013-1777-z>.

20. L. Mottron, S. Belleville, E. Ménard. (1999). Local bias in autistic subjects as evidenced by graphic tasks: Perceptual hierarchization or working memory deficit? (Viés local em sujeitos autistas, conforme evidenciado por tarefas gráficas: hierarquização perceptiva ou déficit de memória operacional?) Journal of Child Psychology and Psychiatry, 40, 743-755.

21. D. Hubl, S. Bolte, S. Feineis-Matthews, H. Lanfermann, A. Federspiel, W. Strik, et al. (2003). Functional imbalance of visual pathways indicates alternative face processing strategies in autism. (O desequilíbrio funcional das vias visuais indica estratégias alternativas de processamento facial no autismo.) Neurology, 61, 1232-1237.

22. Minio-Paluello, I., Porciello, G., Pascual-Leone, A. e Baron-Cohen, S. (2020). Face individual identity recognition: A potential endophenotype in autism. (Reconhecimento de identidade individual facial: um endofenótipo potencial no autismo. Molecular Autism, 11(1), 1-16.

23. Longdon, E. e Read, J. (2017). 'People with Problems, Not Patients with Illnesses': Using psychosocial frameworks to reduce the stigma of psychosis. ("Pessoas com problemas, não pacientes com doenças": usando estruturas psicossociais para reduzir o estigma da psicose.) *Israel Journal of Psychiatry and Related Sciences*, 54(1), 24-30.

24. <https://www.wired.com/story/how-earnest-research-into-gay-genetics-went-wrong/>.

25. Guiraud, J. A.; Kushnerenko, E.; Tomalski, P.; Davies, K.; Ribeiro, H. e Johnson, M. H. (2011). Differential habituation to repeated sounds in infants at high risk for autism. (Habituação diferencial a sons repetidos em bebês com alto risco de autismo.) Neuroreport, 22, 845-849.

26. Brosnan, M., Lewton, M. e Ashwin, C. (2016). Reasoning on the autism spectrum: A dual process theory account. (Raciocínio sobre o espectro do autismo: uma explicação da teoria do processo duplo.) Journal of Autism and Developmental Disorders, 46(6), 2115-2125.

27. Brosnan, M., Ashwin, C. e Lewton, M. (2017). Brief report: Intuitive and reflective reasoning in autism spectrum disorder. (Relatório breve: raciocínio intuitivo e reflexivo no transtorno do espectro autista.) Journal of Autism and Developmental Disorders, 47(8), 2595-2601.

28. Seltzer, M. M., Krauss, M. W., Shattuck, P. T., Orsmond, G., Swe, A. e Lord, C. (2003). The symptoms of autism spectrum disorders in adolescence and adulthood. (Os sintomas dos transtornos do espectro do autismo na adolescência e na idade adulta.) *Journal of Autism and Developmental Disorders*, 33(6), 565-581.

29. Hazen, E. P., Stornelli, J. L., O'Rourke, J. A., Koesterer, K. e McDougle, C. J. (2014). Sensory symptoms in autism spectrum disorders. (Sintomas sensoriais em transtornos do espectro do autismo.) *Harvard Review of Psychiatry*, 22(2), 112-124.

30. Jordan, C. J. e Caldwell-Harris, C. L. (2012). Understanding differences in neurotypical and autism spectrum special interests through internet forums. (Compreensão das diferenças nos interesses especiais do espectro neurotípico e do autismo através de fóruns na Internet.) *Intellectual and Developmental Disabilities*, 50(5), 391-402.

31. Kapp, S. K., Steward, R., Crane, L., Elliott, D., Elphick, C., Pellicano, E. e Russell, G. (2019). "People should be allowed to do what they like": Autistic adults' views and experiences of stimming. ("As pessoas deveriam poder fazer o que quiserem": opiniões e experiências de *stimming* de adultos autistas.) *Autism*, 23(7), 1782-1792.

32. Tchanturia, K., Smith, K., Glennon, D. e Burhouse, A. (2020). Towards an improved understanding of the Anorexia Nervosa and Autism spectrum comorbidity: PEACE pathway implementation. (Rumo a uma melhor compreensão da comorbidade do espectro da Anorexia Nervosa e do Autismo: implementação do caminho PEACE.) *Frontiers in Psychiatry*, 11, 640.

33. Wijngaarden-Cremers, P. J. M., Brink, W. V. e Gaag, R. J. (2014). Addiction and autism: A remarkable comorbidity. (Vício e autismo: uma comorbidade notável.) *Journal of Alcoholism and Drug Dependence*, 2(4), 170.

34. McKenzie, R. e Dallos, R. (2017). Autism and attachment difficulties: Overlap of symptoms, implications and innovative solutions. (Autismo e dificuldades de apego: sobreposição de sintomas, implicações e soluções inovadoras.) *Clinical Child Psychology and Psychiatry*, 22(4), 632-648.

35. McElhanon, B. O., McCracken, C., Karpen, S. e Sharp, W. G. (2014). Gastrointestinal symptoms in autism spectrum disorder: A meta-analysis. (Sintomas gastrointestinais no transtorno do espectro autista: uma meta-análise.) *Pediatrics*, 133(5), 872-883.

36. Baeza-Velasco, C., Cohen, D., Hamonet, C., Vlamynck, E., Diaz, L., Cravero, C., ... e Guinchat, V. (2018). Autism, joint hypermobility-related disorders and pain. (Autismo, distúrbios relacionados à hipermobilidade articular e dor.) *Frontiers in Psychiatry*, 9, 656.

37. Bolton, P. F., Carcani-Rathwell, I., Hutton, J., Goode, S., Howlin, P. e Rutter, M. (2011). Epilepsy in autism: Features and correlates. (Epilepsia no autismo: recursos e correlatos.) *British Journal of Psychiatry*, 198(4), 289-294.

38. Antshel, K. M., Zhang-James, Y. e Faraone, S. V. (2013). The comorbidity of ADHD and autism spectrum disorder. (A comorbidade do TDAH e transtorno do espectro autista.) *Expert Review of Neurotherapeutics*, 13(10), 1117-1128.

39. Russell, G. e Pavelka, Z. (2013). Co-occurrence of developmental disorders: Children who share symptoms of autism, dyslexia and attention deficit hyperactivity disorder (Co-ocorrência de distúrbios do desenvolvimento: crianças que compartilham sintomas de Autismo, dislexia e transtorno de déficit de atenção e hiperatividade) (pp. 361-386). InTech.

40. Hull, L., Levy, L., Lai, M. C., Petrides, K. V., Baron-Cohen, S., Allison, C., ... e Mandy, W. (2021). Is social camouflaging associated with anxiety and depression in autistic adults? (A camuflagem social está associada à ansiedade e à depressão em adultos Autistas?) *Molecular Autism*, 12(1), 1-13.

41. <https://leader.pubs.asha.org/doi/10.1044/leader.FTR2.25042020.58>.

42. Este ensaio de Damian Milton resume bem: "... não há nenhum neurotípico do qual se desviar, exceto uma construção fantástica idealizada de medição psicológica de inspiração galtoniana". (Francis Galton é o inventor da eugenia. Agradeço a Jesse Meadows por compartilhar este artigo comigo.) <http://www.larry-arnold.net/Autonomy/index.php/autonomy/article/view/AR10/html>.

43. Singer, Judy. (1999). "Why can't you be normal for once in your life?" From a "problem with no name" to the emergence of a new category of difference. ("Por que você não pode ser normal pelo menos uma vez na vida?" De um "problema sem nome" à emergência de uma nova categoria de diferença.) Em Corker, Mairian, e French, Sally (eds.). Disability Discourse. McGraw-Hill Education (UK). p. 61.

44. Takarae, Y. e Sweeney, J. (2017). Neural hyperexcitability in autism spectrum disorders. (Hiperexcitabilidade neural em transtornos do espectro do autismo.) Brain Sciences, 7(10), 129.

45. Stewart, L. P. e White, P. M. (2008). Sensory filtering phenomenology in PTSD. (Fenomenologia da filtragem sensorial em TEPT.) Depression and Anxiety, 25(1), 38-45.

46. Embora, é claro, a sobrecarga sensorial também possa contribuir para a ansiedade. Provavelmente é um relacionamento bidirecional; ver: Green, S. A. e Ben-Sasson, A. (2010). Anxiety disorders and sensory over-responsivity in children with autism spectrum disorders: Is there a causal relationship? (Transtornos de ansiedade e hiperresponsividade sensorial em crianças com transtornos do espectro do autismo: existe uma relação causal?) *Journal of Autism and Developmental Disorders*, 40(12), 1495-1504.

47. Bora, E., Aydın, A., Saraç, T., Kadak, M. T. e Köse, S. (2017). Heterogeneity of subclinical autistic traits among parents of children with autism spectrum disorder: Identifying the broader autism phenotype with a data-driven method. (Heterogeneidade de traços autistas subclínicos entre pais de crianças com transtorno do espectro autista: identificando o fenótipo mais amplo do autismo com um método baseado em dados.) Autism Research, 10(2), 321-326.

48. <https://www.cdc.gov/mmwr/volumes/67/ss/pdfs/ss6706a1-H.pdf.>

49. Mandell, D. S., et al. (2009). Racial/ethnic disparities in the identification of children with autism spectrum disorders. (Disparidades étnicas na identificação de crianças com transtornos do espectro do autismo.) *American Journal of Public Health*, 99(3), 493-498. <https://doi.org/10.2105/AJPH.2007.131243>.

50. <https://www.cdc.gov/ncbddd/autism/addm-community-report/differences-in-children.html>.

51. Stevens, K. (2019). experiência vivida de desligamentos em adultos com transtorno do espectro autista.

52. Endendijk, J. J., Groeneveld, M. G., van der Pol, L. D., van Berkel, S. R., Hallers-Haalboom, E. T., Bakermans-Kranenburg, M. J. e Mesman, J. (2017). Gender differences in child aggression: Relations with gender-differentiated parenting and parents' gender-role stereotypes. (Diferenças de gênero na agressão infantil: relações com a parentalidade diferenciada por gênero e os estereótipos dos papéis de gênero dos pais.) Child Development, 88(1), 299-316.

53. Cage, E. e Troxell-W hitman, Z. (2019). Understanding the Reasons, Contexts and Costs of Camouflaging for Autistic Adults. (Compreendendo as razões, contextos e custos da camuflagem para adultos autistas.) Journal of Autism and Developmental Disorders, 49(5), 1899-1911. <https://doi.org/10.1007/s10803-018-03878-x>.

54. Andersson, G. W., Gillberg, C. e Miniscalco, C. (2013). Pre-school children with suspected autism spectrum disorders: Do girls and boys have the same profiles? (Crianças em idade pré-escolar com suspeita de transtornos do espectro do autismo: meninas e meninos têm os mesmos perfis?) Research in Developmental Disabilities, 34(1), 413-422.

55. Silberman, S. (2015). *NeuroTribes: The Legacy of Autism and the Future of Neurodiversity*. (Neurotribos: o legado do autismo e o futuro da neurodiversidade) Nova York: Penguin. Capítulo 5: "Fascinating Peculiarities." ("Peculiaridades fascinantes.")

56. <https://www.nature.com/articles/d41586-018-05112-1>.

57. Burch, S e Patterson, L. (2013). Not Just Any Body: Disability, Gender, and History. (Não qualquer pessoa: deficiência, gênero e história.) *Journal of Women's History*, 25(4), 122-137.

58. <https://nsadvocate.org/2018/07/11/treating-autism-as-a-problem-the-connection-between-gay-conversion-therapy-and-aba/>.

59. Hillier, A., Gallop, N., Mendes, E., Tellez, D., Buckingham, A., Nizami, A. e OToole, D. (2019). LGBTQIA+ and autism spectrum disorder: Experiences and challenges. (LGBTQIA+ e transtorno do espectro autista: experiências e desafios.) International Journal of Transgender Health, 21(1), 98-110. <https://doi.org/10.1080/15532739.2019.1594484>.

60. <https://www.spectrumnews.org/news/extreme-male-brain-explained/>.

61. Evans, S. C., Boan, A. D., Bradley, C. e Carpenter, L. A. (2019). Sex/gender differences in screening for autism spectrum disorder: Implications for evidence-based assessment. (Diferenças de sexo/gênero na triagem do transtorno do espectro autista: implicações para avaliação baseada em evidências.) *Journalof Clinical Child & Adolescent Psychology*, 48(6), 840-854.

62. Metzl, J. M. (2010). The Protest Psychosis: How Schizophrenia Became a Black Disease. (A psicose de protesto: como a esquizofrenia se tornou uma doença negra.) Boston: Beacon Press.

63. Halladay, A. K., Bishop, S., Constantino, J. N., Daniels, A. M., Koenig, K., Palmer, K., Messinger, D., Pelphrey, K., Sanders, S. J., Singer, A. T., Taylor, J. L. e Szatmari, P. (2015). Sex and gender differences in autism spectrum disorder: Summarizing evidence gaps and identifying emerging areas of priority. (Diferenças de sexo e gênero no transtorno do espectro autista: resumindo as lacunas de evidências e identificando áreas prioritárias emergentes.) Molecular Autism, 6, 36. <https://doi.org/10.1186/s13229-015-0019-y>.

64. Becerra, T. A., von Ehrenstein, O. S., Heck, J. E., Olsen, J., Arah, O. A., Jeste, S. S. ... e Ritz, B. (2014). Autism spectrum disorders and race, ethnicity, and nativity: A population-based study. (Transtornos do espectro do autismo e raça, etnia e natividade: um estudo de base populacional.) Pediatrics, 134(1), e63-e71.

65. Embora os fãs há muito suspeitassem que Rick era Autista (assim como seu criador Dan Harmon), isso não foi oficialmente confirmado até o episódio final da terceira temporada, "The Rickchurian Mortydate", em que durante uma breve troca, Rick reconhece esse fato a Morty.

66. *Rick e Morty*. Produção: Justin Roiland e Dan Harmon. EUA: Warner Bros. Television, 2014-.

67. *O Bom Doutor*. Produção: David Shore. EUA: Shore Z Productions, 3AD EnterMedia, ABC Studios e Sony Pictures Television, 2014-.

68. *The Big Bang Theory*. Produtores: Chuck Lorre e Bill Prady. EUA: Warner Bros. Television Distribution, 2007-2019.

69. *Community*. Direção: Dan Harmon. Produção: Dan Harmon, Anthony & Joe Russo, Russ Krasnoff & Gary Foster. EUA: Sony Pictures Television, Universal Media Studios, 2009-2015.

70. *O gambito da rainha*. Criador(es): Scott Frank e Allan Scott. EUA: Flitcraft Ltd, Wonderful Films e Netflix. 2020.

71. <https://autismsciencefoundation.org/what-is-autism/how-common-is-autism/#:~:text=In%20the%201980s%20autism%20prevalence,and%20later%201%20in%201000>.

72. <https://www.nami.org/Support-Education/Publications-Reports/Public-Policy-Reports/The-Doctor-is-O ut#:~:text=800%2D950%2DNAMI&text=Each%20year%20millions%20of%20Americans,States%20go%20without%20any%20treatment>.

73. Bora, E., Aydin, A., Saraç, T., Kadak, M. T. e Köse, S. (2017). Heterogeneity of subclinical autistic traits among parents of children with autism spectrum disorder: Identifying the broader autism phenotype with a data-driven method. (Heterogeneidade de traços autistas subclínicos entre pais de crianças com transtorno do espectro autista: identificando o fenótipo mais amplo do autismo com um método baseado em dados.) Autism Research, 10(2), 321-326.

74. Para uma análise estado por estado do que é coberto, acesse: <https://www.ncsl.org/research/health/autism-and-insurance¬coverage-state-laws.aspx>.

75. <https://www.clarifiasd.com/autism-diagnostic-testing/#:~:text=There%20is%20a%20cost%20associated,more%20than%20doubles%20the%20cost>.

76. <https://www.quora.com/How-much-does-it-typically-cost-to-get-a-formal-diagnosis-of-an-autism-spectrum-disorder>.

77. <https://www.wpspublish.com/ados-2-autism-diagnostic-observation-schedule-second-edition>.

78. <https://devonprice.medium.com/from-self-diagnosis-to-self-realization-852e3a069451.>

79. <https://www.bgsu.edu/content/dam/BGSU/equity-diversity/documents/university-policies/evidence-prove-discrimination.pdf>.

80. Para uma boa introdução sobre os modelos sociais e médicos da deficiência e sua interação, consulte Goering S. (2015). Rethinking disability: The social model of disability and chronic disease. (Repensando a deficiência: o modelo social da deficiência e da doença crônica.) Current Reviews in Musculoskeletal Medicine, 8(2), 134-138. <https://doi.org/10.1007/s12178-015-9273-z>.

81. <https://www.phrases.org.uk/meanings/differently-abled.html>.

82. Longmore, P. K. (1985). A Note on Language and the Social Identity of Disabled People. (Uma observação sobre a linguagem e a identidade social das pessoas com deficiência.) American Behavioral Scientist, 28(3), 419-423. <https://doi.org/10.1177/000276485028003009>.

83. <https://journals.sagepub.com/doi/abs/10.1177/000276485028003009?journalCode=absb>.

84. <https://www.nature.com/articles/d41586-018-05112-1>.

85. Cronograma de eventos gays significativos (PDF). Associação de Polícia Gay da Escócia. Arquivado do original (PDF) em 15 de março de 2014. Recuperado em 15 de março de 2014.

86. Prahlad; A. *The Secret Life of a Black Aspie: A Memoir.* EUA: University of Alaska Press, 2017.

Capítulo 2

1. Ashley, F. (2020). Um comentário crítico sobre "disforia de gênero de início rápido". Sociological Review, 68(4), 779-799. <https://doi.org/10.1177/0038026120934693>.

2. <https://www.washingtonpost.com/lifestyle/2020/03/03/you-dont-look-autistic-reality-high-functioning-autism/>.

3. Bargiela, S., Steward, R. e Mandy, W. (2016). The experiences of late-diagnosed women with autism spectrum conditions: An investigation of the female autism phenotype. (As experiências de mulheres diagnosticadas tardiamente com condições do espectro do autismo: uma investigação do fenótipo do autismo feminino.) *Journal of Autism and Developmental Disorders*, 46(10), 3281-3294.

4. Mandy, W., Chilvers, R., Chowdhury, U., Salter, G., Seigal, A. e Skuse, D. (2012). Sex differences in autism spectrum disorder: Evidence from a large sample of children and adolescents. (Diferenças sexuais no transtorno do espectro autista: evidências de uma grande amostra de crianças e adolescentes.) *Journal of Autism and Development Disorders*, 42: 1304-13. doi:10.1007/s10803-011-1356-0.

5. Meier, M. H., Slutske, W. S., Heath, A. C. e Martin, N. G. (2009). The role of harsh discipline in explaining sex differences in conduct disorder: A study of opposite-sex twin pairs. (O papel da disciplina severa na explicação das diferenças sexuais no transtorno de conduta: um estudo de pares de gêmeos do sexo oposto.) *Journal of Abnormal Child Psychology*, 37(5), 653-664. <https://doi.org/10.1007/s10802-009-9309-1>.

6. Aznar, A. e Tenenbaum, H. R. (2015). Gender and age differences in parent-child emotion talk. (Diferenças de gênero e idade na conversa emocional entre pais e filhos.) *British Journal of Developmental Psychology*, 33(1), 148-155.

7. Fung, W. K. e Cheng, R. W. Y. (2017). Effect of school pretend play on preschoolers' social competence in peer interactions: Gender as a potential moderator. (Efeito da brincadeira de faz de conta escolar na competência social de crianças em idade pré-escolar nas interações entre pares: gênero como potencial moderador.) Early Childhood Education Journal, 45(1), 35-42.

8. Goin-Kochel, R. P., Mackintosh, V. H. e Myers, B. J. (2006). How many doctors does it take to make an autism spectrum diagnosis? (Quantos médicos são necessários para fazer um diagnóstico do espectro do autismo?) Autism, 10: 439-51. doi:10.1177/1362361306066601.

9. <http://www.myspectrumsuite.com/meet-rudy-simone-autistic-bestselling-author-advocate-director-worldwide-aspergirl-society/>.

10. Lista de verificação completa arquivada em <https://mostlyanything19.tumblr.com/post/163630697943/atypical-autism-traits; o site original Help4Aspergers.com está fora do ar>.

11. <https://www.psychologytoday.com/us/blog/women-autism-spectrum-disorder/202104/10-signs-autism-in-women>.

12. <https://www.aane.org/women-asperger-profiles/>.

13. <https://slate.com/human-interest/2018/03/why-are-a-disproportionate-number-of-autistic-youth-transgender.html>.

14. <https://www.wesa.fm/post/some-autism-furry-culture-offers-comfort-and-acceptance#stream/0>.

15. Huijnen, C., Lexis, M., Jansens, R. e de Witte, L. P. (2016). Mapping Robots to Therapy and Educational Objectives for Children with Autism Spectrum Disorder. (Mapeando robôs para objetivos terapêuticos e educacionais para crianças com transtorno do espectro autista.) *Journal of Autism and Developmental Disorders*, 46(6), 2100-2114. https://doi.org/10.1007/s10803-016-2740-6.

16. <https://www.psychologytoday.com/us/blog/the-imprinted-brain/201512/the-aliens-have-landed>.

17. Warrier, V., Greenberg, D. M., Weir, E., Buckingham, C., Smith, P., Lai, M. C. ... e Baron-Cohen, S. (2020). Elevated rates of autism, other neurodevelopmental and psychiatric diagnoses, and autistic traits in transgender and gender-diverse individuals. (Taxas elevadas de autismo, outros diagnósticos de neurodesenvolvimento e psiquiátricos e traços autistas em indivíduos transexuais e de gênero diversificado.) Nature Communications, 11(1), 1-12.

18. <https://www.queerundefined.com/search/autigender>.

19. van der Miesen, A. I. R., Cohen-Kettenis, P. T. e de Vries, A. L. C. (2018). Is there a link between gender dysphoria and autism spectrum disorder? (Existe uma ligação entre disforia de gênero e transtorno do espectro autista?) *Journal of the American Academy of Child & Adolescent Psychiatry,* 57(11), 884-885.<https://doi.org/10.1016/j.jaac.2018.04.022>.

20. Neely Jr., B. H. (2016). To disclose or not to disclose: Investigating the stigma and stereotypes of autism in the workplace. (Divulgar ou não divulgar: investigando o estigma e os estereótipos do autismo no local de trabalho.) Dissertação de mestrado em psicologia, apresentada para cumprimento parcial de requisitos de graduação na Pennsylvania State University.

21. <https://www.jkrowling.com/opinions/j-k-rowling-writes-about-her-reasons-for-speaking-out-on-sex-and-gender-issues/>.

22. Dale.; L.K. *Uncomfortable Labels: My Life as a Gay Autistic Trans Woman.* EUA: Jessica Kingsley Publishers, 2019.

23. Dale, L. K. (2019). *Uncomfortable Labels: My Life as a Gay Autistic Trans Woman.* (Etiquetas desconfortáveis: minha vida como mulher trans gay autista.) Londres: Jéssica Kingsley.

24. Dale, L. K. Uncomfortable Labels: My Life as a Gay Autistic Trans Woman. (Etiquetas desconfortáveis: minha vida como mulher trans gay autista.) Londres: Jessica Kingsley, 26., 2019.

25. https://www.nature.com/articles/d41586-020-01126-w.

26. Fernando, S. *Institutional Racism in Psychiatry and Clinical Psychology.* (Racismo Institucional em Psiquiatria e Psicologia Clínica.) Londres: Palgrave Macmillan, 2017.

27. Para uma excelente revisão de como as definições de transtorno mental e deficiência mudaram ao longo do tempo, consulte Scull, A. *Madness in Civilization: A Cultural History of Insanity from the Bible to Freud, from the Madhouse to Modern Medicine.* (Loucura na Civilização: uma história cultural da loucura, da Bíblia a Freud, do hospício à medicina moderna.) Princeton Univ. Press, 2015.

28. Dababnah, S., Shaia, W. E., Campion, K. e Nichols, H. M. (2018). "We Had to Keep Pushing": Caregivers' Perspectives on Autism Screening and Referral Practices of Black Children in Primary Care. ("Precisamos continuar pressionando": perspectivas dos cuidadores sobre triagem do autismo e práticas de encaminhamento de crianças negras na atenção básica.) Intellectual and Developmental Disabilities, 56(5), 321-336.

29. Begeer, S., El Bouk, S., Boussaid, W., Terwogt, M. M. e Koot, H. M. (2009). Underdiagnosis and referral bias of autism in ethnic minorities. (Subdiagnóstico e viés de encaminhamento do autismo em minorias étnicas.) Journal of Autism and Developmental Disorders, 39(1), 142.

30. Bhui, K., Warfa, N., Edonya, P., McKenzie, K. e Bhugra, D. (2007). Cultural competence in mental health care: A review of model evaluations. (Competência cultural no cuidado em saúde mental: uma revisão das avaliações do modelo.) BMC Health Services Research, 7(1), 1-10.

31. <https://www.apa.org/monitor/2018/02/datapoint#:~:text=In%20 2015%2C%2086%20percent%20of,from%20 other%20racial%2Fethnic%20groups>.

32. <https://www.npr.org/sections/health-shots/2020/06/25/877549715/

bear-our-pain-the-plea-for-more-black--mental-health-workers>.

33. <https://www.hollywoodreporter.com/features/this-is-the-best-part-ive-ever-had--how-chris-rocks-extensive-therapy-helped--prepare-him-for-fargo>.

34. <https://www.spectrumnews.org/news/race-class-contribute-disparities-autism-diagnoses/>.

35. Mandell, D. S., Listerud, J., Levy, S. E. e Pinto-Martin, J. A. (2002). Race differences in the age at diagnosis among Medicaid-eligible children with autism. (Diferenças raciais na idade do diagnóstico entre crianças com autismo elegíveis ao Medicaid.) *Journal of the American Academy of Child & Adolescent Psychiatry*, 41(12), 1447-1453.

36. Dyches, T. T., Wilder, L. K., Sudweeks, R. R., Obiakor, F. E. e Algozzine, B. (2004). Multicultural issues in autism. (Questões multiculturais no autismo.) *Journal of Autism and Developmental Disorders*, 34(2), 211-222.

37. Mandell, D. S., Ittenbach, R. F., Levy, S. E. e Pinto-Martin, J. A. (2007). Disparities in diagnoses received prior to a diagnosis of autism spectrum disorder. (Disparidades nos diagnósticos recebidos antes do diagnóstico de transtorno do espectro autista.) *Journal of Autism and Developmental Disorders*, 37(9), 1795-1802.<https://doi.org/10.1007/s10803-006-0314-8>.

38. <https://www.spectrumnews.org/opinion/viewpoint/autistic-while-black-how--autism-amplifies-stereotypes/>.

39. Às vezes referido como Inglês Vernáculo Afro-Americano ou AAVE, embora isso seja tecnicamente incorreto. AAE refere-se a todo um espectro de estilos e contextos de comunicação, não apenas ao vernáculo. Ver Di Paolo, M., & Spears, A. K. Languages and Dialects in the U.S.: Focus on Diversity and Linguistics. (Idiomas e dialetos nos EUA: foco em diversidade e linguística.) Nova York: Routledge, 102.

40. DeBose, C. E. (1992). Codeswitching: Black English and standard English in the African-American linguistic repertoire. (Mudança de código: inglês negro e inglês padrão no repertório linguístico afro-americano.) *Journal of Multilingual & Multicultural Development*, 13(1-2), 157-167.

41. Walton, G. M., Murphy, M. C. e Ryan, A. M. (2015). Stereotype threat in organizations: Implications for equity and performance. (Ameaça de estereótipo nas organizações: implicações para a equidade e o desempenho.) *Annual Review of Organizational Psychology and Organizational Behavior*, 2, 523-550. <https://doi.org/10.1146/annurev-orgpsych-032414-111322>.

42. Molinsky, A. (2007). Cross-cultural code-switching: The psychological challenges of adapting behavior in foreign cultural interactions. (Troca de código intercultural: os desafios psicológicos da adaptação do comportamento nas interações culturais estrangeiras.) *Academy of Management Review*, 32(2), 622-640.

43. <https://hbr.org/2019/11/the-costs-of-codeswitching>.

44. Molinsky, A. (2007). Cross-cultural code-switching: The psychological challenges of adapting behavior in foreign cultural interactions. (Troca de código intercultural: os desafios psicológicos da adaptação do comportamento nas interações culturais estrangeiras.) *Academy of Management Review*, 32(2), 622-640.

45. <https://www.spectrumnews.org/features/deep-dive/the-missing-generation/>.

46. <https://apnews.com/b76e462b44964af7b431a735fb0a2c75>.

47. <https://www.forbes.com/sites/gusalexiou/2020/06/14/police-killing-and-criminal-exploitation-dual-threats-to-the-disabled/#39d86f6e4f0f>.

48. <https://www.chicagotribune.com/opinion/commentary/

ct-opinion-adam-toledo-little-village-20210415-yfuxq4fz7jgtnl54bwn5w4ztw4-story.html>.

49. <https://namiillinois.org/half-people-killed-police-disability-report/>.

50. <https://www.forbes.com/sites/gusalexiou/2020/06/14/police-killing-and-criminal-exploitation-dual-threats-to-the-disabled/#c4b478c4f0fa>.

51. <Prahlad, A. (2017). The Secret Life of a Black Aspie: A Memoir. (A vida secreta de um Aspie negro: memórias.) Fairbanks: University of Alaska Press, 69>.

52. Este tópico do Twitter de Marco Rogers é uma cartilha excelente e acessível sobre diferenças raciais e culturais nas abordagens de "conversa real". >https://twitter.com/polotek/status/1353902811868618758?lang=en>.

53. Deep, S., Salleh, B. M. e Othman, H. (2017). Exploring the role of culture in communication conflicts: A qualitative study. (Estratégias compensatórias abaixo da superfície comportamental no autismo: um estudo qualitativo.) Qualitative Report, 22(4), 1186.

54. <https://www.webmd.com/brain/autism/what-does-autism-mean>.

55. Do grego "allo" ou outro.

56. *St. Elsewhere.* Produção: Joshua Brand John Falsey. EUA: NBC, 1982-1988.

57. <https://www.vulture.com/2018/05/the-st-elsewhere-finale-at-30.html#:~:text=Today%20is%20the%2030th%20anniversary,gazes%20at%20all%20day %20long?>.

58. O filme foi amplamente criticado por autistas e pela crítica em geral. See, for example: <https://www.indiewire.com/2021/02/music-review-sia-autism-movie-maddie-ziegler-1234615917/; https://www.rollingstone.com/movies/movie-features/sia-music-movie-review-controversy-1125125/>;<https://www.nytimes.com/2021/02/11/movies/sia-music-autism-backlash.html>.

59. *Music.* Direção: Sia. EUA: HanWay Films (international), 2021.

60. Para um rápido resumo de alguns dos problemas com o filme *Music*, incluindo como ele representa erroneamente a comunicação aumentada, consulte: <https://www.bitchmedia.org/article/sia-film-music-ableism-autistic-representation-film>.

61. Wakabayashi, A., Baron-Cohen, S. e Wheelwright, S. (2006). Are autistic traits an independent personality dimension? A study of the Autism-Spectrum Quotient (AQ) and the NEO-PI-R. (Os traços autistas são uma dimensão independente da personalidade? Um estudo do Quociente do Espectro do Autismo (AQ) e do NEO-PI-R.) Personality and Individual Differences, 41(5), 873-883.

62. Nader-Grosbois, N. e Mazzone, S. (2014). Emotion regulation, personality and social adjustment in children with autism spectrum disorders. (Regulação emocional, personalidade e ajuste social em crianças com transtornos do espectro do autismo.) Psychology, 5(15), 1750.

63. Morgan, M. e Hills, P. J. (2019). Correlations between holistic processing, Autism quotient, extraversion, and experience and the own-gender bias in face recognition. (Correlações entre processamento holístico, quociente de autismo, extroversão e experiência e preconceito de gênero próprio no reconhecimento facial.) PloS One, 14(7), e0209530.

64. Pessoas extrovertidas com altos traços do espectro do autismo são menos propensas a se camuflar de maneira tão intensa quanto os Autistas introvertidos; ver Robinson, E., Hull, L. e Petrides, K.V. (2020). Big Five model and trait emotional intelligence in camouflaging behaviours in autism. (Modelo Big Five e traço de inteligência emocional na camuflagem de comportamentos no autismo.) Personality and Individual Differences, 152, 109565.

65. Fournier, K. A., Hass, C. J., Naik, S. K., Lodha, N. e Cauraugh, J. H. (2010). Motor coordination in autism spectrum disorders: A synthesis and meta-analysis. (Coordenação motora nos transtornos do espectro do autismo: uma síntese e meta-análise.) *Journal of Autism and Developmental Disorders*, 40(10), 1227-1240.

66. Lane, A. E., Dennis, S. J. e Geraghty, M. E. (2011). Brief report: Further evidence of sensory subtypes in autism. (Relatório breve: mais evidências de subtipos sensoriais no autismo.) *Journal of Autism and Developmental Disorders*, 41(6), 826-831.

67. Liu, Y., Cherkassky, V. L., Minshew, N. J. e Just, M. A. (2011). Autonomy of lower-level perception from global processing in autism: Evidence from brain activation and functional connectivity. (Autonomia da percepção de nível inferior do processamento global no autismo: evidências de ativação cerebral e conectividade funcional.) Neuropsychologia, 49(7), 2105-2111. <https://doi.org/10.1016/j.neuropsychologia.2011.04.005>.

68. Veja o tópico dos Autisticats que resume bem esta pesquisa: https://twitter.com/autisticats/status/1343996974337564674. Também está arquivado permanentemente aqui: https://threadreaderapp.com/thread/1343993141146378241.html.

69. Mottron, L., Dawson, M., Soulieres, I., Hubert, B. e Burack, J. (2006). Enhanced perceptual functioning in autism: An update, and eight principles of autistic perception. (Funcionamento perceptivo aprimorado no autismo: uma atualização e oito princípios de percepção autista.) *Journal of Autism and Developmental Disorders*, 36(1), 27-43.

70. <https://www.queervengeance.com/post/autistic-people-party-too>.

71. <https://www.wcpo.com/news/insider/logan-joiner-addresses-his-fears-and-those-of-others-on-the-autism-spectrum-by-riding-and-reviewing-roller-coasters#:~:text=Facebook-,Roller%20coaster%20conqueror%20Logan%20Joiner%2C%20on%20the%20autism%20spectrum,helps%20others%20overcome%20their%20fears&text=Since%20then%2C%20he's%20gone %20from,reviewer%20with%20a%20YouTube%20following>.

72. Gargaro, B. A., Rinehart, N. J., Bradshaw, J. L., Tonge, B. J. e Sheppard, D. M. (2011). Autism and ADHD: How far have we come in the comorbidity debate? (Autismo e TDAH: até onde chegamos no debate sobre comorbidade?) Neuroscience & Biobehavioral Reviews, 35(5), 1081-1088.

73. Möller, H. J., Bandelow, B., Volz, H. P., Barnikol, U. B., Seifritz, E. e Kasper, S. (2016). The relevance of "mixed anxiety and depression" as a diagnostic category in clinical practice. (A relevância de "ansiedade e depressão mistas" como categoria diagnóstica na prática clínica.) European Archives of Psychiatry and Clinical Neuroscience, 266(8), 725-736. <https://doi.org/10.1007/s00406-016-0684-7>.

74. <https://www.sciencemag.org/news/2018/05/cold-parenting-childhood-schizophrenia-how-diagnosis-autism-has-evolved-over-time>.

75. Moree, B. N. e Davis III, T. E. (2010). Cognitive-behavioral therapy for anxiety in children diagnosed with autism spectrum disorders: Modification trends. (Terapia cognitivo-comportamental para ansiedade em crianças com diagnóstico de transtornos do espectro do autismo: tendências de modificação.) Research in Autism Spectrum Disorders, 4(3), 346-354.

76. <https://medium.com/@Kristen Hovet/opinion-highly-sensitive-person-hsp-and-high-functioning-autism-are-the-same-in-some-cases-842821a4eb73>.

77. <https://kristenhovet.medium.com/opinion-highly-sensitive-person-hsp-and-high-functioning-autism-are-the-same-in-some-cases-842821a4eb73>.

78. <https://www.autismresearchtrust.org/news/borderline-personality-disorder-or-autism>.

79. Knaak, S., Szeto, A. C., Fitch, K., Modgill, G. e Patten, S. (2015). Stigma towards borderline personality disorder: Effectiveness and generalizability of an anti-stigma program for healthcare providers using a pre-post randomized design. (Estigma em relação ao transtorno de personalidade limítrofe: eficácia e generalização de um programa antiestigma para profissionais de saúde usando um desenho pré-pós randomizado.) Borderline Personality Disorder and Emotion Dysregulation, 2(1), 1-8.

80. King, G. (2014). Staff attitudes towards people with borderline personality disorder. (Atitudes da equipe em relação às pessoas com transtorno de personalidade borderline.) Mental Health Practice, 17(5).

81. Agrawal, H. R., Gunderson, J., Holmes, B. M. e Lyons-Ruth, K. (2004). Attachment studies with borderline patients: A review. (Estudos de apego com pacientes *borderline*: uma revisão.) Harvard Review of Psychiatry, 12(2), 94-104. <https://doi.org/10.1080/10673220490447218>.

82. Scott, L. N., Kim, Y., Nolf, K. A., Hallquist, M. N., Wright, A. G., Stepp, S. D., Morse, J. Q. e Pilkonis, P. A. (2013). Preoccupied attachment and emotional dysregulation: Specific aspects of borderline personality disorder or general dimensions of personality pathology? (Apego preocupado e desregulação emocional: aspectos específicos do transtorno de personalidade borderline ou dimensões gerais da patologia da personalidade?) *Journal of Personality Disorders*, 27(4), 473-495. <https://doi.org/10.1521/pedi_2013_27_099>.

83. Lai, M. C. e Baron-Cohen, S. (2015). Identifying the lost generation of adults with autism spectrum conditions. (Identificando a geração perdida de adultos com condições do espectro do autismo.) Lancet Psychiatry, 2(11):1013-27.doi:10.1016/S2215-0366(15)00277-1. PMID:26544750.

84. Baron-Cohen S. The extreme male brain theory of autism. (A teoria do cérebro masculino extremo do autismo.) Trends Cogn Sci. 1º de junho de 2002;6(6):248-254. doi:10.1016/s1364-6613(02)01904-6. PMID:12039606.

85. Sheehan, L., Nieweglowski, K. e Corrigan, P. (2016). The stigma of personality disorders. (O estigma dos transtornos de personalidade.) Current Psychiatry Reports, 18(1), 11.

86. <https://www.nytimes.com/2021/05/24/style/adhd-online-creators-diagnosis.html>.

87. Lau-Zhu, A., Fritz, A. e McLoughlin, G. (2019). Overlaps and distinctions between attention deficit/hyperactivity disorder and autism spectrum disorder in young adulthood: Systematic review and guiding framework for EEG-imaging research. (Sobreposições e distinções entre transtorno de déficit de atenção/hiperatividade e transtorno do espectro autista na idade adulta jovem: revisão sistemática e estrutura orientadora para pesquisas em imagens de EEG.) Neuroscience and Biobehavioral Reviews, 96, 93-115. <https://doi.org/10.1016/j.neubiorev.2018.10.009>.

88. Muitos portadores de TDAH se beneficiam do uso de medicamentos estimulantes. Para uma visão diferenciada deste tópico, o ensaio de Jesse Meadow sobre estudos críticos de TDAH oferece uma excelente cartilha: <https://jessemeadows.medium.com/we-need-critical-adhd-studies-now--52d4267edd54>.

89. Mais uma vez, Jesse Meadows tem um ensaio fabuloso sobre a ligação entre autismo e TDAH: <https://www.queervengeance.com/post/what-s-the-difference-between--adhd-and-autism>.

90. Velasco, C. B., Hamonet, C., Baghdadli, A. e Brissot, R. (2016). Autism Spectrum Disorders and Ehlers-Danlos Syndrome hypermobility-type: Similarities in clinical presentation. (Transtornos do espectro do autismo e síndrome de Ehlers-Danlos tipo hipermobilidade: semelhanças na apresentação clínica.) Cuadernos de medicina psicosomática y psiquiatria de enlace, (118), 49-58.

91. Black, C., Kaye, J. A. e Jick, H. (2002). Relation of childhood gastrointestinal disorders to autism: Nested case-control study using data from the UK General Practice Research Database. (Relação dos distúrbios gastrointestinais infantis com o autismo: estudo de caso-controle aninhado usando dados do banco de dados de pesquisa de prática geral do Reino Unido.) BMJ, 325(7361), 419-421.

92. Bolton, P. F., Carcani-Rathwell, I., Hutton, J., Goode, S., Howlin, P. e Rutter, M. (2011). Epilepsy in autism: Features and correlates. (Epilepsia no autismo: recursos e correlatos.) *British Journal of Psychiatry*, 198(4), 289-294.

93. <https://www.youtube.com/watch?v=GCGlhS5CF08>.

94. <https://www.instagram.com/myautisticpartner/>.

95. <https://autisticadvocacy.org/2012/10/october-2012-newsletter/>.

96. https://www.iidc.indiana.edu/irca/articles/social-communication-and-language-characteristics.html. Ver também: Foley-Nicpon, M., Assouline, S. G. e Stinson, R. D. (2012). Cognitive and academic distinctions between gifted students with autism and Asperger syndrome. (Distinções cognitivas e acadêmicas entre alunos superdotados com autismo e síndrome de Asperger.) Gifted Child Quarterly, 56(2), 77-89.

97. Para mais informações, consulte Price, D. (2021). *Laziness Does Not Exist.* (Preguiça não existe.) Nova York: Atria Books.

Capítulo 3

1. Hume, K. (2008). Transition Time: Helping Individuals on the Autism Spectrum Move Successfully from One Activity to Another. (Período de transição: ajudando indivíduos no espectro do autismo a passar com sucesso de uma atividade para outra.) The Reporter 13(2), 6-10.

2. Raymaker, Dora M., et al. (2020). "Having All of Your Internal Resources Exhausted Beyond Measure and Being Left with No Clean-Up Crew": Defining Autistic Burnout. ("Ter todos os seus recursos internos esgotados além da medida e ficar sem equipe de limpeza": definindo o esgotamento autista.) Autism in Adulthood, 132-143. <http://doi.org/10.1089/aut.2019.0079>.

3. A ideia de que as vidas, sentimentos, opiniões e experiências dos menores têm menos valor do que as dos adultos é chamada de adultocentrismo; para saber mais sobre o que é o adultocentrismo e como ele molda os maus-tratos a menores, consulte Fletcher, A. (2015). Facing Adultism. (Enfrentando o adultocentrismo.) Olympia, WA: CommonAction.

4. Livingston, L. A., Shah, P. e Happé, F. (2019). Compensatory strategies below the behavioural surface in autism: A qualitative study. (Estratégias compensatórias abaixo da superfície comportamental no autismo: um estudo qualitativo.) Lancet Psychiatry, 6(9), 766-777.

5. J Parish-Morris, J., MY Lieberman, M. Y., Cieri, C., et al. (2017). Linguistic camouflage in girls with autism spectrum disorder. (Camuflagem linguística em meninas com transtorno do espectro autista.) Molecular Autism, 8, 48.

6. Livingston, L. A., Colvert, E., Equipe de estudos de relações sociais, Bolton, P., & Happé, F. (2019). Good social skills despite poor theory of mind: Exploring compensation in autism spectrum disorder. (Boas habilidades sociais apesar da fraca teoria da mente: explorando a compensação no transtorno do espectro autista.) *Journal of Child Psychology and Psychiatry*, 60, 102.

7. Cage, E. e Troxell-W hitman, Z. (2019). Understanding the Reasons, Contexts and Costs of Camouflaging for Autistic Adults. (Compreendendo as razões, contextos e custos da camuflagem para adultos autistas.) *Journal of Autism and Developmental Disorders*, 49, 1899-1911.

8. Lai, M. C., Lombardo, M. V., Ruigrok, A. N. V., et al. (2017). Quantifying and exploring camouflaging in men and women with autism. (Quantificando e explorando a camuflagem em homens e mulheres com autismo.) Autism, 21, 690-702.

9. Zablotsky, B., Bramlett, M. e Blumberg, S. J. (2015). Factors associated with parental ratings of condition severity for children with autism spectrum disorder. (Fatores associados às avaliações dos pais sobre a gravidade da condição em crianças com transtorno do espectro autista.) Disability and Health Journal, 8(4), 626-634. <https://doi.org/10.1016/j.dhjo.2015.03.006>.

10. <https://sociallyanxiousadvocate.wordpress.com/2015/05/22/why-i-left-aba/>.

11. <https://autisticadvocacy.org/2019/05/association-for-behavior-analysis-international-endorses-torture/>.

12. <https://www.nbcnews.com/health/health-care/decades-long-fight-over-electric-shock-treatment-led-fda-ban-n1265546>.

13. <https://www.nbcnews.com/health/health-care/decades-long-fight-over-electric-shock-treatment-led-fda-ban-n1265546>.

14. <https://newsone.com/1844825/lillian-gomez-puts-hot-sauce-on-crayons/>.

15. Lovaas, O. Ivar. Teaching Developmentally Disabled Children: The Me Book Paperback. (Ensinando Crianças com Deficiência de Desenvolvimento: livro de bolso do Eu.) 1º de abril de 1981, pág. 50, "Hugs" (Abraços).

16. <https://neurodiversityconnects.com/wp-content/uploads/2018/06/PTSD_ABA_.pdf>.

17. <https://madasbirdsblog.wordpress.com/2017/04/03/i-abused-children-for-a-living/?iframe=true&theme_preview=true>.

18. <https://southseattleemerald.com/2018/12/05/intersectionality-what-it-means-to-be-autistic-femme-and-black/>.

19. O nome de Chris e alguns detalhes foram alterados para preservar seu anonimato.

20. <https://truthout.org/articles/as-an-autistic-femme-i-love-greta-thunbergs-resting-autism-face/>.

21. Woods, R. (2017). Exploring how the social model of disability can be re-invigorated for autism: In response to Jonathan Levitt. (Explorando como o modelo social da deficiência pode ser revigorado para o autismo: em resposta a Jonathan Levitt.) Disability & Society, 32(7), 1090-1095.

Capítulo 4

1. Bellini, S. (2006). The development of social anxiety in adolescents with autism spectrum disorders. (O desenvolvimento da ansiedade social em adolescentes com transtornos do espectro do autismo.) Focus on Autism and Other Developmental Disabilities, 21(3), 138-145.

2. Lawson, R. P., Aylward, J., White, S. e Rees, G. (2015). A striking reduction of simple loudness adaptation in autism. (Uma redução impressionante da adaptação simples ao volume no autismo.) Scientific Reports, 5(1), 1-7.

3. Takarae, Y. e Sweeney, J. (2017). Neural hyperexcitability in autism spectrum disorders. (Hiperexcitabilidade neural em transtornos do espectro do autismo.) Brain Sciences, 7(10), 129.

4. Samson, F.; Mottron, L.; Soulieres, I. e Zeffiro, T. A. (2012). Enhanced visual functioning in autism: An ALE meta-analysis. (Funcionamento visual aprimorado no autismo: uma meta-análise ALE.) Human Brain Mapping, 33, 1553-1581.

5. Takahashi, H.; Nakahachi, T.; Komatsu, S.; Ogino, K.; Iida, Y. e Kamio, Y. (2014). Hyperreactivity to weak acoustic stimuli and

prolonged acoustic startle latency in children with autism spectrum disorders. (Hiperreatividade a estímulos acústicos fracos e latência prolongada de sobressalto acústico em crianças com transtornos do espectro do autismo.) Molecular Autism, 5, 23.

6. Jones, R. S., Quigney, C. e Huws, J. C. (2003). First-hand accounts of sensory perceptual experiences in autism: A qualitative analysis. (Relatos de primeira mão de experiências sensoriais perceptivas no autismo: uma análise qualitativa.) Journal of Intellectual & Developmental Disability, 28(2), 112-121.

7. Rothwell, P. E. (2016). Autism spectrum disorders and drug addiction: Common pathways, common molecules, distinct disorders? (Transtornos do espectro do autismo e dependência de drogas: vias comuns, moléculas comuns, distúrbios distintos?) Frontiers in Neuroscience, 10, 20.

8. <https://www.theatlantic.com/health/archive/2017/03/autism-and-addiction/518289/>.

9. Rothwell, P. E. (2016). Autism spectrum disorders and drug addiction: Common pathways, common molecules, distinct disorders? (Transtornos do espectro do autismo e dependência de drogas: vias comuns, moléculas comuns, distúrbios distintos?) Frontiers in Neuroscience, 10, 20.

10. <https://devonprice.medium.com/the-queens-gambit-and-the-beautifully-messy-future-of-autism-on-tv-36a438f63878>.

11. Brosnan, M. e Adams, S. (2020). The Expectancies and Motivations for Heavy Episodic Drinking of Alcohol in Autistic Adults. (As expectativas e motivações para o consumo episódico excessivo de álcool em adultos autistas.) Autism in Adulthood, 2(4), 317-324.

12. Flanagan, J. C., Korte, K. J., Killeen, T. K. e Back, S. E. (2016). Concurrent Treatment of Substance Use and PTSD. (Tratamento simultâneo de uso de substâncias e TEPT.) Current Psychiatry Reports, 18(8), 70. <https://doi.org/10.1007/s11920-016-0709-y>.

13. Sze, K. M. e Wood, J. J. (2008). Enhancing CBT for the treatment of autism spectrum disorders and concurrent anxiety. (Como melhorar a TCC para o tratamento de transtornos do espectro do autismo e ansiedade concomitante.) Behavioural and Cognitive Psychotherapy, 36(4), 403.

14. Helverschou, S. B., Brunvold, A. R. e Arnevik, E. A. (2019). Treating patients with co-occurring autism spectrum disorder and substance use disorder: A clinical explorative study. (Tratamento de pacientes com transtorno do espectro autista e transtorno por uso de substâncias concomitantes: um estudo clínico exploratório.) Substance Abuse: Research and Treatment, 13, 1178221819843291. Para obter mais informações sobre modificações na TCC (embora essa pesquisa seja muito limitada, pois é baseada em uma amostra de crianças e reflete muitas suposições capacitistas sobre as habilidades sociais dos Autistas), consulte J. J. Wood, A. Drahota, K. Sze, K. Har, A. Chiu e Langer, D. A. (2009). Cognitive behavioral therapy for anxiety in children with autism spectrum disorders: A randomized, controlled trial. (Terapia cognitivo-comportamental para ansiedade em crianças com transtornos do espectro do autismo: um ensaio randomizado e controlado.) Journal of Child Psychology and Psychiatry, 50: 224-234.

15. <https://jessemeadows.medium.com/alcohol-an-autistic-masking-tool-8aff572ca520>.

16. Dorian se identifica como Aspie, não como Autista, porque o diagnóstico que recebeu aos 24 anos foi de Síndrome de Asperger, e não de transtorno do espectro Autista.

17. <https://www.youtube.com/watch?v=-q8J59KXog1M>.

18. Assouline, S. G., Nicpon, M. F. e Doobay, A. (2009). Profoundly gifted girls and autism spectrum disorder: A psychometric case study comparison. (Meninas profundamente superdotadas e transtorno do espectro autista: uma comparação de estudo de caso psicométrico.) Gifted Child Quarterly, 53(2), 89-105.

19. <https://www.youtube.com/watch?v=-zZb0taGNLmU>.

20. Hobson, H., Westwood, H., Conway, J., McEwen, F. S., Colvert, E., Catmur, C. ... e Happe, F. (2020). Alexithymia and autism diagnostic assessments: Evidence from twins at genetic risk of autism and adults with anorexia nervosa. (Avaliações diagnósticas de Alexitimia e autismo: evidências de gêmeos com risco genético de autismo e adultos com anorexia nervosa.) Research in Autism Spectrum Disorders, 73, 101531.

21. Wiskerke, J., Stern, H. e Igelström, K. (2018). Camouflaging of repetitive movements in autistic female and transgender adults. (Camuflagem de movimentos repetitivos em mulheres autistas e adultos transgêneros.) BioRxiv, 412619.

22. Coombs, E., Brosnan, M., Bryant-Waugh, R. e Skevington, S. M. (2011). An investigation into the relationship between eating disorder psychopathology and autistic symptomatology in a non-clinical sample. (Uma investigação sobre a relação entre a psicopatologia dos transtornos alimentares e a sintomatologia autista em uma amostra não clínica.) British Journal of Clinical Psychology, 50(3), 326-338.

23. Huke, V., Turk, J., Saeidi, S., Kent, A. e Morgan, J. F. (2013). Autism spectrum disorders in eating disorder populations: A systematic review. (Transtornos do espectro do autismo em populações com transtornos alimentares: uma revisão sistemática.) European Eating Disorders Review, 21(5), 345-351.

24. Tchanturia, K., Dandil, Y., Li, Z., Smith, K., Leslie, M. e Byford, S. (2020). A novel approach for autism spectrum condition patients with eating disorders: Analysis of treatment cost-savings. (Uma nova abordagem para pacientes com transtornos alimentares do espectro do autismo: análise da economia de custos do tratamento.) European Eating Disorders Review.

25. Tchanturia, K., Adamson, J., Leppanen, J. e Westwood, H. (2019). Characteristics of autism spectrum disorder in anorexia nervosa: A naturalistic study in an inpatient treatment programme. (Características do transtorno do espectro autista na anorexia nervosa: um estudo naturalístico em um programa de tratamento hospitalar.) Autism, 23(1), 123-130. <https://doi.org/10.1177/1362361317722431>.

26. Tchanturia, K., Dandil, Y., Li, Z., Smith, K., Leslie, M. e Byford, S. (2020). A novel approach for autism spectrum condition patients with eating disorders: Analysis of treatment cost-savings. (Uma nova abordagem para pacientes com transtornos alimentares do espectro do autismo: análise da economia de custos do tratamento.) European Eating Disorders Review.

27. Li, Z., Dandil, Y., Toloza, C., Carr, A., Oyeleye, O., Kinnaird, E. e Tchanturia, K. (2020). Measuring Clinical Efficacy Through the Lens of Audit Data in Different Adult Eating Disorder Treatment Programmes. (Medindo a eficácia clínica através das lentes de dados de auditoria em diferentes programas de tratamento de transtornos alimentares em adultos.) Frontiers in Psychiatry, 11, 599945. <https://doi.org/10.3389/fpsyt.2020.599945>.

28. <https://www.youtube.com/watch?v=6Her9P4LEEQ>.

29. Zalla, T. e Sperduti, M. (2015). The sense of agency in autism spectrum disorders: A dissociation between prospective and retrospective mechanisms? (O sentido de agência nos transtornos do espectro do

autismo: uma dissociação entre mecanismos prospectivos e retrospectivos?) Frontiers in Psychology, 6, 1278.

30. Zalla, T., Miele, D., Leboyer, M. e Metcalfe, J. (2015). Metacognition of agency and theory of mind in adults with high functioning autism. (Metacognição da agência e teoria da mente em adultos com autismo de alto funcionamento.) Consciousness and Cognition, 31, 126-138. doi:10.1016/j.concog.2014.11.001.

31. Schauder, K. B., Mash, L. E., Bryant, L. K. e Cascio, C. J. (2015). Interoceptive ability and body awareness in autism spectrum disorder. (Capacidade interoceptiva e consciência corporal no transtorno do espectro autista.) Journal of Experimental Child Psychology, 131, 193-200. <https://doi.org/10.1016/j.jecp.2014.11.002>.

32. Schauder, K. B., Mash, L. E., Bryant, L. K. e Cascio, C. J. (2015). Interoceptive ability and body awareness in autism spectrum disorder. (Capacidade interoceptiva e consciência corporal no transtorno do espectro autista.) *Journal of Experimental Child Psychology*, 131, 193-200.

33. <https://www.spectrumnews.org/features/deep-dive/unseen-agony-dismantling-autisms-house-of-pain/>.

34. <http://www.spectrumnews.org/news/people-alexithymia-emotions-mystery/#:~:text= in%20of%20studies,to%20 alexithymia%2C%20not%20to%20autism>.

35. Poquérusse, J., Pastore, L., Dellantonio, S. e Esposito, G. (2018). Alexithymia and Autism Spectrum Disorder: A Complex Relationship. (Alexitimia e transtorno do espectro autista: um relacionamento complexo.) Frontiers in Psychology, 9, 1196. <https://doi.org/10.3389/fpsyg.2018.01196>.

36. <https://www.marketwatch.com/story/most-college-grads-with-autism-cant-find-jobs-this-group-is-fixing-that-2017-04-10-5881421#:~:texThere%20will%20be%20500%2C000%20 adults,national%20unemployment%20rate%20 of%204.5%25>.

37. Ohl, A., Grice Sheff, M., Small, S., Nguyen, J., Paskor, K. e Zanjirian, A. (2017). Predictors of employment status among adults with Autism Spectrum Disorder. (Preditores de situação profissional entre adultos com transtorno do espectro autista.) Work 56(2): 345-355. doi:10.3233/WOR-172492. PMID: 28211841.

38. Romualdez, A. M., Heasman, B., Walker, Z., Davies, J. e Remington, A. (2021). "People Might Understand Me Better": Diagnostic Disclosure Experiences of Autistic Individuals in the Workplace. ("As pessoas podem me entender melhor": experiências de divulgação diagnóstica de indivíduos autistas no local de trabalho.) Autism in Adulthood.

39. Baldwin, S., Costley, D. e Warren, A. (2014). Employment activities and experiences of adults with high-functioning autism and Asperger's disorder. (Atividades e experiências laborais de adultos com autismo de alto funcionamento e transtorno de Asperger.) *Journal of Autism and Developmental Disorders*, 44(10), 2440-2449.

40. Romano, M., Truzoli, R., Osborne, L. A. e Reed, P. (2014). The relationship between autism quotient, anxiety, and internet addiction. (A relação entre quociente de autismo, ansiedade e vício em internet.) Research in Autism Spectrum Disorders, 8(11), 1521-1526.

41. Mazurek, M. O., Engelhardt, C. R. e Clark, K. E. (2015). Video games from the perspective of adults with autism spectrum disorder. (Videogames na perspectiva de adultos com transtorno do espectro autista.) Computers in Human Behavior, 51, 122-130.

42. Mazurek, M. O. e Engelhardt, C. R. (2013). Video game use and problem behaviors in boys with autism spectrum disorders. (Uso de videogame e comportamentos problemáticos em meninos com transtornos do espectro do autismo.) Research in Autism Spectrum Disorders, 7(2), 316-324.

43. Griffiths, S., Allison, C., Kenny, R., Holt, R., Smith, P. e Baron-Cohen, S. (2019). The vulnerability experiences quotient (VEQ): A study of vulnerability, mental health and life satisfaction in autistic adults. (O quociente de experiências de vulnerabilidade (VEQ): um estudo sobre vulnerabilidade, saúde mental e satisfação com a vida em adultos autistas.) Autism Research, 12(10), 1516-1528.

44. Halperin, D. A. (1982). Group processes in cult affiliation and recruitment. (Processos grupais de afiliação e recrutamento de cultos.) Group, 6(2), 13-24.

45. <https://www.spectrumnews.org/features/deep-dive/radical-online-communities-and-their-toxic-allure-for-autistic-men/>.

46. https://medium.com/an-injustice/detransition-as-conversion-therapy-a-survivor-speaks-out-7abd4a9782fa;https://kyschevers.medium.com/tell-amazon-to-stop-selling-pecs-anti-trans-conversion-therapy-book-7a22c308c84d.

47. Lifton, R.J. *Thought Reform and the Psychology of Totalism: A Study of brainwashing in China*. EUA: The University of North Carolina Press, 2012.

48. Lifton, R. J. (2012). Os oito critérios do Dr. Robert J. Lifton para a reforma do pensamento. Publicado originalmente em *Thought Reform and the Psychology of Totalism* (Reforma do pensamento e a psicologia do totalitarismo), capítulo 22 (2ª ed., Chapel Hill: University of North Carolina Press, 1989) e Capítulo 15 (Nova York, 1987).

49. Deikman, A. J. (1990). The Wrong Way Home: Uncovering the Patterns of Cult Behavior in American Society. (O caminho errado para casa: descobrindo os padrões de comportamento de culto na sociedade americana.) Boston: Beacon Press.

50. Dawson, L. L. (2006). *Comprehending Cults: The Sociology of New Religious Movements*. (Compreendendo os cultos: a sociologia dos novos movimentos religiosos.) Vol. 71. Oxford: Oxford University Press.

51. <https://www.huffpost.com/entry/multilevel-marketing-companies-mlms-cults-similarities_1_5d49f8c2e4b09e72973df3d3>.

52. Veja a palestra TedX de Karen Kelskey "Academia Is a Cult" (A academia é um culto) para uma descrição de padrões abusivos em programas acadêmicos, particularmente programas de pós-graduação que exploram o trabalho dos estudantes: <https://www.youtube.com/watch?v=ghAhEBH3MDw>.

53. Larsson, S. *Os homens que não amavam as mulheres (Millennium Livro 1)*. Brasil: Companhia das Letras, 2008.

54. Wood, C. e Freeth, M. (2016). Students' Stereotypes of Autism. (Estereótipos de autismo dos alunos.) *Journal of Educational Issues*, 2(2), 131-140.

55. Walker, P. (2013). Complex PTSD: From surviving to thriving: A guide and map for recovering from childhood trauma. (TEPT complexo: da sobrevivência à prosperidade: um guia e mapa para a recuperação de traumas infantis.) Createspace.

56. <http://pete-walker.com/fourFs_TraumaTypologyComplexPTSD.htm?utm_source=yahoo&utm_medium=referral&utm_campaign=in-text-link>.

57. Raymaker, D. M., et al. (2020). Autism in Adulthood, 2(2): 132-143. <http://doi.org/10.1089/aut.2019.0079>.

58. <https://letsqueerthingsup.com/2019/06/01/fawning-trauma-response/>.

59. <https://www.healthline.com/health/mental-health/7-subtle-signs-your-trauma-response-is-people-pleasing>.

60. <https://www.autism-society.org/wp-content/uploads/2014/04/Domestic_Violence___Sexual_Assult_Counselors.pdf>.

61. Kulesza, W. M., Cisłak, A., Vallacher, R. R., Nowak, A., Czekiel, M. e Bedynska, S. (2015). The face of the chameleon: The experience of facial mimicry for the mimicker and the mimickee. (A cara do camaleão: a experiência da mímica facial para quem imita e quem é imitado.) *Journal of Social Psychology*, 155(6), 590-604.

62. <https://www.instagram.com/p/B_6IPryBG7k/>.

Capítulo 5

1. <https://www.spectrumnews.org/opinion/viewpoint/stimming-therapeutic-autistic-people-deserves-acceptance/>.

2. Ming, X. Brimacombe, M. e Wagner, G. (2007). Prevalence of motor impairment in autism spectrum disorders. (Prevalência de comprometimento motor em transtornos do espectro do autismo.) Brain Development, 29, 565-570.

3. Kurcinka, M. S. *Raising Your Spirited Child, Third Edition: A Guide for Parents Whose Child Is More Intense, Sensitive, Perceptive, Persistent, and Energetic (Spirited Series)*. EUA: William Morrow, 2015.

4. Kurcinka, M. S. (2015). Raising Your Spirited Child: A Guide for Parents Whose Child Is More Intense, Sensitive, Perceptive, Persistent, and Energetic. (Criando seu filho espirituoso: um guia para pais cujos filhos são mais intensos, sensíveis, perspicazes, persistentes e ativos.) Nova York: William Morrow.

5. Waltz, M. (2009). From changelings to crystal children: An examination of 'New Age' ideas about autism. (De changelings a crianças de cristal: um exame das ideias da "Nova era" sobre o autismo.) *Journal of Religion, Disability & Health*, 13(2), 114-128.

6. Freedman, B. H., Kalb, L. G., Zablotsky, B e Stuart, E. A. (2012). Relationship status among parents of children with autism spectrum disorders: A population-based study. (Situação de relacionamento entre pais de crianças com transtornos do espectro do autismo: um estudo de base populacional.) *Journal of Autism and Developmental Disorders*, 42(4), 539-548.

7. <https://www.washingtonpost.com/outlook/toxic-parenting-myths-make-life-harder-for-people-with-autism-that-must-change/2019/02/25/24bd60f6-2f1b-11e9-813a-0ab2f17e305b_story.html>.

8. <https://www.realsocialskills.org/blog/orders-for-the-noncompliance-is-a-social-skill. Recuperado em janeiro de 2021>.

9. Corrigan, P. W., Rafacz, J. e Rüsch, N. (2011). Examining a progressive model of self-stigma and its impact on people with serious mental illness. (Examine de um modelo progressivo de autoestigma e seu impacto nas pessoas com transtornos mentais graves.) Psychiatry Research, 189(3), 339-343.

10. Ver Liao, X., Lei, X. e Li, Y. (2019). Stigma among parents of children with autism: A literature review. (Estigma entre pais de crianças com autismo: uma revisão da literatura.) *Asian Journal of Psychiatry*, 45, 88-94. Realizei uma revisão criteriosa da literatura e encontrei numerosos estudos sobre a redução do autoestigma para pessoas que não são realmente Autistas, mas apenas relacionadas com alguém Autista, e a revisão acima lista alguns dos artigos mais seminais. No momento em que escrevia este livro, não consegui encontrar nenhum artigo sobre a redução do autoestigma para os membros reais do grupo estigmatizado – as próprias pessoas Autistas.

11. Corrigan, P. W., Kosyluk, K. A. e Rüsch, N. (2013). Reducing self-stigma by coming

out proud. (Reduzindo o autoestigma demonstrando orgulho.) *American Journal of Public Health*, 103(5), 794-800.

12. Martínez-Hidalgo, M. N., Lorenzo-Sánchez, E., García, J. J. L. e Regadera, J. J. (2018). Social contact as a strategy for self-stigma reduction in young adults and adolescents with mental health problems. (Contato social como estratégia para redução do autoestigma em jovens e adolescentes com problemas de saúde mental.) Psychiatry Research, 260, 443-450.

13. Há algumas pesquisas que sugerem que as pessoas Autistas são bons denunciantes: os denunciantes eficazes tendem a se sentirem confortáveis em serem detestados e têm um firme sentido de moralidade que não é influenciado pela pressão social. Ver, por exemplo, Anvari, F., Wenzel, M., Woodyatt, L. e Haslam, S. A. (2019). The social psychology of whistleblowing: An integrated model. (A psicologia social da denúncia: um modelo integrado.) Organizational Psychology Review, 9(1), 41-67.

14. Grove, R., Hoekstra, R. A., Wierda, M. e Begeer, S. (2018). Special interests and subjective wellbeing in autistic adults. (Interesses especiais e bem-estar subjetivo em adultos autistas.) Autism Research, 11(5), 766-775.

15. Dawson, M. The Misbehaviour of the Behaviourists: Ethical Challenges to the Autism-ABA Industry. (O mau comportamento dos behavioristas: desafios éticos para a indústria do autismo-ABA.) <https://www.sentex.ca/~nexus23/naa_aba.html>.

16. Grove, R., Hoekstra, R. A., Wierda, M. e Begeer, S. (2018). Special interests and subjective wellbeing in autistic adults. (Interesses especiais e bem-estar subjetivo em adultos autistas.) Autism Research, 11(5), 766-775.

17. Teti, M., Cheak-Zamora, N., Lolli, B., & Maurer-Batjer, A. (2016). Reframing autism: Young adults with autism share their strengths through photo-stories. (Reformulando o autismo: jovens adultos com autismo compartilham seus pontos fortes por meio de histórias fotográficas.) Journal of Pediatric Nursing, 31, 619-629.

18. Jordan, C. J. e Caldwell-Harris, C. L. (2012). Understanding differences in neurotypical and autism spectrum special interests through internet forums. (Compreensão das diferenças nos interesses especiais do espectro neurotípico e do autismo através de fóruns na Internet.) Intellectual and Developmental Disabilities, 50(5), 391-402.

19. Conceito da Semana do Interesse Especial e tag #AutieJoy de Jersey Noah, instruções desenvolvidas por Jersey, por mim e muitos outros autodefensores Autistas, instruções da tabela por mim.

20. <https://poweredbylove.ca/2020/05/08/unmasking/>.

21. Tabela e atividade adaptadas do exercício de integração baseada em valores de Heather Morgan.

22. Haruvi-Lamdan, N., Horesh, D., Zohar, S., Kraus, M. e Golan, O. (2020). Autism spectrum disorder and post-traumatic stress disorder: An unexplored co-occurrence of conditions. (Transtorno do espectro autista e transtorno de estresse pós-traumático: uma co-ocorrência inexplorada de condições.) Autism, 24(4), 884-898.

23. Fisher, J. (2017). Healing the Fragmented Selves of Trauma Survivors: Overcoming Internal Self-Alienation. (Curando os eus fragmentados dos sobreviventes de trauma: superando a autoalienação interna.) Nova York: Taylor & Francis.

Capítulo 6

1. Rose, M. Principles of Divergent Design (Princípios de Design Divergente), 1A. <https://www.instagram.com/p/CKzZOnrh_Te/>.

2. Van de Cruys, S., Van der Hallen, R. e Wagemans, J. *Disentangling signal and noise in autism spectrum disorder*. (Desembaraçando sinal e ruído no transtorno do espectro autista.) Brain and Cognition, 112, 78-83,2 2017.

3. Zazzi, H. e Faragher, R. (2018). "Visual clutter" in the classroom: Voices of students with Autism Spectrum Disorder. ("Desordem visual" na sala de aula: vozes de alunos com transtorno do espectro autista.) *International Journal of Developmental Disabilities*, 64(3), 212-224.

4. Se você puder pagar, veja esta crítica sobre como o minimalismo costuma ser um símbolo de status de classe <https://forge.medium.com/minimalism-is-a-luxury-good--4488693708e5>.

5. Rose, M. Principles of Divergent Design (Princípios de Design Divergente), Parte 2A. <https://www.instagram.com/p/CK4BH-VjhmiR/>.

6. White, R. C. e Remington, A. (2019). Object personification in autism: This paper will be very sad if you don't read it. (Personificação de objeto no autismo: este artigo ficará muito triste se você não o ler.) Autism, 23(4), 1042-1045.

7. Para uma discussão sobre "itens de conforto" no gerenciamento do estresse para Autistas, veja, por exemplo: Taghizadeh, N., Davidson, A., Williams, K. e Story, D. (2015). Autism spectrum disorder (ASD) and its perioperative management. (Transtorno do espectro autista (TEA) e seu manejo perioperatório.) Pediatric Anesthesia, 25(11), 1076-1084.

8. Luke, L., Clare, I. C., Ring, H., Redley, M. e Watson, P. (2012). Decision-making difficulties experienced by adults with autism spectrum conditions. (Dificuldades de tomada de decisão vivenciadas por adultos com condições do espectro autista.) Autism, 16(6), 612-621.

9. <https://algedra.com.tr/en/blog/importance-of-interior-design-for-autism>.

10. <https://www.vice.com/en/article/8xk854/fitted-sheets-suck>.

11. <https://www.discovermagazine.com/health/this-optical-illusion-could-help-to--diagnose-autism>.

12. <https://www.monster.com/career-advice/article/autism-hiring-initiatives-tech>.

13. Baker, E. K. e Richdale, A. L. (2017). Examining the behavioural sleep-wake rhythm in adults with autism spectrum disorder and no comorbid intellectual disability. (Examinando o ritmo comportamental do sono-vigília em adultos com transtorno do espectro do autismo e sem deficiência intelectual comórbida.) *Journal of Autism and Developmental Disorders*, 47(4), 1207-1222.

14. Galli-Carminati, G. M., Deriaz, N. e Bertschy, G. (2009). Melatonin in treatment of chronic sleep disorders in adults with autism: A retrospective study. (Melatonina no tratamento de distúrbios crônicos do sono em adultos com autismo: um estudo retrospectivo.) Swiss Medical Weekly, 139(19-20), 293-296.

15. <https://www.businessinsider.com/8-hour-workday-may-be-5-hours-too-long-research-suggests-2017-9>.

16. Olsson, L. E., Gärling, T., Ettema, D., Friman, M. e Fujii, S. (2013). Happiness and satisfaction with work commute. (Felicidade e satisfação com o deslocamento para o trabalho.) Social Indicators Research, 111(1), 255-263.

17. Su, J. (2019). Working Hard and Work Outcomes: The Relationship of Workaholism and Work Engagement with Job Satisfaction, Burnout, and Work Hours. (Trabalhando duro e resultados de trabalho: a relação entre vício e o engajamento

no trabalho com satisfação no trabalho, esgotamento e jornada de trabalho.) Normal: Illinois State University.

18. Sato, K., Kuroda, S. e Owan, H. (2020). Mental health effects of long work hours, night and weekend work, and short rest periods. (Efeitos na saúde mental de longas horas de trabalho, trabalho noturno e nos finais de semana e curtos períodos de descanso.) Social Science & Medicine, 246, 112774.

19. <https://www.instagram.com/_steviewrites/?hl=en>.

20. Aday, M. (2011). Special interests and mental health in autism spectrum disorders (Interesses especiais e saúde mental em transtornos do espectro do autismo) (No. D. Psych (C)). Deakin University.

21. Kapp, S. K., Steward, R., Crane, L., Elliott, D., Elphick, C., Pellicano, E. e Russell, G. (2019). "People should be allowed to do what they like": Autistic adults' views and experiences of stimming. ("As pessoas deveriam poder fazer o que quiserem": opiniões e experiências de stimming de adultos autistas.) Autism, 23(7), 1782-1792.

22. Rose, M. (2020). Neuroemergent Time: Making Time Make Sense for ADHD & Autistic People. (Tempo neuroemergente: fazendo o tempo fazer sentido para o TDAH e pessoas autistas.) Martarose.com.

23. <https://twitter.com/roryreckons/status/1361391295571222530>.

24. <http://unstrangemind.com/autistic-inertia-an-overview/>.

25. A inércia Autista é frequentemente considerada "volitiva". Ver Donnellan, A. M., Hill, D. A., & Leary, M. R. (2013). Rethinking autism: Implications of sensory and movement differences for understanding and support. (Repensando o autismo: implicações das diferenças sensoriais e de movimento para compreensão e suporte.) Frontiers in Integrative Neuroscience, 6, 124.

26. <https://autistrhi.com/2018/09/28/hacks/>.

27. Sedgewick, F., Hill, V., Yates, R., Pickering, L. e Pellicano, E. (2016). Gender differences in the social motivation and friendship experiences of autistic and non-autistic adolescents. (Diferenças de gênero na motivação social e nas experiências de amizade de adolescentes autistas e não autistas.) Journal of Autism and Developmental Disorders, 46(4), 1297-1306.

28. <http://rebirthgarments.com/radical-visibility-zine>.

29. Sasson, N. J., Faso, D. J., Nugent, J., Lovell, S., Kennedy, D. P. e Grossman, R. B. (2017). Neurotypical Peers are Less Willing to Interact with Those with Autism Based on Thin Slice Judgments. (Pares neurotípicos estão menos dispostos a interagir com pessoas com autismo com base em julgamentos finos.) Scientific Reports, 7, 40700. https://doi.org/10.1038/srep40700.

30. McAndrew, F. T. e Koehnke, S. S. (2016). On the nature of creepiness. (Sobre a natureza do que é assustador.) New Ideas in Psychology, 43, 10-15.

31. Leander, N. P., Chartrand, T. L. e Bargh, J. A. (2012). You give me the chills: Embodied reactions to inappropriate amounts of behavioral mimicry. (Você me dá arrepios: reações incorporadas a quantidades inadequadas de mimetismo comportamental.) Psychological Science, 23(7), 772-779. Nota: muitos dos estudos de priming de John Bargh falharam nas tentativas de replicação nos últimos anos. Para uma discussão de uma tentativa fracassada de uma série relacionada, mas diferente, de estudos de priming de temperatura, consulte Lynott, D., Corker, K. S., Wortman, J., Connell, L., Donnellan, M. B., Lucas, R. E. e O'Brien, K. (2014). Replicação de "Experiencing physical warmth promotes interpersonal warmth" (Experimentar o calor físico promove o calor interpessoal) de Williams e Bargh (2008). Social Psychology.

32. Sasson, N. J. e Morrison, K. E. (2019). As primeiras impressões de adultos com autismo

melhoram com a divulgação do diagnóstico e o aumento do conhecimento sobre o autismo dos pares. Autism, 23(1), 50-59.

33. A YouTuber Sundiata Smith tem um vídeo sobre cuidados naturais com os cabelos negros para quem está no espectro. Você pode assistir aqui: <https://www.youtube.com/watch?v=KjsnIG7kvWg>.

34. <https://www.instagram.com/postmodernism69/?hl=en>.

Capítulo 7

1. Gayol, G. N. (2004). Codependence: A transgenerational script. (Codependência: um roteiro transgeracional.) *Transactional Analysis Journal*, 34(4), 312-322.

2. Romualdez, A. M., Heasman, B., Walker, Z., Davies, J. e Remington, A. (2021). "People Might Understand Me Better": Diagnostic Disclosure Experiences of Autistic Individuals in the Workplace. ("As pessoas podem me entender melhor": experiências de divulgação diagnóstica de indivíduos autistas no local de trabalho.) Autism in Adulthood.

3. Sasson, N. J. e Morrison, K. E. (2019). As primeiras impressões de adultos com autismo melhoram com a divulgação do diagnóstico e o aumento do conhecimento sobre o autismo dos pares. Autism, 23(1), 50-59.

4. <https://www.distractify.com/p/jay-will-float-too-tiktok#:~:text=Source%3A%20TikTok-,Jay%20Will%20Float%20Too's%20Latest%20TikTok,Lesser%2DKnown%20Aspect%20of%20Autism&text=On%20July%2028%2C%20a%20TikTok,grappling%20with%20the%20sheer%20cuteness>.

5. <https://nicole.substack.com/p/alittle-bit-autistic-a-little-bit>.

6. Richards, Z. e Hewstone, M. (2001). Subtyping and subgrouping: Processes for the prevention and promotion of stereotype change. (Subtipagem e subagrupamento: processos de prevenção e promoção da mudança de estereótipos.) Personality and Social Psychology Review, 5(1), 52-73.

7. <https://letsqueerthingsup.com/2019/06/01/fawning-trauma-response/>.

8. Martin, K. B., Haltigan, J. D., Ekas, N., Prince, E. B. e Messinger, D. S. (2020). Attachment security differs by later autism spectrum disorder: A prospective study. (A segurança do apego difere de acordo com o transtorno do espectro do autismo posterior: um estudo prospectivo.) Developmental Science, 23(5), e12953.

9. Bastiaansen, J. A., Thioux, M., Nanetti, L., van der Gaag, C., Ketelaars, C., Minderaa, R. e Keysers, C. (2011). Age-related increase in inferior frontal gyrus activity and social functioning in autism spectrum disorder. (Aumento relacionado à idade na atividade do giro frontal inferior e no funcionamento social no transtorno do espectro do autismo.) Biological Psychiatry, 69(9), 832-838. doi:10.1016/j.biopsych.2010.11.007. Epub 2011, 18 de fevereiro. PMID: 21310395.

10. Lever, A. G. e Geurts, H. M. (2016). Age-related differences in cognition across the adult lifespan in autism spectrum disorder. (Diferenças na cognição relacionadas à idade ao longo da vida adulta no transtorno do espectro autista.) Autism Research, 9(6), 666-676.

11. Bellini, S. (2006). The development of social anxiety in adolescents with autism spectrum disorders. (O desenvolvimento da ansiedade social em adolescentes com transtornos do espectro do autismo.) Focus on Autism and Other Developmental Disabilities, 21(3), 138-145.

12. Crompton, C. J., Ropar, D., Evans-Williams, C. V., Flynn, E. G. e Fletcher-Watson, S. (2019). Autistic peer-to-peer information

transfer is highly effective. (A transferência de informações entre pares autistas é altamente eficaz.) Autism, 1362361320919286.

13. <https://www.jacobinmag.com/2015/05/slow-food-artisanal-natural-preservatives/>.

14. <https://poweredbylove.ca/2019/08/19/why-everyone-needs-a-personal-mission-statement-and-four-steps-to-get-started-on-your-own/>.

15. Adaptado da publicação do blog acima – as perguntas e trechos citados são de Heather R. Morgan; escrita/instruções adicionais são minhas.

16. Silberman. S. Neurotribes: *The Legacy of Autism and the Future of Neurodiversity*. EUA: Avery, 2016.

17. Silberman, S. (2015). NeuroTribes: The Legacy of Autism and the Future of Neurodiversity. (Neurotribos: o legado do autismo e o futuro da neurodiversidade) Nova York: Penguin. Capítulo 5: "Príncipes do Ar".

18. <http://cubmagazine.co.uk/2020/06/autistic-people-the-unspoken-creators-of-our-world/>.

19. <https://www.wired.com/2015/08/neurotribes-with-steve-silberman/>.

20. <https://www.cam.ac.uk/research/news/study-of-half-a-million-people-reveals-sex-and-job-predict-how-many-autistic-traits-you-have>.

21. <https://www.accessliving.org/defending-our-rights/racial-justice/community-emergency-services-and-support-act-cessa/;https://www.nprillinois.org/statehouse/2021-06-02/illinois-begins-to-build-mental-health-emergency-response-system>.

22. *Bronies: The Extremely Unexpected Adult Fans of My Little Pony.* Direção de Laurent Malaquais. Netflix, 2012.

23. <https://www.imdb.com/title/tt2446192/>.

24. Pramaggiore, M. (2015). The taming of the bronies: Animals, autism and fandom as therapeutic performance. (A domesticação dos bronies: animais, autismo e fandom como performance terapêutica.) *Journal of Film and Screen Media*, 9.

25. Pessoas Autistas tendem a socializar em torno de atividades compartilhadas, em vez de vínculos emocionais: Orsmond, G. I., Shattuck, P. T., Cooper, B. P., Sterzing, P. R., Anderson, K. A. (2013). Social participation among young adults with an autism spectrum disorder. (Participação social entre jovens adultos com transtorno do espectro autista.) *Journal of Autism and Developmental Disorders*, 43(11), 2710-2719.

26. Crompton, C. J., Hallett, S., Ropar, D., Flynn, E. e Fletcher-Watson, S. (2020). "I never realised everybody felt as happy as I do when I am around autistic people": A thematic analysis of autistic adults' relationships with autistic and neurotypical friends and family. ("Nunca percebi que todos se sentiam tão felizes quanto me sinto quando estou perto de pessoas autistas": uma análise temática das relações de adultos autistas com amigos e familiares autistas e neurotípicos.) Autism, 24(6), 1438-1448.

27. Cresswell, L., Hinch, R. e Cage, E. (2019). The experiences of peer relationships amongst autistic adolescents: A systematic review of the qualitative evidence. (As experiências de relacionamento entre pares entre adolescentes autistas: uma revisão sistemática da evidência qualitativa.) Research in Autism Spectrum Disorders, 61, 45-60.

28. Para uma rápida revisão de alguns dos problemas do Autism Speaks, consulte <https://www.washingtonpost.com/outlook/2020/02/14/

biggest-autism-advocacy-group-is-still-failing-too-many-autistic-people/>.

Capítulo 8

1. Veja este artigo sobre o infame PSA "I Am Autism" da Autism Speaks: <http://content.time.com/time/health/article/0,8599,1935959,00.html>.

2. Oliver, Michael). The Politics of Disablement. (A política da deficiência.) Londres: Macmillan Education, 1990.

3. Para uma excelente revisão das formas como as pessoas surdas têm tido sistematicamente negado o acesso à linguagem de sinais e à escolaridade acessível, recomendo Solomon, A. (2012). *Far from the Tree: Parents, Children and the Search for Identity*. (Longe da árvore: pais, filhos e a busca da identidade) Nova York: Simon & Schuster, 2012

4. O podcast Fat Outta Hell tem uma cobertura excelente sobre como a maioria dos espaços públicos são inacessíveis para corpos gordos; mesmo algo tão simples como um restaurante com mesas aparafusadas ao chão pode significar que o espaço é completamente inacessível para pessoas maiores. Para obter um exemplo de como a exclusão de pacientes gordos da pesquisa médica leva a desigualdades generalizadas na saúde, consulte este artigo na Nature: <https://www.nature.com/articles/ejcn201457>.

5. Uono, S. e Hietanen, J. K. (2015). Eye contact perception in the West and East: A cross-cultural study. (Percepção do contato visual no Ocidente e no Oriente: um estudo transcultural.) PloS One, 10(2), e0118094, <https://doi.org/10.1371/journal.pone.0118094>.

6. Grinker; R. R. Nobody's Normal: *How Culture Created the Stigma of Mental Illness*. EUA: W. W. Norton & Company, 2021.

7. Grinker, R. R. (2021). Em Nobody's Normal: How Culture Created the Stigma of Mental Illness. (Ninguém é normal: como a cultura criou o estigma do transtorno mental.) Nova York: Norton, 30.

8. Esteller-Cucala, P., Maceda, I., Børglum, A. D., Demontis, D., Faraone, S. V., Cormand, B. e Lao, O. (2020). Genomic analysis of the natural history of attention-deficit/hyperactivity disorder using Neanderthal and ancient Homo sapiens samples. (Análise genômica da história natural do transtorno de déficit de atenção/hiperatividade usando amostras de Neandertais e do antigo Homo sapiens.) Scientific Reports, 10(1), 8622. <https://doi.org/10.1038/s41598-020-65322-4>.

9. Veja, por exemplo: Shpigler, H. Y., Saul, M. C., Corona, F., Block, L., Ahmed, A. C., Zhao, S. D. e Robinson, G. E. (2017). Deep evolutionary conservation of autism-related genes. (Conservação evolutiva profunda de genes relacionados ao autismo.) Proceedings of the National Academy of Sciences, 114(36), 9653-9658. And Ploeger, A. e Galis, F. (2011). Evolutionary approaches to autism: An overview and integration. (Abordagens evolutivas do autismo: uma visão geral e integração.) *McGill Journal of Medicine: MJM*, 13(2).

10. Contanto que uma pessoa esteja "qualificada para fazer o trabalho". Isto é um tanto subjetivo e abre espaço para que ocorra discriminação. Muitas vagas de empregos para cargos que de outra forma não envolvem trabalho físico (por exemplo, um cargo de assistente administrativo), ainda assim, afirmam que o funcionário deve ser capaz de levantar caixas de 10 a 25 quilos, por exemplo.

11. <https://www.un.org/development/desa/disabilities/disability-laws-and-acts-by-country-area.html>.

12. Organizado pela falecida Marca Bristo, fundadora do Access Living Chicago. <https://news.wttw.com/2019/09/09/disability-rights-community-mourns-loss-pioneer-marca-bristo>.

13. <https://www.americanbar.org/groups/crsj/publications/

human_rights_magazine_home/human_rights_vol34_2007/summer2007/hr_summer07_hero/#:~:text=In%20Chicago%20in%201984%2C%20people,My%20name%20is%20Rosa%20Parks.%E2%80%9D>.

14. <https://www.chicagotribune.com/news/ct-xpm-1987-05-27-8702080978-story.html>.

15. O *site* do CTA afirma que 71% de todas as estações ferroviárias são acessíveis "com elevador ou rampa". O "ou" aqui significa muito – muitas estações não têm elevadores e simplesmente têm rampas para a estação no nível do solo, mas não oferecem acesso aos trilhos do trem. Ver <https://wheelchairtravel.org/chicago/public-transportation/>.

16. O Target e o Sobey's são alguns dos varejistas mais conhecidos por adotarem horários sensoriais: <https://www.consumeraffairs.com/news/target-store-offers-sensory-friendly-shopping-hours-for-customers-with-autism-120916.html;https://strategyonline.ca/2019/12/04/sobeys-rolls-out-sensory-friendly-shopping-nationally/>.

17. <https://autisticadvocacy.org/wp-content/uploads/2016/06/Autistic-Access-Needs-Notes-on-Accessibility.pdf>.

18. <http://ada.ashdownarch.com/?page_id=428#:~:text=Any%20disabled%20person%20who%20encounters,statutory%20damages%20plus%20attorney's%20fees>.

19. Para uma revisão completa de como essas atitudes mudaram desde a Idade Média até a industrialização, recomendo a leitura de Madness in Civilization (Loucura na civilização), de Andrew Scull, e os três primeiros capítulos de Nobody's Normal (Ninguém é normal), de Roy Grinker.

20. Mancini, T., Caricati, L. e Marletta, G. (2018). Does contact at work extend its influence beyond prejudice? Evidence from healthcare settings. (O contato no trabalho estende a sua influência para além do preconceito? Evidências de ambientes de saúde.) *Journal of Social Psychology*, 158(2), 173-186.

21. Cameron, L. e Rutland, A. (2006). Extended contact through story reading in school: Reducing children's prejudice toward the disabled. (Contato ampliado por meio da leitura de histórias na escola: reduzindo o preconceito das crianças em relação aos deficientes.) *Journal of Social Issues*, 62 (3), 469-488.

22. Kende, J., Phalet, K., Van den Noortgate, W., Kara, A. e Fischer, R. (2018). Equality revisited: A cultural meta-analysis of intergroup contact and prejudice. (Igualdade revisitada: uma meta-análise cultural de contato e preconceito intergrupal.) Social Psychological and Personality Science, 9 (8), 887-895.

23. Mais comumente, depressão ou ansiedade, embora novamente tenhamos em mente que esses números são quase certamente subestimados, dado o acesso limitado aos serviços de saúde mental. <https://www.nami.org/mhstats#:~:text=20.6%25%20of%20U.S.%20adults%20experienced,2019%20(13.1%20million%20people)>.

24. <https://mhanational.org/issues/2020/mental-health-america-access-care-data#adults_ami_no_treatment>.

25. <https://mhanational.org/issues/2020/mental-health-america-access-care-data#four>.

26. <https://www.publicsource.org/is-my-life-worth-1000-a-month-the-reality-of-feeling-undervalued-by-federal-disability-payments/>.

27. <https://www.specialneedsalliance.org/the-voice/what-happens-when-persons-living-with-disabilities-marry-2/>.

28. <https://www.ssa.gov/ssi/text-resources-ussi.htm>.

29. A elegibilidade para benefícios por invalidez deve ser restabelecida a cada seis a 18 meses: <https://www.ssa.gov/benefits/disability/work.html#:~:text=Reviewing%20Your%20Disability>.

30. G., David. *Bullshit Jobs: A Theory* EUA: Simon & Schuster, 2019.

31. <https://www.vox.com/policy-and-politics/2017/5/30/15712160/basic-income-oecd-aei-replace-welfare-state>.

32. Metzl, J. M. (2010). The Protest Psychosis: How Schizophrenia Became a Black Disease. (A psicose de protesto: como a esquizofrenia se tornou uma doença negra.) Boston: Beacon Press.

33. <https://psmag.com/education/america-keeps-criminalizing-autistic-children>.

34. O controle reprodutivo é exercido sobre pessoas com deficiência com bastante frequência: <https://www.thedailybeast.com/britney-spears-forced-iud-is-common-in-conservatorships>.

Conclusão

1. McAdams, D. e Adler, J. M. *Autobiographical Memory and the Construction of a Narrative Identity: Theory, Research, and Clinical Implications* (Memória autobiográfica e a construção de uma identidade narrativa: teoria, pesquisa e implicações clínicas) em Maddux, J. E. e Tagney, J. P. Social Psychological Foundations of Clinical Psychology. (Fundamentos Psicológicos Sociais da Psicologia Clínica.) Nova York: Guilford Press, 2010.

2. Veja McAdams, D. P., Josselson, R. E. e Lieblich, A. E. (2006). Identity and Story: Creating Self in Narrative. (Identidade e história: criando o eu na narrativa.) Washington, DC: American Psychological Association.

3. Adler, J. M., Kissel, E. C. e McAdams, D. P. (2006). Emerging from the CAVE: Attributional style and the narrative study of identity in midlife adults. (Emergindo da CAVERNA: estilo de atribuição e estudo narrativo da identidade em adultos de meia-idade.) Cognitive Therapy and Research, 30(1), 39-51.

4. McAdams, D. e Adler, J. M. "Autobiographical Memory and the Construction of a Narrative Identity Theory, Research, and Clinical Implications" (Memória Autobiográfica e a Construção de uma Identidade Narrativa Teoria, Pesquisa e Implicações Clínicas) em Maddux, J. E. e Tagney, J. P. Social Psychological Foundations of Clinical Psychology. (Fundamentos Psicológicos Sociais da Psicologia Clínica.) Nova York: Guilford Press, 2010.

5. Cashin, A., Browne, G., Bradbury, J. e Mulder, A. (2013). The effectiveness of narrative therapy with young people with autism. (A eficácia da terapia narrativa com jovens com autismo.) Journal of Child and Adolescent Psychiatric Nursing, 26(1), 32-41.

6. Observe que a maior parte da pesquisa sobre terapia narrativa em pessoas Autistas concentra-se em crianças ou jovens adultos Autistas. Alguns pesquisadores teorizaram que a terapia narrativa é uma boa opção para pessoas Autistas com altas habilidades verbais, mas aqueles que não processam informações em palavras podem não a considerar adequada. Para mais informações, ver Falahi, V. e Karimisani, P. (2016). The effectiveness of Narrative Therapy on improvement of communication and social interaction of children with autism. (A eficácia da terapia narrativa na melhoria da comunicação e interação social de crianças com autismo.) Applied Psychological Research Quarterly, 7(2), 81-104.

7. <https://poweredbylove.ca/2017/11/09/your-values-diagram/>.